LES DIABLES SONT DÉCHAÎNÉS

Collection *Objections*

DU MÊME AUTEUR
AUX ÉDITIONS L'AGE D'HOMME

On assassine un peuple. Les Serbes de Krajina
(avec Ève Crépin)

PATRICK BARRIOT

LES DIABLES SONT DÉCHAÎNÉS

CHRONIQUE DES TEMPS DÉSHUMANISANTS

AN 2000

PRÉFACE DE SLOBODAN DESPOT

L'AGE D'HOMME

www.agedhomme.com

La politique a fait de vous une masse, et une masse n'a pas d'histoire, l'histoire d'une masse est celle des fonctions les plus élémentaires de la vie.

Georges BERNANOS

Mais l'histoire authentique ne peut être faite que par des hommes libres. L'histoire est l'empreinte que l'homme libre appose sur le destin.

Ernst JÜNGER

PRÉFACE

Jusquà la publication du présent recueil, le nom du docteur Barriot était lié aux guerres de Yougoslavie. Médecin militaire, le lieutenant-colonel Patrick Barriot y avait été envoyé sous les couleurs de l'ONU. Découvrant la vie et les aspirations réelles des Serbes de Krajina, Patrick Barriot et son amie Eve Crépin s'en étaient faits les avocats, conscients que l'armée française ne manquerait pas de sanctionner ce ralliement. Au jour où j'écris, je sais qu'ils n'ont pas fini de payer le prix de leur témoignage.

En 1995, nous avons édité le livre qui scellait cette fraternité : On assassine un peuple, les Serbes de Krajina. *Mais quelques mois plus tard, au cours d'une vaste opération de nettoyage cautionnée par la « communauté internationale », le peuple d'adoption de Patrick Barriot fut réellement assassiné.*

Il y a un sens inébranlable de la fidélité en cet homme modeste et résolu. Ambassadeur d'un pays qui n'existe plus, il s'est assigné une autre mission, dans d'autres domaines, mais au service du même ministère : celui de la dignité humaine. J'ai été heureux de découvrir par la suite, notamment dans les Ecrits de Paris, *certains de ses articles rassemblés dans ce recueil. J'avais la certitude que ce témoin était resté le même, que dans son esprit clairvoyant, et encore plus dans son coeur, la défense d'un peuple menacé faisait cause commune avec le combat contre la dégradation universelle de l'être humain, par la génétique, la propagande et le contrôle social, au stade d'objet reproductible et standardisé.*

Il y a entre les causes défendues par Patrick Barriot d'autres analogies, et les ravages de l'impérialisme politique préfigurent ceux de l'impérialisme économique. Ceux qui fabriquent les missiles de l'OTAN sont les mêmes qui possèdent, en tant que propriétaires ou fournisseurs de publicité, une grande partie des médias. Les mêmes, ou leurs voisins immédiats dans le quartier chic du « village planétaire », investissent dans la recherche génétique avec la volonté affichée d'apposer leur copyright *sur le processus même de perpétuation de la vie sur Terre. Et là, comme dans les affaires de politique mondiale, la course à la domination se dissimule derrière une dialectique élaborée et se pare d'un rideau de vertu. D'un côté comme de l'autre, la souffrance humaine sert d'alibi. Ici, on nous montre les infirmes et les malades incurables, là les réfugiés et les minorités menacées. Avec, de part et d'autre, le même chantage : « Allons-nous tolérer l'intolérable ? », nous assène-t-on pour imposer le droit d'ingérence. « S'il y a un moyen de sauver cet enfant malade, oserons-nous y renoncer ? », lisons-nous sur des affiches frappantes quand les Frankenstein de la biogénétique ont besoin de l'assentiment de l'opinion pour s'affranchir de la morale et de la loi communes.*

Mais, une fois les objectifs stratégiques atteints, adieu les droits des oppressés, adieu les pauvres sidéens. L'ortie et la ronce envahissent les « territoires libérés » que les caméras ne visitent plus ; tandis que les maladies du bétail dues au cannibalisme imposé par profit, les pollutions en chaîne, les dégénérescences biologiques incontrôlées sont les « effets collatéraux » confirmés et déjà banals de la surenchère technologique. Quant à ses effets revendiqués, ils sont analogues, en plus performant, à tout ce que la conscience humaine redoutait dans l'utopie du nazisme : eugénisme, élimination des déviances, maîtrise du vivant par une caste monopolisant les connaissances et les moyens à l'échelle mondiale.

Patrick Barriot, cette fois, n'est pas le premier à s'attaquer à une grande manipulation collective. Mais sa pensée et son écriture sont habitées d'une conviction et d'une chaleur souvent absentes chez les militants écologistes ou antimondialistes. Barriot est chrétien, et en tant que tel il estime qu'il est des barrières au comportement humain qu'aucune casuistique ne peut lever. Son « non » sans appel est le seul mot d'ordre encore possible quand une ligne de défense longe un précipice. L'humanité ayant acquis la puissance de façonner elle-même sa destinée, les contorsions éthiques et les panacées juridiques sont dépassées. La survie de l'espèce et de la planète est désormais suspendue à l'issue d'une lutte spirituelle : la cause des âmes contre l'empire des robots.

Il vaut la peine d'étudier attentivement ses descriptions précises de la démence économique, cette chronique de promesses solennelles aussitôt piétinées. On y voit comment, par de menues avancées technologiques et administratives, de petites concessions morales arrachées à une opinion hébétée et lasse, une civilisation fondée sur la liberté se résigne à la mort dans l'esclavage. Barriot possède la sérénité intérieure qu'il faut pour consigner et comprendre tous les détails d'une évolution à première vue bénigne. Car il sait que le diable, justement, se trahit dans les détails.

Slobodan DESPOT

AVANT-PROPOS

Alors que le futur porte déjà le deuil de l'Homme, le plus grand combat de tous les temps vient de s'engager entre ce qu'il reste d'humanité et la post-humanité. Voltaire écrivait le 14 mars 1767 : « *Le diable est déchaîné, mon cher ami; et, quand on n'est pas aussi fort que l'archange Michel, qui le battit si bien, il faut faire une honnête retraite* ». Mais aujourd'hui, il n'y a plus d'honnête retraite possible. Il va donc falloir se battre ou mourir piteusement, peut-être même se battre et mourir car l'essentiel, pour employer une expression chère à Nietzsche, est de « ne pas périr imperceptiblement », de ne pas disparaître de la surface de la terre comme des termites.

Les premiers affrontements ont eu lieu à l'insu des philosophes qui poursuivent une discussion engagée il y a 2500 ans, un peu à la manière de ces vieillards cacochymes qui s'endorment à l'apéritif et se réveillent au pousse-café pour reprendre leur propos au point précis où ils l'avaient abandonné. Et pendant qu'ils pérorent sur le sexe des anges, les diables sodomites se tiennent derrière eux en riant. Ils font ainsi le jeu des stratèges ennemis de l'Homme qui parlent le langage abscons des experts et dressent à mots couverts le plan d'une terrible bataille où l'humanité va s'éteindre.

Les guerriers de l'Humanité devront présenter les deux qualités essentielles des rebelles, telles qu'elles ont été définies par Ernst Jünger. En premier lieu, ils refuseront de se laisser prescrire leur loi par l'État, que ce dernier use de la propagande ou de la violence. En deuxième lieu, ils auront recours non seulement aux techniques et aux idées de leur époque, mais aussi à des « pouvoirs bien supérieurs aux forces temporelles ».

Quant à ceux qui mèneront les insurgés au combat, ils devront parfaitement connaître le champ de bataille, comme un général qui suit le mouvement des troupes d'un point élevé mais aussi comme un fantassin qui se bat pied à pied au creux du fossé. C'est en faisant varier sans cesse la focale de l'objectif pour passer des clichés panoramiques aux détails topographiques qu'ils pourront, nous l'espérons, maîtriser le terrain en conjuguant « *les grandes vues d'un génie ardent qui embrasse tout d'un coup d'œil, et les petites attentions d'un instinct laborieux qui ne s'attache qu'à un seul point* », célébrées par Buffon.

S'il advenait que l'issue ne leur soit pas favorable, ces écrits témoigneraient qu'ils n'ont pas déposé les armes car l'Écrit est le refuge du temps qui passe. Il est aussi le refuge d'un mystérieux et infatigable voyageur…

P. B.

NON À LA DYSCULTURE BARBARE

Une nation qui ne respecte plus ses morts a déjà cessé de respecter les vivants. Elle prend ses distances avec la civilisation. Il y a plusieurs dizaines de milliers d'années, l'homme de Neandertal enterrait déjà ses morts sous des monceaux de fleurs. A l'aube de la civilisation grecque, l'obligation d'ensevelir les morts faisait partie, au même titre que le devoir d'épargner les suppliants et celui de respecter ses hôtes, des lois non écrites et inébranlables des dieux dont « *nul ne sait le jour où elles ont paru* ».

La légende thébaine fit une place dans la mémoire des hommes au respect dû aux cadavres. Antigone, méprisant les menaces de Créon, sacrifia sa vie pour ensevelir son frère Polynice. Thésée prit les armes pour aider Adraste à mettre en terre les combattants malheureux de la guerre des Sept Chefs, livrés aux chiens et aux oiseaux devant les murailles de Thèbes. Les morts gisaient « *privés de larmes et d'honneurs funèbres* ».

Les chants homériques de l'*Iliade* évoquent douloureusement la façon dont Achille maltraita la dépouille d'Hector. Tous les matins pendant douze jours, « *à l'heure où paraît l'aube divine* », Achille attacha le cadavre à son char et le traîna face contre terre autour du tombeau de Patrocle, au point que les dieux eux-mêmes s'en émurent. Aphrodite et Apollon ne cachèrent pas leur indignation jusqu'à l'intervention de Zeus qui décida de mettre un terme à ces monstrueux outrages, et Hermès protégea le vieux roi Priam lorsqu'il se rendit près des nefs achéennes pour recueillir le corps de son fils. Suivant l'exemple de Ménélas et d'Ajax arrachant de haute lutte à Hector le cadavre de Patrocle, les Grecs se battaient avec acharnement pour reprendre les dépouilles des soldats tués au combat, et la plus belle victoire est celle où ils demeuraient « *maîtres des morts* ». Ils réprouvaient avec horreur la mutilation des cadavres telle que la décapitation ou le démembrement et se faisaient un devoir d'ensevelir les morts, amis mais également ennemis. A la vue de Darius mort, Alexandre enveloppa le corps de son ennemi de son propre manteau. Cette hauteur d'âme évoque celle des Samouraïs priant pour les âmes des ennemis qu'ils avaient tués au combat.

A l'issue tragique de la bataille des Thermopyles, Xerxès ordonna de couper la tête du roi Léonidas pour la planter sur un pieu et l'offrir en pâture aux vautours. Quelque temps après, les Grecs prirent leur revanche et battirent l'armée perse à Platées. Un soldat grec d'Égine suggéra alors d'empaler Mardonios, le chef perse tué dans la bataille, pour venger l'outrage fait au cadavre de Léonidas. La réponse de Pausanias fut cinglante : « *outrager les morts est un acte qui convient aux barbares, mais pas aux Grecs. Ne reviens plus me trouver avec de tels conseils et soi heureux de t'en tirer sans dommage* ». Cette loi non écrite s'imposa inflexiblement à Athènes. Huit des dix généraux vainqueurs de la bataille navale des Arginuses, la vingt-sixième année de la guerre du Péloponnèse, furent condamnés à mort pour avoir abandonné à la mer les cadavres de leurs soldats.

Les héritiers de la civilisation grecque n'ont pas toujours observé cette loi sacrée. Notre histoire est émaillée d'actes sordides : je pense entre autres aux calvinistes profanant la tombe de Clément VI et se servant de son crâne comme d'une coupe pour trinquer, à l'aide du bourreau saisissant par les cheveux la tête coupée de Charlotte Corday pour la souffleter, ou à la foule mutilant la dépouille de Concini.

Les Grecs eux-mêmes cédaient parfois, comme Achille, à une colère invincible et se laissaient aller à maltraiter un cadavre. C'était alors le fait d'individus isolés, égarés par la douleur ou la passion. Un pas de plus en direction de la barbarie fut franchi lorsque ces outrages furent froidement prémédités et organisés. Sous l'empereur Tibère, le cadavre de Nicias, tyran de Cos, fut déterré par ses sujets et affreusement mutilé. Sur notre continent européen, au cours d'une guerre récente, des corps mutilés ont été exposés pour terroriser des populations civiles et les pousser à l'exode. Mais il n'est rien de pire que la Loi mise au service du sacrilège comme l'ignoble décret Barrère, voté par la Convention nationale le 6 octobre 1793, qui autorisa la profanation des tombes royales de la basilique de Saint-Denis et l'exhumation de corps qui y reposaient depuis plus de mille cinq cents ans.

Et nous voyons aujourd'hui un juge ordonner l'exhumation d'un corps, celui d'Yves Montand, afin de pratiquer un test génétique post mortem dans le cadre d'une action en recherche de paternité. Désormais cette jurisprudence mercantile pourra soulever les pierres tombales et les juges descendront dans les caveaux, à la demande d'héritiers cupides, pour fouiller les chairs décomposées et les os désunis. Ce viol judiciaire de sépulture ne pose pas seulement un problème juridique et éthique, il pose aussi, il pose surtout, il pose avant tout un problème culturel. Pour justifier sa décision, la Cour a déclaré avec cynisme qu'« *un cadavre ne pouvait donner son consentement* ». Outre que cette décision ne tient aucun compte du « testament moral » du défunt qui avait de son vivant refusé opiniâtrement de se soumettre à ce test, elle affiche un mépris que nous qualifions de barbare pour la dépouille mortelle.

Le secrétaire américain à la Défense vient d'ordonner l'exhumation du soldat inconnu enseveli dans le cimetière national d'Arlington (Virginie, USA) afin de le soumettre à une identification génétique. La tombe de ce soldat qui représente tous les GI's disparus pendant la guerre du Viet-nam porte l'inscription : « *Ici repose dans la gloire et l'honneur un soldat américain dont Dieu seul connaît le nom.* » En troublant son repos pour interroger ses gènes et soutirer son identité, l'administration américaine devient parjure au regard de Dieu et des familles venues se recueillir sur ce qui pouvait être la dépouille d'un père, d'un fils, d'un mari ou d'un frère. Le Canada, qui a rapatrié le jeudi 25 mai 2000 la dépouille de l'un de ses soldats tombés en France pendant la première guerre mondiale, s'est heureusement engagé à ne pas recourir aux méthodes d'identification génétiques qui pourraient le sortir de l'anonymat.

Les historiens et les biologistes se font complices des juges en matière de viol de sépulture. Ils viennent en effet d'exhumer une relique de la nécropole des rois de France de la basilique Saint-Denis pour savoir si l'enfant de dix ans, mort au Temple le 8 juin 1795, était bien Louis-Charles de France, fils de Louis XVI et de Marie-Antoinette, devenu roi de France lorsque Louis XVI fut décapité le 21 janvier 1793. Personne en effet ne savait si le jeune souverain Louis XVII était resté prisonnier dans la tour du Temple jusqu'à sa mort ou si on lui avait substitué un enfant malade du même âge. Le seul vestige de l'enfant du Temple est son cœur, dérobé par Philippe-Jean Pelletan, un des médecins légistes qui attestèrent de son décès avant son enterrement dans le plus grand secret. Le duc de Beauffremont, chef de file des légitimistes, a donné son autorisation pour que la relique royale quitte provisoirement la crypte de la basilique Saint-Denis afin que deux fragments du muscle cardiaque soient soumis à des tests génétiques. Ces derniers visent à comparer la séquence de l'ADN mitochondrial du cœur de l'enfant du Temple à l'ADN mitochondrial des cheveux de Marie-Antoinette, déjà analysé par les généticiens de l'Université catholique de Louvain (Belgique). Les empreintes génétiques contenues dans les mitochondries d'un individu sont en effet très proches de celles des mitochondries de sa mère, car ces petits organites cellulaires sont transmis par les femmes. L'ADN mitochondrial, qui est par ailleurs mieux préservé par le temps que l'ADN des chromosomes, constitue un matériel de choix pour les enquêtes généalogiques. Les professeurs Jean-Jacques Cassiman (université de Louvain, Belgique) et Bernd Brinkmann (université de Münster, Allemagne), chargés de procéder à cette étude génétiques, ont également comparé l'ADN extrait du cœur de l'enfant à celui de deux sœurs de Marie-Antoinette d'Autriche et à celui de deux descendants actuels des Habsbourg, Anne de Roumanie et son frère André de Bourbon Parme. La technique des empreintes génétiques avait permis en 1993 de dénoncer l'imposture de Karl Wilhelm Naundorff, aventurier d'origine allemande mort à Delft en 1845, qui prétendit être le dauphin de France et dont la tombe porte l'épitaphe : « *Ci-gît Louis XVII, duc de Normandie, roi de France et de Navarre* ». Sa tombe fut ouverte en 1950 afin de prélever une mèche de cheveux et deux fragments d'humérus qui furent confiés en 1993 au laboratoire belge de l'université de Louvain et à un laboratoire de l'université de Nantes (Loire-Atlantique). Les conclusions rendues en 1998 indiquèrent que les fragments d'ADN mitochondrial extraits de l'humérus de Naundorff ne présentaient pas le moindre lien de parenté avec ceux prélevés sur des cheveux de Marie-Antoinette, pas plus qu'avec les gènes capillaires de deux sœurs de la reine, les archiduchesses Maria-Josepha et Johanna-Gabriela, provenant de médaillons déposés dans un couvent autrichien. En 1994, cette même technique a permis d'identifier formellement Nicolas II, dernier tsar de toutes les Russies, exécuté dans la nuit du 16 au 17 juillet 1918, et plusieurs membres de sa famille dont les ossements avaient été découverts en 1991 dans une fosse commune de la forêt d'Ekaterinbourg (Oural). L'ADN mitochondrial collecté sur ces vestiges a été comparé avec celui des descendants directs de la famille Romanov, ce qui a permis de conclure que les ossements retrouvés appartenaient, « *avec une certitude de 99.9%* », aux squelettes du tsar Nicolas II, de son épouse Alexandra et de trois de leurs filles, Olga, Tatiana et Maria. Les ossements d'Alexeï et d'Anastasia, fils et quatrième fille du couple impérial, n'ont pas été retrouvés. Le 17 juillet 1998, quatre-vingts ans exactement après son exécution, les funérailles de la famille Romanov ont pu se dérouler avec honneurs à Saint-Pétersbourg, en présence de Boris Eltsine. Les honneurs funèbres seront également rendus à Louis XVII. « *En tant que chef de la maison de Bourbon et successeur des rois de France* », le prince Louis de Bourbon vient de demander aux autorités de la République que puisse être effectuée « *l'inhumation officielle du cœur de Louis XVII, aux côtés de son père et de sa mère* ». S'il était advenu que le cœur de l'enfant du Temple ne fut pas celui de Louis XVII mais celui d'un petit inconnu, la crypte de la basilique Saint-Denis lui aurait-elle été interdite et aurait-il fini dans une fosse commune ?

Nous pensions malgré tout être les héritiers d'une culture respectueuse des « lois non écrites ». Il n'en est rien ! Nous subissions déjà les effets d'une sous-culture grabataire et souffreteuse, nous voilà confrontés aujourd'hui à une dysculture incurable qui sonne le glas de notre civilisation.

Février 1998 – août 2000.

CLONAGE : UN PAS DE TROP À L'ORIENT DU JARDIN D'ÉDEN

Les progrès de l'ingénierie génétique ont pour corollaire des outrages répétés aux dépouilles mortelles, outrages d'autant plus graves qu'ils sont prescrits par la loi. Nous venons de nous indigner de ces viols judiciaires de sépultures et de l'exhumation de corps afin de pratiquer des tests génétiques post mortem dans le cadre d'action en recherche de paternité.

Les efforts conjugués des biotechnologies et de ce qu'il est convenu d'appeler la procréatique vont bien au-delà de l'outrage aux morts en portant atteinte de façon sacrilège au principe même de la vie.

La technique de clonage reproductif par transfert nucléaire, décrite par Ian Wilmut et Keith Campbell dans la revue scientifique *Nature* du 24 février 1997, a produit l'agnelle Dolly, premier mammifère cloné à partir d'une cellule somatique prélevée sur un organisme adulte. Il est incontestable que les travaux des deux chercheurs écossais de l'Institut Roslin ont ouvert la voie de l'application à l'homme des techniques de clonage reproductif. Dans un avenir proche, il sera possible de produire un être humain possédant un patrimoine génétique strictement identique à celui d'un individu, vivant ou décédé, sur lequel on aura prélevé une cellule somatique. Un tel acte créateur, accomplissant la réincarnation d'un patrimoine génétique unique, enfreindrait la loi sacrée de la transmission de la vie. La tentation est grande de s'emparer du fruit de l'arbre de vie pour rivaliser avec Dieu et accéder à l'immortalité, mais l'homme se heurte à un interdit fondateur. Gardons en mémoire qu'il est dit dans la Genèse que le Seigneur a posté à l'orient du Jardin d'Éden des chérubins armés d'un glaive pour interdire l'accès à l'arbre de vie.

Des apprentis sorciers pensent que le clonage reproductif marque le début d'une ère nouvelle pour l'humanité et affirment que nous vivons l'an I A.D. (après Dolly). Le physicien américain Richard Seed a déclaré sur la chaîne britannique BBC : « *Le clonage humain est une technique de pointe qui permettra de prolonger la vie humaine et d'améliorer la civilisation* », ajoutant : « *nous allons devenir comme Dieu. Nous allons avoir presque autant de savoir et de pouvoir que Dieu* ». Il vient d'annoncer son intention de cloner des êtres humains au prix de 5 millions de francs français pièce. Richard Seed se dit également prêt à tenter le clonage d'Elvis Presley à partir d'une verrue plantaire ou d'un ongle de pied du chanteur défunt, trois mille signatures ayant été recueillies aux États-Unis par une association qui milite pour l'utilisation de l'ADN d'Elvis dans les expériences de clonage humain. Le Mouvement Raëlien international (classé parmi les sectes dans le rapport parlementaire « Les sectes en France ») prédit la naissance du premier clone humain pour l'an 2000. Il semble disposer des fonds nécessaires pour entreprendre des expériences de clonage reproductif et les adeptes féminines de cette secte offriraient leurs ovocytes pour précipiter l'avènement des clones. Aux États-Unis, de plus en plus d'entreprises de pompes funèbres proposent de conserver l'ADN des disparus. Pour une somme qui varie de 100 à 350 dollars, un embaumeur prélève un échantillon tissulaire et envoie ce prélèvement à une entreprise qui se charge de le conserver pendant vingt-cinq ans ou plus dans un congélateur. Bernie Naegele, propriétaire d'une entreprise de pompes funèbres américaine et président de la société DNA analysis, explique que 40% de ses clients optent pour la conservation de l'ADN de leur proche dans l'espoir de pouvoir le cloner un jour. Déjà, une firme américaine propose de cloner les animaux domestiques de propriétaires fortunés pour la somme d'un million de francs. Ces déclarations tapageuses, pour aussi inquiétantes qu'elles soient, ne résument pas, loin s'en faut, l'essentiel de la menace. Sous couvert d'intentions généreuses (que l'on peut qualifier de superflues en considération des perversions inéluctables), des scientifiques et des théologiens justifient le clonage reproductif humain.

Faut-il leur rappeler que l'intelligence et l'humanisme ne vont pas toujours de pair et que des scientifiques éminents, au nombre desquels plusieurs prix Nobel de médecine, se sont clairement prononcés en faveur de la sélection des hommes à partir de leur patrimoine génétique ? Faut-il leur rappeler que la caution morale d'un prix Nobel ne surpasse pas nécessairement celle d'une groupie d'Elvis Presley et qu'il se trouvera toujours un Hans Speman, un Joshua Lederberg, un William Shockley, un Francis Crick ou un Macfarlane Burnet pour mettre son intelligence au service de la sélection eugénique, de la production de donneurs d'organes clonés en vue de greffes compatibles, ou de tentatives de réincarnation au profit de milliardaires narcissiques rêvant d'immortalité ?

Mais nous pressentons que le seul fait d'en débattre est déjà sacrilège. C'est faire un pas de trop que de déployer contre le clonage des arguments scientifiques, éthiques, ethnologiques ou anthropologiques. C'est faire un pas de trop que d'opposer au pragmatisme et à l'utilitarisme anglo-saxons les principes de la morale kantienne qui prévalent sur notre vieux continent et servent de fondement à la bioéthique. C'est encore faire un pas de trop que de tenter d'arracher à ces apprentis sorciers, qu'ils soient scientifiques ou théologiens, le sursis d'un moratoire. Tout homme devrait se soumettre avec humilité à l'interdit fondateur et dire seulement, fermement et résolument : non au clonage reproductif humain.

Les chérubins qui montent la garde à l'orient du Jardin d'Éden ne ressemblent en rien aux angelots poupins qui ornent nos enluminures. Ce sont des Keroubims menaçants qui barrent le chemin en faisant tournoyer leur épée foudroyante. Si l'homme avance la main pour saisir le fruit de l'arbre de vie, une autre main, qui inscrivit jadis trois mots prophétiques sur le mur du palais du dernier roi de Babylone, saura lui rappeler que ses jours sont comptés et que Dieu seul en connaît le terme.

LES SEMENCIERS DE L'APOCALYPSE

« Au deuxième jour, Dieu dit : « *Que la terre verdoie d'herbages, de plantes qui disséminent leur semence, d'arbres fruitiers qui portent fruit selon leur espèce, qui contiennent leur semence de reproduction sur la terre* ». Et il en fut ainsi. La terre produisit herbages, plantes disséminant leur semence selon leur espèce, arbres portant fruit, contenant leur semence de reproduction selon leur espèce. Et Dieu vit que c'était bien. »

Selon la *Genèse*, lorsque Dieu créa les plantes, il les fit capables de se reproduire en disséminant une semence propre à chaque espèce. Les semences ont ainsi établi des barrières entre les différentes espèces végétales et, bien entendu, des barrières entre les trois grands règnes du monde vivant. Tel fut le dessein de Dieu au deuxième jour. Au nom du progrès de l'humanité, l'homme s'apprête aujourd'hui à remodeler le projet divin.

VERS UNE NOUVELLE RÉVOLUTION VERTE

La séquence du génome de l'arabette des dames (*Arabidopsis thaliana*) est sur le point d'être publiée. Elle débouchera sur l'analyse des 25 000 gènes d'*Arabidopsis*, la compréhension de leurs fonctions et de leurs multiples interactions. L'objectif est de créer un modèle informatique universel de la croissance des plantes à partir des critères génomiques d'*Arabidopsis*. Joanne Chory, qui codirige le projet au Salk Institute (États-Unis), a déclaré : « *Nous aimerions pouvoir observer la croissance d'une plante de sa germination jusqu'à ce qu'elle lâche ses graines. Nous souhaitons aussi être en mesure de stopper le processus à toute étape du cycle de croissance pour voir quelles protéines sont exprimées et comment elles interagissent* ». L'arabette modélisée permettra d'analyser au niveau moléculaire les effets de la mutation d'un gène, de déterminer s'il existe un jeu minimal de gènes nécessaires à la vie végétale, mais aussi de comprendre les mécanismes de la différenciation des espèces et l'apparition de variantes mieux adaptées à un environnement donné. Pour Joanne Chory, ce projet devrait provoquer une nouvelle « révolution verte » en permettant une forte augmentation de la productivité agricole « *sans étendre les zones de culture, en domestiquant des espèces sauvages et en produisant des plantes plus nutritives* ».

Arabidopsis a déjà permis de comprendre la cascade d'événements génétiques qui dirige la dessiccation des fruits et l'éclatement des gousses dispersant les graines. Une équipe américaine vient de montrer que ce phénomène de déhiscence des fruits et de libération des graines est contrôlé par deux gènes similaires, SHP1 et SHP2. Cette découverte a permis de créer une arabette transgénique dont les fruits mûrs restent fermés grâce à l'inactivation des gènes SHP1 et SHP2. L'arabette faisant partie de la famille du colza, ces travaux intéressent vivement les producteurs d'oléagineux qui perdent une partie de leur récolte du fait d'un éclatement inopportun des gousses responsable d'une baisse annuelle des rendements de 20%, voire 50% en cas de mauvais temps. Les scientifiques du Centre John Innes (Grande-Bretagne) ont par ailleurs isolé le gène du nanisme végétal dans le génome d'*Arabidopsis*. Ce gène, nommé GAI, code pour une protéine qui empêche la plante de répondre normalement à l'hormone qui dirige sa croissance, la gibberelline. En introduisant GAI dans le génome du riz, les chercheurs ont réussi à produire des plants trapus, plus résistants aux vents et aux pluies, mais qui gardent le même nombre de grains sur leurs épis, d'où un rendement supérieur. L'étude de l'arabette des dames a également permis de progresser dans la compréhension de l'expression des gènes. Certains gènes sont en effet silencieux sous l'action d'enzymes qui leur ajoutent des groupements méthyles (CH3). Or, une équipe suisse, dirigée par P. Amadeo, vient de réussir à activer un gène d'*Arabidopsis* toujours pourvu de sa terminaison méthylée en neutralisant une molécule, baptisée Morphée, qui intervient dans le sommeil des gènes.

La firme Monsanto a révélé mardi 4 avril 2000 avoir réalisé « l'avant-projet de cartographie » du génome du riz. La cartographie est une étape préalable au séquençage définitif, prévu pour 2004, des 430 millions de nucléotides composant les douze chromosomes du génome de cette céréale. Le géant de l'agroalimentaire a précisé que « *Cette base de données constitue une base d'informations fondamentales nécessaire pour analyser la structure et les fonctions des gènes, et pour cloner des gènes « utiles » qui devraient permettre le développement de nouvelles variétés de riz* », comme le riz doré transgénique supplémenté en vitamine A et en fer.

DES GÈNES D'INTÉRÊT

Les techniques d'ingénierie génétique permettent en effet d'inclure dans le génome des céréales des gènes étrangers avantageux que l'on nomme transgènes. Au dire des semenciers, ces transgènes confèrent à la céréale modifiée une valeur ajoutée en termes de qualité nutritionnelle, de rendement agricole et de profit pour l'exploitant. Chacun des transgènes possède une fonction bien déterminée et une valeur marchande protégée par un brevet qui assure aux entreprises de biotechnologies un « retour sur investissement ».

L'insertion d'un gène assurant la résistance de la céréale à un herbicide total particulièrement efficace, comme le glyphosate ou le glufosinate, permet à la semence génétiquement modifiée de se développer malgré la présence du désherbant, tandis que toutes les mauvaises herbes sont éliminées. Elle permet surtout aux grandes firmes agroalimentaires de vendre conjointement la semence et le pesticide. C'est ainsi que le colza transgénique de Monsanto résiste à l'herbicide Round-up de Monsanto. L'agriculteur accroît quant à lui son rendement sans même labourer le sol et en utilisant théoriquement moins de produits phytosanitaires qu'en culture traditionnelle. Cette technologie expose néanmoins à l'accumulation des molécules herbicides dans la plante résistante et dans la chaîne alimentaire. Les effets discrets ou à long terme des résidus de désherbants dans ces plantes génétiquement modifiées sont inconnus.

L'insertion d'un gène gouvernant la production de toxine insecticide contribue à la lutte contre les ravageurs. Ainsi le maïs transgénique N4640-Bt de Novartis porte un gène issu d'une bactérie (*Bacillus thuringiensis*) qui contrôle la production d'une toxine détruisant la pyrale, lépidoptère qui ravage les champs de maïs. La céréale se protégeant par ses propres moyens de l'insecte nuisible, le recours massif aux insecticides classiques deviendrait obsolète. De la même manière, des chercheurs ont mis au point des plants de pommes de terre résistant aux doryphores, des concombres et des tomates résistant au virus de la mosaïque ainsi qu'un riz résistant à la pyrale, à la bactériose, au tungro et à la panachure jaune. Les chercheurs s'intéressent actuellement à *Hadronyche versuta*, araignée mortelle pour les insectes et pour l'homme, qui contient dans son venin une centaine de toxines dont certaines ne s'attaquent qu'aux insectes. Leur objectif est d'insérer les gènes qui gouvernent la production de ces toxines dans le génome des céréales afin de les protéger contre les insectes ravageurs.

L'insertion de gènes permettant d'améliorer le rendement de la photosynthèse et l'utilisation de l'azote par les céréales, ainsi que l'insertion de gènes de tolérance au froid, à la sécheresse ou à la salinité sont en cours d'expérimentation. Les poissons de l'Antarctique sont dotés d'une glycoprotéine qui inhibe le développement des infimes cristaux de glace qui apparaissent dans le sang de l'animal. Le transfert du gène antigel dans le soja rendrait possible l'extension de l'aire de culture de cette céréale vers les régions plus froides pour y fournir des protéines végétales. Les gènes responsables du nanisme végétal, qui rendent les plantes plus productives et plus résistantes, ont été identifiés, nous l'avons vu, par une équipe de chercheurs britanniques.

L'insertion de gènes ouvrant une voie métabolique pourrait améliorer la valeur nutritionnelle et supprimer certaines carences en vitamines. Selon les estimations de l'Organisation mondiale de la santé (OMS), 230 millions d'enfants sont menacés d'une carence en vitamine A dans les régions où l'alimentation est à base de riz. En introduisant des gènes de jonquille et de bactéries dans du riz, une équipe internationale de l'Institute for Plant Sciences de Zurich a réussi à accroître la teneur en bêta-carotène de la céréale la plus consommée dans les pays en développement. Les chercheurs ont introduit quatre nouveaux gènes dans une variété de riz japonaise (le Japonica) pour reproduire la cascade métabolique débouchant sur la production de bêta-carotène, un précurseur de la vitamine A. Le riz transgénique est le premier aliment dont on a réussi à améliorer la valeur nutritionnelle. Une équipe internationale vient d'annoncer dans *Nature Biotechnology* la mise au point d'une tomate génétiquement modifiée qui produit trois fois plus de bêta-carotène que les tomates naturelles. Une autre équipe est parvenue à créer une pomme de terre enrichie en amylose en supprimant les ramifications de l'amylopectine. En effet, l'amidon de la pomme de terre est un glucide constitué de deux polymères : 20% d'amylose et 80% d'amylopectine sous formes de ramifications accrochées par deux enzymes, appelées SBE A et B (Starch branching enzyme A et B). En bloquant l'expression de ces deux enzymes, les chercheurs ont réussi à produire une pomme de terre dont le rapport amylose/amylopectine est inversé avec 80% d'amylose. Après le maïs, la pomme de terre est la deuxième plante transgénique à produire des taux très élevés d'amylose. Les recherches se multiplient dans tous les domaines pour obtenir des plantes présentant un meilleur profil nutritionnel par l'enrichissement de leurs graines en protéines, en acides gras essentiels ou en vitamines.

L'insertion d'un gène « marqueur », facile à détecter en laboratoire, est habituellement couplée à l'insertion du transgène avantageux afin de sélectionner les cellules végétales ayant intégré le gène d'intérêt dans leur génome. Il s'agit le plus souvent d'un gène de résistance à un antibiotique : seules les plantules transformées sont capables de pousser sur un substrat contenant l'antibiotique. Le gène codant pour une cytokinine, hormone activatrice de la croissance végétale, permet de repérer aisément les plantules qui l'ont intégré du fait de leur développement rapide. Le gène codant pour la luciférase, enzyme clé du processus de bioluminescence, est aussi proposé pour le marquage. La bioluminescence des vers luisants découle d'une réaction chimique impliquant invariablement plusieurs molécules : la luciférine, qui est la véritable source de lumière, la luciférase qui catalyse la réaction et l'ATP (adénosine triphosphate). En présence d'oxygène, ces trois composés forment un complexe excité qui réagit en émettant un photon. Le gène de la luciférase, séquencé puis cloné, peut être greffé avec le gène d'intérêt. Si les cellules deviennent luminescentes lorsque l'on ajoute de la luciférine et de l'ATP à leur milieu de culture, la certitude est acquise que l'implant s'est correctement inséré.

LES SYSTÈMES DE PROTECTION BIOTECHNOLOGIQUES

La mise au point de « systèmes de protection biotechnologiques », basés sur l'insertion d'un gène stérilisateur, permettrait aux grands semenciers de garantir leurs droits sur les OGM et d'assurer le retour sur investissement. Pour l'instant, les grands semenciers interdisent aux fermiers de replanter d'une année sur l'autre les graines des OGM brevetés. Les agriculteurs, liés par des contrats, doivent donc acheter chaque année un nouveau stock de semences au lieu de ressemer une partie du grain récolté. De la sorte, les OGM asservissent les agriculteurs aux firmes multinationales agroalimentaires. Depuis peu, ces firmes agroalimentaires sont parvenues à insérer dans le patrimoine héréditaire des céréales un transgène bloquant la germination des graines de deuxième génération. La semence génétiquement ainsi modifiée produit des plantes qui se développent normalement mais le grain récolté est biologiquement stérile, il ne peut être semé à nouveau. Ce procédé de stérilisation génétique, baptisé « Terminator », a été mis au point dans les laboratoires du ministère américain de l'agriculture, en collaboration avec la firme privée *Delta and Pine Land*. Il a été racheté par la firme Monsanto qui a dû renoncer à l'utiliser suite à des mouvements publics de protestation. Cependant, de nouveaux systèmes de protection biotechnologiques permettent de créer des semences dont les caractéristiques avantageuses exigent un traitement associé pour se révéler. Cette nouvelle technologie, baptisée « Traitor », est capable d'activer et de désactiver les caractéristiques génétiques d'une graine grâce à l'application d'un produit chimique approprié, comme un herbicide ou un engrais. AstraZeneca vient ainsi de breveter une technologie visant à produire des plantes qui ont besoin d'être exposées en permanence à un produit chimique spécifique, non seulement pour la germination, mais également pour assurer une bonne croissance. Le système de traitement sera probablement incorporé aux herbicides ou aux pesticides produits par le même industriel. Pour justifier ce procédé, les grands semenciers mettent en avant la biosécurité : le risque de dissémination transgénique accidentelle serait réduit par la nécessité d'administrer un produit chimique spécifique pour que le champ d'OGM soit fertile. Les agriculteurs seront donc obligés d'acheter chaque année non pas la semence mais un produit permettant un meilleur rendement ou une meilleure capacité de transformation de la semence. Ils seront enfermés dans une gamme étroite de produits et soumis à une dépendance absolue car le marché est contrôlé par un nombre toujours plus restreint de semenciers. Le Dr. Hope Shand, directrice des recherches à la Fondation internationale pour le progrès rural, a déclaré à propos des systèmes de protection biotechnologiques : « *Le public a instinctivement compris que la stérilité génétique des semences constituait une technologie dangereuse et immorale. C'est la raison qui a poussé Monsanto et AstraZeneca à abandonner pour le moment. Mais la technologie Traitor est encore plus insidieuse, car ces entreprises vont pouvoir prétendre que le contrôle des caractéristiques génétiques de la semence va bénéficier aux agriculteurs. En réalité, cela ne fera que les enchaîner davantage aux grandes entreprises* », ajoutant : « *Dans moins de dix ans, douze mille années de semis traditionnels et de croisement artisanaux pourraient avoir disparu pour toujours. Les industriels nous disent que le contrôle des caractéristiques débouchera sur un choix plus grand, mais, en réalité, des graines dépendantes de produits chimiques ne peuvent que mener à la bioservitude* ». Si le procédé « Traitor » n'est pas interdit, la majorité des terres arables non destinées à la seule subsistance de leurs exploitants sera ensemencée avec des graines issues de cette technologie d'ici à 2010.

LA POLLUTION GÉNÉTIQUE

La dissémination de ces transgènes dans la nature risque d'engendrer une pollution génétique impossible à maîtriser. Le génie génétique semble augmenter la probabilité de fuite des transgènes, les plantes transgéniques transmettant davantage leurs gènes à des espèces sauvages que des plantes possédant le même patrimoine génétique grâce à des méthodes de sélection végétale conventionnelle. Les gènes manipulés pourraient donc s'échapper dans la nature et aller s'insérer dans le génome d'autres plantes. En effet, le pollen, les bactéries du sol et les bactéries intestinales peuvent mettre en circulation les gènes introduits artificiellement dans les OGM et assurer leur transmission à d'autres organismes vivants. Plusieurs types d'effets délétères, liés à de tels transferts génétiques, sont déjà observés en laboratoire.

Le pollen transgénique est capable de dériver au gré du vent et de franchir accidentellement une barrière de pollinisation pour féconder une plante génétiquement proche dans un champ avoisinant. Si environ la moitié du pollen produit par une plante est dispersée dans les trois premiers mètres, aucune distance limite d'isolement n'a pu être définie et du pollen peut être retrouvé à plus de 1,5 km de sa source. Du pollen de cultures génétiquement modifiées s'est échappé de champs expérimentaux britanniques et s'est répandu dans l'environnement malgré les réglementations gouvernementales obligeant de les tenir à l'écart des autres plantations. Des journalistes de la BBC, dont le reportage a été diffusé le 29 septembre 1999, ont fait analyser du pollen ramassé à plus de 4,5 kilomètres d'un champ de tournesols génétiquement modifiés dans le comté d'Oxfordshire (centre de l'Angleterre) et ont trouvé des transgènes, notamment dans du pollen collecté dans des ruches.

Des graines de colza génétiquement modifié mélangées par erreur à des graines classiques de la variété Hyola ont été semées depuis deux ans dans plusieurs pays d'Europe. Distribuées par la société Advanta Seeds, filiale du groupe néerlandais Advanta contrôlé par le géant pharmaceutique anglo-suédois AstraZeneca, les semences incriminées ont été produites dans l'État canadien d'Alberta en 1998 et vendues en 1999 et 2000 dans plusieurs pays européens. Leur taux de contamination pourrait atteindre 2,6% selon le Bureau suédois de l'agriculture. La superficie des champs ensemencés par ces lots est de 9 000 hectares en Grande-Bretagne, de 400 hectares en Allemagne, de 500 hectares en Suède et de 600 hectares en France. La contamination des lots de semences de la variété Hyola est due à la fécondation de fleurs par du pollen provenant de champs transgéniques voisins, probablement un champ de colza de la firme Monsanto portant un gène de résistance à l'herbicide Round-up. Selon un porte-parole d'Advanta Seeds, les graines en cause provenaient d'une récolte réalisée « *dans le respect de la réglementation prévoyant une distance d'au moins 800 mètres avec des plants génétiquement modifiés* ». En fait, de nombreux lots de semences importés d'Amérique du Nord présentent une contamination par des OGM. La Fédération internationales des semences (ISF) affirme qu'il est d'ores et déjà impossible de garantir un taux zéro d'OGM dans les semences conventionnelles. L'association Greenpeace pense que les 600 000 hectares de maïs plantés en France à partir de semences importées d'Amérique sont eux aussi contaminés.

La résistance aux herbicides ou aux insecticides pourrait être transférée par le pollen à des espèces nuisibles favorisant leur prolifération au détriment de la biodiversité. La formation de telles plantes hybrides a été observée dans un laboratoire de l'INRA, où le gène de résistance à un herbicide (le glufosinate) est passé du colza transgénique à une mauvaise herbe, la ravenelle. Ce problème de flux de gènes, entre plantes cultivées et parentes sauvages, est réel au Mexique entre maïs et téosinte, aux États-Unis entre tournesol et courges, en Europe entre colza et moutardes sauvages. C'est justement parce que le maïs n'a pas de proche parent sauvage en Europe, que le maïs transgénique de Novartis a été le premier à être autorisé en France. Les gènes du colza modifié pourraient également coloniser le colza naturel et l'éradiquer. Une étude récente a montré qu'un transgène introduit dans une population de poissons pouvait s'y répandre et faire disparaître en quelques générations le poisson naturel. La dissémination du gène « Terminator » pourrait quant à elle entraîner la stérilisation inadéquate des semences de certaines espèces. Un flux de gènes stérilisateurs portés par le pollen affecterait la biodiversité et appauvrirait les écosystèmes.

Les OGM produisant une toxine insecticide peuvent mettre en danger, par le biais du pollen, des insectes totalement inoffensifs. Le pollen du maïs transgénique N4640-Bt, modifié pour détruire la pyrale, serait ainsi fatal à la chenille du papillon Monarque. Une étude réalisée en laboratoire et publiée dans la revue scientifique *Nature* a montré que la larve de ce papillon succombe après l'ingestion de feuilles de laiteron saupoudrées avec du pollen de maïs transgénique. Ceci est d'autant plus inquiétant que la pyrale développe depuis peu une résistance à la toxine transgénique. Même si la direction éditoriale de *Nature* est hostile à l'ingénierie génétique, même si l'article cité est réductionniste et qu'un travail de laboratoire ne prouve pas que le pollen de maïs transgénique représenterait, en cas de dispersion dans la nature, un risque réel pour le Monarque, il n'en demeure pas moins que le principe de précaution doit être appliqué. Le zoologiste Hans Heinrich Kaatz, de l'Institut de recherche sur les abeilles de l'université d'Iéna, a découvert que des bactéries appartenant à la flore intestinale d'abeilles ayant butiné du colza transgénique avaient intégré le gène de résistance à l'herbicide contenu dans le pollen de l'OGM. Le transgène est ainsi passé des cellules végétales aux bactéries intestinales. Hans Heinrich Kaatz est parvenu à cette conclusion au terme d'une étude de quatre ans durant laquelle il a suivi une population d'abeilles fréquentant une parcelle expérimentale de colza transgénique. Rien ne permet de dire aujourd'hui quel pourrait être l'effet du gène de résistance à un herbicide sur les microbes de la flore intestinale des autres animaux, et de l'homme en particulier. Des chercheurs français ont montré par ailleurs qu'un colza transgénique résistant aux insectes ravageurs entraîne une diminution des performances olfactives et un raccourcissement de la durée de vie des abeilles.

Les bactéries du sol peuvent également intégrer les transgènes et infecter les plantes voisines. Les plantes relâchent en effet de l'ADN qui adhère aux particules du sol. Des chercheurs ont trouvé des transgènes dans de l'ADN extrait du sol d'un champ plus d'un an après l'arrachage des plants. Les transgènes peuvent ainsi passer des plantes modifiées vers les bactéries du sol et des bactéries du sol vers les plantes voisines. Par ailleurs, Guenther Stotzky, de l'université de New-York, vient de publier dans la revue *Nature* une étude qui montre que la toxine exprimée par le maïs transgénique N 4640-Bt pourrait s'accumuler dans le sol. Les chercheurs ont observé en laboratoire que la protéine active du maïs Bt suintc des racines de la plante et qu'elle établit des liaisons protectrices avec les acides humiques. du substrat. Au bout de 234 jours, la toxine du Bt n'avait pas été dégradée par les micro-organismes du sol et gardait son potentiel insecticide intact. Cette publication, qui doit être complétée par une étude sur le terrain, souligne l'actuelle absence d'évaluation des risques et le manque de comparaisons solides entre l'action des plantes transgéniques et celles des biopesticides et des pesticides classiques. Il faut également se demander s'il est prudent d'utiliser directement la bactérie *Bacillus thuringiensis* comme biopesticide. Des chercheurs danois ont en effet trouvé un système de gènes sauteurs permettant à Bt d'échanger une partie de son ADN avec celui d'autres bactéries apparentées, en particulier avec des bactéries pathogènes, *Bacillus cereus* et *Bacillus anthracis*, qui provoquent chez l'homme des troubles respiratoires et digestifs. De récentes analyses montrent que des souches commercialisées à des fins agricoles de Bt produisent des toxines pathogènes analogues à celles de *Bacillus cereus*. L'agriculture moderne pourrait avoir favorisé des recombinaisons génétiques entre les trois espèces de Bacillus, qui occupent normalement des niches écologiques différentes. Des souches pathogènes pourraient ainsi se multiplier et se propager dans la nature.

Les bactéries qui colonisent l'appareil digestif humain pourraient, selon une étude néerlandaise, capter les gènes de résistance aux antibiotiques, utilisés comme marqueurs et portés par les aliments transgéniques. Cette diffusion serait susceptible d'accroître la résistance aux antibiotiques de bactéries pathogènes pour l'homme. L'ADN ingéré est censé être rapidement détruit par les enzymes du système digestif, mais une étude néerlandaise, menée par Robert Havenaar de l'Institut de recherche en nutrition de Zeist, montre que l'ADN peut séjourner dans le gros intestin pendant 6 minutes sans être dégradé, assez longtemps pour modifier le génome d'une bactérie. En ce qui concerne *Enterococcus*, une bactérie normalement présente dans l'intestin, le risque de transfert d'information génétique est de 1 sur 10 millions. L'appareil digestif humain étant peuplé par plusieurs milliards de bactéries, le danger de transfert est loin d'être négligeable. Or des mutations ponctuelles du gène de résistance à l'ampicilline suffisent à conférer à la protéine pour laquelle il code, la propriété d'inactiver les antibiotiques les plus récents de la famille des céphalosporines. Des travaux récents montrent que, chez la souris, de l'ADN étranger ingéré peut franchir la barrière intestinale et s'intégrer au génome de différents organes. Walter Doerfler et son équipe de l'Institut de génétique de l'Université de Cologne ont démontré que l'ADN étranger ingéré avec la nourriture n'est pas complètement dégradé dans l'appareil digestif de la souris, qu'il peut donc traverser la barrière intestinale et, via les globules blancs, s'intégrer au génome de différents organes. 1% à 2% d'ADN viral (bactériophage M 13) administré aux souris a été retrouvé lié à l'ADN de cellules de l'épithélium intestinal, de leucocytes, de cellules hépatiques, ainsi que dans les lymphocytes B et T et les macrophages de la rate. Une équipe néerlandaise de l'université de Wageningen a montré qu'une partie (6%) de l'ADN des tomates transgéniques mises au point par le britannique Zeneca se retrouve intacte dans le tube digestif et serait disponible pour un transfert et une intégration au génome des bactéries intestinales ou au génome de cellules de l'organisme de souris. Le risque qu'un transgène s'intègre au génome des cellules d'un mammifère était pourtant balayé par les scientifiques il y a peu de temps, au motif que l'ADN des plantes transgéniques ne pouvait résister à l'acidité gastrique, à l'action du suc digestif riche en enzymes et à la dégradation par la flore bactérienne colique. Un directeur du laboratoire de biologie cellulaire de l'INRA considérait que la transmission d'un transgène (en l'occurrence, le gène de résistance à un antibiotique présent dans le génome du maïs transgénique de Novartis) aux bactéries vivant dans la panse des ruminants « *était clairement du domaine du fantasme* ».

La probabilité de survenue d'un désastre écologique va s'accroître avec la culture extensive des OGM. A ce jour, le soja représente plus de la moitié (54%) des surfaces plantées en OGM dans le monde, devant le maïs (28%), le coton (9%) et le colza (9%). Alors que les risques associés à cette nouvelle technologie sont mal évalués et certainement sous-estimés, 40 millions d'hectares de cultures génétiquement modifiées recouvrent déjà notre planète (plus de 30 millions d'hectares aux États-Unis qui génèrent 30 milliards de dollars de recettes d'exportation). Trois pays dominent le marché : les États-Unis, avec environ 70% des surfaces, loin devant l'Argentine (17%) et le Canada (10%). D'ici dix ans, les principales cultures américaines seront pratiquement toutes transgéniques mais il faudra attendre 20 ou 30 ans pour observer l'ampleur des effets néfastes. Les aliments génétiquement modifiés, qui offrent un meilleur rendement, répondent à la préoccupation des dirigeants de la plupart des pays en voie de développement. Les autorités chinoises font de la recherche génétique leur priorité scientifique. Pékin a consacré des milliards de dollars à la recherche sur la modification des gènes végétaux, animaux et humains. En 1999, le gouvernement chinois a homologué une douzaine de nouvelles variétés de riz, de pommes de terre, de tomates, de maïs et d'arbres, toutes créées sur son sol. Aujourd'hui, près de 90% du coton cultivé dans la province du Hebei, au centre-est du pays, est génétiquement modifié et provient essentiellement de la variété de graines Bollgard commercialisée par Monsanto. Ce pays favorise à l'évidence la productivité au détriment de la sécurité et s'intéresse peu aux conséquences des OGM sur la santé et l'environnement. Monsanto affirme que la réglementation chinoise correspond aux normes. Wei Guoshu, professeur à l'université agricole du Hebei, à Baoding, étudie l'impact des graines de coton génétiquement modifié sur l'environnement et la santé humaine. Ses recherches sont financées par Monsanto !

L'ABOLITION DU PRIVILÈGE DU FERMIER

Les grands semenciers affirment que l'agriculture traditionnelle sera incapable de faire face à l'explosion démographique du XXIe siècle. La population mondiale va en effet passer de 6 milliards d'habitants à près de 9 milliards au cours du siècle. Si l'on continue d'employer les techniques agricoles traditionnelles, il faudra doubler les surfaces cultivées de la planète qui sont évaluées aujourd'hui à 1,5 milliard d'hectares. L'adoption d'une agriculture à base d'espèces transgéniques, améliorant considérablement les rendements à l'hectare, permettrait de nourrir les 9 milliards d'êtres humains qui peupleront la planète dans quelques décennies. L'objectif des semenciers est donc d'étendre dans un premier temps les cultures génétiquement modifiées à 120 millions d'hectares. Les pays en développement pourraient escompter une hausse de leurs rendements agricoles de 10% à 25% par la substitution aux variétés classiques de plantes OGM adaptées à leurs besoins. Des variétés de céréales résistantes à la sécheresse seraient capables de nourrir des populations qui vivent dans des zones subdésertiques. Ces plantes pourraient être cultivées sur des sols actuellement non arables qui couvrent près de 30% des continents. Le riz constitue près de la moitié de la production céréalière destinée à la consommation dans les pays en développement, loin devant le blé et le maïs. La production de riz devrait augmenter de 70% d'ici à 2025 pour répondre à l'accroissement de la demande alimentaire. Des variétés de riz transgénique à haut rendement, adapté au milieu salin, résistant aux agents pathogènes (champignons, virus, bactéries) et tolérant aux herbicides vont être brevetés, comme ce riz résistant à la pyrale, à la bactériose, au tungro et à la panachure jaune.

Les OGM conçus dans les pays développés pourraient donc contribuer à l'éradication de la malnutrition qui sévit dans une partie du monde et les géants de l'agroalimentaire vantent leurs bienfaits. L'argument du rôle des OGM dans le tiers-monde semble un alibi des firmes multinationales dans leur bataille avec les écologistes. Les OGM pourraient au contraire engendrer des effets pervers pour les pays en développement. Sous couvert d'un programme alimentaire, les grandes firmes veulent s'assurer le monopole de la production agricole mondiale et contrôler étroitement le grenier planétaire. Le ravage ne sera pas donc pas seulement écologique, il risque d'être également économique et social. Les systèmes de protection biotechnologiques (brevets, techniques de stérilisation des semences type « Terminator », technologie « Traitor ») sonnent le glas de l'agriculture traditionnelle. Depuis des millénaires, les agriculteurs prélèvent une partie des graines récoltées afin de les semer l'année suivante. Les céréales ont ainsi évolué dans le temps en s'adaptant aux variations du milieu, la sélection et la reproduction à la ferme assurant le développement durable de l'agriculture. L'application des systèmes de protection biotechnologiques renforcera la dépendance des pays en voie de développement où les céréales occupent une place prépondérante dans l'alimentation et où la plupart des paysans replantent une partie des graines faute de pouvoir payer chaque année un nouveau lot de semences. La deuxième « révolution verte » risque fort de rompre l'équilibre des cultures traditionnelles sans offrir une technique de substitution économiquement viable. Faut-il rappeler que la première « révolution verte » a provoqué dans les années 60 la ruine des petits paysans d'Asie et d'Amérique latine, incapables de payer les intrants et les équipements nécessaires pour exploiter les nouvelles variétés de riz ? La famine n'a pas pour autant régressé et 650 millions d'êtres humains en souffrent aujourd'hui. Faut-il également rappeler que lors de la conférence sur l'alimentation en 1974, Henry Kissinger promettait l'éradication définitive de la famine mondiale « dans les dix ans » ?

Alors que Monsanto vante la réduction possible de l'utilisation de pesticides grâce aux OGM, rappelons que cette entreprise a produit pour l'armée américaine les défoliants utilisés comme armes chimiques durant la guerre du Vietnam. Par ailleurs, sous la pression des États-Unis, le gouvernement colombien s'acharne depuis 1995 à détruire les plantations de coca au moyen d'épandages de glyphosate effectués par les avions Turbo Trush des forces antidrogue. Les cultures vivrières et les pâturages de Guaviare sont contaminés, les poissons disparaissent des cours d'eau et le bétail dépérit. Les Nukaks, appartenant à l'une des dernières tribus nomades de la planète, sont menacés d'extermination par les fumigations de glyphosate, leurs cultures traditionnelles et les animaux essentiels à leur alimentation ayant été anéantis.

UNE ATTEINTE À LA SÉCURITÉ PUBLIQUE

Malgré la loi du 13 juillet 1992 qui stipule que « toute personne a le droit d'être informée sur les effets » de la dissémination d'OGM et que « le lieu » de cette dissémination ne peut être « considéré comme confidentiel », malgré son décret d'application du 18 octobre 1993 qui précise que « le ministre tient cette fiche (décrivant la culture de l'OGM) à la disposition du public », malgré de nombreux avis favorables de la Commission d'accès aux documents administratifs (CADA), l'administration française oppose un refus catégorique aux citoyens et aux associations qui désirent consulter les « fiches d'information du public » décrivant les essais d'OGM qui se déroulent en France. La CADA a donné à plusieurs reprises un avis favorable aux demandes, précisant que le document doit être communiqué « avec le nom de la commune ». Si le rapport annuel de la Commission du génie biomoléculaire indique bien le nom des villages dans lesquels ont lieu des essais, la publication est faite un an après la moisson ! Madame Marion Guillou, directrice de la Direction générale de l'alimentation du ministère de l'agriculture (DGAL), invoque la loi du 17 juillet 1978 sur la communication des documents administratifs qui stipule que la communication peut être refusée si elle est susceptible de porter atteinte « *à la sûreté de l'État et à la sécurité publique* », et elle ajoute : « *on ne sait pas exactement, sur le plan juridique, ce qu'on peut dire* ». Lorsque des graines de colza transgénique ont été semées par erreur dans plusieurs pays de l'Union européenne, la France fut prise en flagrant de rétention d'informations. Alors que la société Advanta Seeds avait découvert le 3 avril 2000 que des semences de colza exportées vers quatre pays européens étaient contaminées par des OGM, la nouvelle ne fut rendue publique en France que le 18 mai, après bien des atermoiements et après que l'information eut été révélée par des sources britanniques et suédoises. Le vendredi 19 mai, alors que le secret sur la localisation des champs de colza contaminés était toujours bien gardé, le ministre de l'agriculture, Jean Glavany, minimisait l'affaire en évoquant « *une tempête dans un verre d'eau* », ajoutant que ni la santé humaine ni l'environnement n'était menacé. Quant au ministère de l'agriculture, il justifiait l'absence totale de transparence au nom de « la préservation de l'ordre public ».

LE PROTOCOLE SUR LA BIOSÉCURITÉ

Un accord, baptisé « Protocole sur la biosécurité », fut signé à Montréal le 31 janvier 2000 par plus de 130 pays. Ce pacte confère aux pays le droit d'invoquer un « principe de précaution » afin d'assurer une meilleure protection de la diversité biologique et de la santé des consommateurs en limitant les importations des OGM. Le principe de précaution offre la possibilité à un État d'interdire la commercialisation d'un produit alimentaire pour protéger la santé des consommateurs, même si son danger n'est pas formellement démontré. Les grands exportateurs (États-Unis, Argentine, Canada) n'ont accepté de signer le « Protocole sur la biosécurité » qu'à la condition qu'il soit temporaire et surtout qu'il reste vague sur un principe qui, en aucun cas, « *ne saurait servir de prétexte pour entraver le commerce* ». La validité d'un tel principe est donc sujette à caution. L'Organisation mondiale du commerce (OMC) s'appuie exclusivement sur les normes établies par le *Codex alimentarius* pour juger les différends commerciaux de nature scientifique qui opposent les États. A ce jour, le principe de précaution, timidement défendu par l'union européenne, n'a pas été avalisé par le *Codex*. L'approche européenne est contestée par les États-Unis : « *Le problème est qu'il n'y a pas de définition du principe de précaution. Par ailleurs, les risques environnementaux régis par le Protocole sur la biosécurité ne sont pas de même nature que les risques alimentaires auxquels s'attache le Codex* » a déclaré Catherine Woteki, sous-secrétaire à la sécurité alimentaire de l'USDA (United States Department of Agriculture) chef de la délégation américaine à Paris pour les négociations des pays membres du *Codex*. De plus, les représentants des pays membres de la commission du *Codex alimentarius*, organisme qui dépend de la FAO (Organisation des Nations unies pour l'alimentation et l'agriculture) et de l'OMS (Organisation mondiale de la santé), ont reconnu qu'il n'existait aucun consensus sur la définition du principe de précaution et sur son application. Enfin, le Parlement européen a voté, mercredi 12 avril, une nouvelle directive relative aux OGM qui s'aligne sur la position américaine. Tout en feignant d'assujettir les industriels de l'agroalimentaire à des mesures de contrôle, le Parlement européen a une fois de plus cédé aux groupes de pression. Ce vote a mis fin à l'incertitude légale qui prévalait depuis le moratoire adopté par les européens le 24 juin 1999 en rouvrant la possibilité légale de cultures transgéniques. Les groupes industriels se sont félicités du vote et Europabio, l'association européenne des industries biotechnologiques, n'a pas caché sa satisfaction. Les contraintes que redoutaient le plus les industriels ont en effet été rejetées sous l'influence du Parti populaire européen (PPE, centre droit). L'assemblée a rejeté en particulier un amendement introduit par le rapporteur, David Bowe (PSE), qui imposait aux producteurs d'OGM d'assumer la responsabilité civile de tout dommage causé à la santé humaine ou à l'environnement. Cette contrainte, aux conséquences financières potentiellement très élevées, aurait constitué un frein aux OGM. Les producteurs et les industriels n'auront donc aucun compte à rendre et leur responsabilité ne pourra être mise en cause. Patricia McKenna (Verts) s'est contentée de demander pourquoi les groupes industriels « *ont peur d'une responsabilité civile si leurs produits ne présentent aucun risque* ». Le PPE a jugé qu'il n'y avait pas à légiférer sur ce point, les OGM devant relever d'un régime de responsabilité général et non pas spécifique. Le PPE a également rejeté la demande d'une interdiction immédiate des OGM portant un gène de résistance aux antibiotiques et imposé leur autorisation jusqu'en 2005.

DES PLANTES À TOUT FAIRE

Dans le domaine de l'industrie pharmaceutique, les biotechnologies modifient par transgénèse le patrimoine génétique des plantes pour leur faire synthétiser des protéines humaines ou des vaccins. La firme américaine Battelle/PNL a créé un tabac transgénique dont le feuillage produit un facteur de coagulation humain, le facteur VIII anti-hémophilique. La firme britannique Axis Genetics met au point des vaccins contre l'hépatite B et le choléra dans des pommes de terre transgéniques. De la même manière, ont été créés un tabac produisant de l'hémoglobine, une pomme de terre synthétisant l'albumine humaine et une banane capable de vacciner contre le choléra.

En ce qui concerne l'industrie de l'emballage, un colza manipulé génétiquement par l'équipe de Steven Slater (laboratoire Monsanto) sera capable dans un avenir proche de produire une matière plastique biodégradable. Les polyhydroxyalkanoates (PHA), polymères biodégradables extraits des graines de colza transgénique, remplaceront bientôt le polyéthylène et le polychlorure de vinyle. La revue *Nature Biotechnology* prédit qu'« *Un jour les plantes pourront devenir de remarquables et efficaces usines biologiques, fabriquant à la fois de l'huile, des aliments pour animaux et du plastique* ».

Le centre de recherche sur les biotechnologies végétales de Houghton (Michigan, États-Unis) vient de créer une variété de peuplier transgénique pauvre en lignine. Lors de la fabrication de la pâte à papier, cette substance organique qui imprègne le bois doit être éliminée par des traitements chimiques polluants. Dans la nouvelle variété d'arbre, la production de la ligase 4-coumarate coenzyme A (4CL), une enzyme liée à la biosynthèse de la lignine, est diminuée. Le taux de lignine a ainsi été réduit de 45%, tandis que celui de cellulose a augmenté de 15%.

Pour ce qui est de l'horticulture, les manipulations génétiques ont désormais supplanté les greffes et l'on trouve sur le marché des roses résistantes aux champignons responsables du « blanc du rosier », des anémones manipulées dont la fleur a doublé de volume, des œillets violets et des roses couleur kaki. Ces fleurs sont pour l'instant inodores. Conçu par la firme Florigène (Melbourne), l'œillet violet doit sa couleur à un gène de pétunia qui code l'une des enzymes nécessaires à la production d'un pigment bleu, la delphinidine. Des œillets noirs seront mis en vente prochainement par Florigène qui cherche à créer également des roses bleues grâce à la delphinidine. Jens Find, chef de recherches du jardin botanique de l'université de Copenhague, vient d'annoncer avoir produit par clonage et manipulation génétique un sapin de Noël de longueur idoine, aux branches harmonieuses supportant bien les boules de Noël, et résistants aux maladies. Aux États-Unis, les pelouses des parcs, des stades, des campus et des terrains de golf pourraient bientôt être semées de gazon transgénique, résistant aux herbicides. C'est un débouché potentiel de près de vingt millions d'hectares qui attire les sociétés de biotechnologies.

LE RETOUR SUR INVESTISSEMENT

Les grandes firmes agroalimentaires et pharmaceutiques se livrent à une nouvelle forme de piraterie des temps modernes : elles organisent la traite des gènes en s'appropriant les ressources génétiques naturelles par le truchement de brevets. Des bioprospecteurs sans scrupule arpentent l'hémisphère sud et tamisent la forêt amazonienne à la recherche des pépites vertes cachées dans le patrimoine génétique des êtres vivants. Leur cupidité est sans borne. Une fois brevetés, les gènes des plantes du tiers monde sont insérés dans des plantes occidentales assurant la production industrielle des principes actifs. En s'appropriant des produits dont le tiers-monde est l'unique fournisseur et en pillant des gènes qui assurent la survie de miséreux, cette pratique va entraîner des effets pervers pour les pays en développement. En voici quelques exemples dans le domaine de l'industrie alimentaire et de l'industrie pharmaceutique.

Le ndebion est un fruit rouge qui pousse dans les forêts humides d'Afrique de l'ouest, principalement en Côte d'Ivoire. Le ndebion produit un substitut sucré précieux, utilisé comme exhausteur de goût dans l'industrie alimentaire. Sa récolte constitue la principale ressource financière de nombreux villageois africains. Une firme britannique de Liverpool achetait pour un prix dérisoire le ndebion à ces villageois pour produire la taline, additif alimentaire très prisé. Cette entreprise vient d'isoler le gène codant pour le substitut sucré et de déposer un brevet pour s'assurer l'exploitation exclusive du gène. Elle va pouvoir insérer le gène de la taline dans une plante facile à cultiver dans l'hémisphère nord. La récolte de ndebion par les villageois africains deviendra inutile. A terme l'exploitation de ce gène dans l'hémisphère nord pourrait ruiner les plantations de canne à sucre. La Côte d'Ivoire est le premier producteur mondial de cacao avec une production annuelle d'un million de tonnes. Plus de la moitié de la population ivoirienne vit des revenus de cette culture. Or, le Parlement européen a adopté le 15 mars 2000 une directive qui autorise l'utilisation dans le chocolat d'autres matières grasses végétales à hauteur de 5% du poids total. Aucun label de qualité ne permettra de distinguer le vrai chocolat de confiseries contenant des matières grasses végétales autres que le beurre de cacao. La Grande-Bretagne et les pays scandinaves pourront désormais écouler leurs confiseries chocolatées contenant des graisses hémisynthétiques bon marché obtenues à partir d'OGM. La baisse consécutive de la demande européenne en cacao fera perdre chaque année deux milliards de francs à la

Côte d'Ivoire. Les biotechnologies parviennent également à faire produire par du colza transgénique l'huile laurique, normalement extraite des noix de coco ou des palmiers, qui sert à fabriquer les détergents et les shampoings. Si cette substitution voit son coût diminuer, le marché de l'huile laurique risque d'échapper aux pays d'Asie et d'Afrique. Au vu de ces comportements, il est légitime de mettre en doute les déclarations d'intention des firmes multinationales qui prétendent éradiquer la famine mondiale.

L'industrie pharmaceutique se comporte vis à vis des pays en développement comme l'industrie agroalimentaire. Les prospecteurs des firmes pharmaceutiques pillent les ressources génétiques de l'hémisphère sud, collectent les plantes médicinales des chamans indiens et des guérisseurs chinois pour en extraire les gènes codant pour les principes actifs. Pour un chiffre d'affaires annuel de 100 millions de dollars, le groupe pharmaceutique Lilly exploite les propriétés anticancéreuses de la pervenche de Madagascar alors que les Malgaches n'en tirent aucun bénéfice. Grâce à un brevet déposé en 1986, une entreprise pharmaceutique de San Francisco, dirigée par Laurent Miller, exploite en exclusivité le principe actif antidépresseur de l'aya huasca, liane sacrée des indiens d'Amérique du sud qui ne reçoivent rien en contrepartie. Spoliés par les firmes occidentales, les pays en développement détiennent seulement 5% des brevets alors qu'ils possèdent 90% du patrimoine biologique de la planète. L'Afrique représente 1% du marché mondial des médicaments, alors que l'Amérique du nord, le Japon et l'Europe de l'ouest en représentent 80%. Les laboratoires américains, qui imposent les tarifs, détiennent 20 des 25 spécialités les plus vendues dans le monde.

92% des médicaments antirétroviraux permettant de combattre le SIDA sont destinés à 8% des malades de la planète. Les groupes pharmaceutiques occidentaux vendent au prix fort leurs produits aux pays déshérités tout en leur interdisant de les fabriquer localement, solution qui serait bien moins onéreuse. Ainsi, en Thaïlande, un médicament antirétroviral (Didanosine) pourrait être produit au tiers du prix imposé par la société américaine Bristol-Myers-Squibb (BMS) qui en détient la licence exclusive. BMS s'y oppose farouchement. Le gouvernement américain a même menacé la Thaïlande de sanctions économiques si ses entreprises ne cessaient pas de produire sans licence des médicaments contre des maladies mortelles liées au virus du SIDA. L'Afrique du sud a été exposée aux mêmes menaces lorsque le gouvernement de Nelson Mandela adopta en 1997 une loi sanitaire autorisant les entreprises sud-africaines à produire ou à importer des médicaments d'urgence contre le SIDA sans égard pour les brevets américains. Les grandes firmes pharmaceutiques se sont alors mobilisées contre ce projet et le vice-président américain Al Gore a menacé d'inscrire l'Afrique du sud sur une liste d'exclusion du commerce international. Pourtant un règlement de l'OMC prévoit qu'en cas d'épidémie dans un pays trop pauvre pour acheter des médicaments nécessaires et onéreux, la fabrication de médicaments génériques peut être autorisée en dépit des brevets.

Les géants de l'industrie pharmaceutique prétextent que la protection des brevets garantit, par le biais du « retour sur investissement », une recherche scientifique de qualité profitable à l'humanité. Les faits contredisent ces déclarations. Selon Médecins sans frontières (MSF), des médicaments, qui ont assuré depuis de longues années le retour sur investissement des laboratoires pharmaceutiques, ne voient pas pour autant leur prix baisser et demeurent peu ou pas disponibles pour les pays en développement. Quant à la recherche, elle représente en moyenne 13% du chiffre d'affaires des grands groupes pharmaceutiques, alors que les dépenses de marketing et de publicité requièrent plus du double. Sur 1223 nouvelles molécules mises sur le marché entre 1975 et 1997, pas plus de 13 sont destinées à soigner les maladies infectieuses des pays déshérités, et sur ces 13 spécialités, 5 sont issues de la recherche vétérinaire. La recherche de qualité s'oriente plus volontiers vers le traitement de la calvitie, de l'impuissance ou de l'obésité que vers le traitement du paludisme ou de la trypanosomiase africaine. La firme Novartis commercialise un traitement contre l'anxiété des chiens et le laboratoire Pfizer produit un médicament traitant la forme canine de la maladie d'Alzheimer. Par ailleurs, l'industrie pharmaceutique refuse de mettre sur le marché certains médicaments, comme l'Eflornithine, qui ne s'adressent qu'à des populations non solvables, incapables d'assurer le retour sur investissement. Initialement conçue dans le cadre des traitements anticancéreux, l'Eflornithine n'a pas fait la preuve de son efficacité dans ce domaine. Par contre son efficacité contre les formes graves de la maladie du sommeil est telle qu'elle a été surnommée « médicament de la résurrection ». Le laboratoire américain Merrel Dow l'a pourtant retirée du marché car les victimes africaines de cette maladie sont incapables de payer un traitement de 210 dollars.

Sous la pression de l'industrie pharmaceutique, de nouvelles règles commerciales sont régulièrement adoptées qui renforcent le monopole attribué aux titulaires des brevets et qui maintiennent des prix élevés pour des médicaments de première nécessité pouvant être produits à moindre coût sous forme générique. Un véritable lobby du brevet s'est ainsi organisé sous l'égide des États-Unis et de l'Organisation mondiale de la propriété intellectuelle (OM-PI), organisation intergouvernementale basée à Genève dont le budget est en partie financé par les industriels.

LE FONDEMENT HISTORIQUE DE TOUTE CIVILISATION

Les partisans de l'ingénierie génétique prétendent que le transfert de gènes entre organismes vivants a toujours existé et qu'il s'agit d'une loi de la nature régissant le cours de l'évolution. Ils citent à l'appui de leur thèse l'insertion des mitochondries dans le patrimoine du règne animal et un article de la revue scientifique *Nature* du 27 mai 1999 révélant que le quart des gènes d'une eubactérie exotique, *Thermogata maritima*, sont identiques à ceux des archaebactéries. Le groupe des eubactéries s'étant séparé il y a des milliards d'années du groupe des archaebactéries, ils en concluent que le transfert de gènes est un facteur important de l'évolution. Le généticien Walter Doerfler, de l'Institut de génétique de l'université de Cologne, rappelle que « *durant des millions d'années, les hommes et leurs ancêtres ont été exposés à d'innombrables combinaisons de gènes d'origine animale et végétale, omniprésents dans notre alimentation* ».

L'écrivain Guy Sorman est quant à lui catégorique. Après avoir dénoncé « l'affolement et l'obscurantisme » de ceux qui « *contribuent à semer la panique et à tuer l'innovation scientifique majeure que constituent les OGM* », il déclare dans un article intitulé « Une manipulation politique », paru dans *Le Figaro* du lundi 5 juin 2000 : « *Depuis l'ère néolithique, les cultivateurs ont sélectionné puis mélangé les espèces pour créer des hybrides qui améliorent les rendements; sans ces manipulations, l'homme n'aurait pas domestiqué la nature ni les animaux. Les OGM s'inscrivent dans la stricte continuité de cette intervention millénaire sur la nature; celle-ci, pour mémoire, se trouve être le fondement historique de toute civilisation. Sans les sélections puis les hybrides du blé, du riz et du maïs, nous serions restés à l'âge de pierre* ».

Il est vrai que les plantes, du fait de leur immobilité, ont dû recourir à une certaine agilité génétique pour échapper aux dangers qui les menaçaient. C'est ainsi que, au cours des derniers trente millions d'années, quelque 200 000 espèces différentes de plantes ont vu le jour contre seulement 4 000 mammifères capables de se déplacer pour fuir les dangers. La mobilité génétique des végétaux a reposé sur l'inclusion de fragments d'ADN provenant des chromosomes d'autres espèces, mais le professeur Avi Lévy, de l'Institut Weizman, fait remarquer que ce processus hasardeux de transfert génétique générait dans 70% des cas des mutations malheureuses débouchant sur des impasses. Il nous paraît donc dangereux de faire ainsi l'amalgame, au nom de processus « naturels », entre un mécanisme de transgénèse ayant lentement et hasardeusement contribué à l'évolution de certaines formes de vie et l'introduction forcée si ce n'est forcenée de gènes étrangers conférant un avantage compétitif certain à des plantes cultivées hâtivement sur des millions d'hectares. D'une part les flux de gènes ne sont absolument pas comparables, d'autre part le génie génétique supprime les barrières naturelles non seulement entre les espèces mais également entre les différents règnes du monde vivant. Dans ces conditions, monsieur Sorman, nous mettons en doute « le fondement historique de toute civilisation » et nous assumons notre affolement devant tant d'inconscience.

Octobre 1999 – août 2000.

DES DÉMIURGES DE LITIÈRES

L'ingénierie génétique appliquée au règne animal vise, d'après les scientifiques, à améliorer la productivité des élevages et à faire progresser la recherche sur les maladies humaines grâce aux modèles animaux génétiquement modifiés. Mais, en insérant des gènes humains au cœur du patrimoine héréditaire du monde animal, les opérations de transgénèse abolissent, une fois de plus, les barrières normalement infranchissables entre les grands règnes du monde vivant.

En décembre 1998, le patrimoine héréditaire du ver *Coenorhabditis elegans*, comportant 97 millions de bases, était entièrement décrypté. Le 24 mars 2000, la revue *Science* publia la séquence génomique de *Drosophila melanogaster,* la petite mouche du vinaigre, qui devint ainsi le deuxième animal à voir son patrimoine héréditaire entièrement décrypté. Le séquençage des quatre chromosomes de la drosophile, qui comportent 160 millions de bases, doit permettre de définir précisément les fonctions de ses 13 600 gènes. La compagnie Celera Genomics, dirigée par Craig Venter, avait annoncé le 6 avril 2000 qu'elle se lançait dans le séquençage du génome de la souris qui est très proche de celui de l'homme. A peine deux mois plus tard, le jeudi 1er juin, Craig Venter affirmait avoir déjà séquencé 1,15 milliard de bases, soit le tiers du patrimoine génétique du rongeur évalué à 3 milliards de bases. La séquence complète de ce génome, d'une importance capitale pour l'avenir de la recherche en génétique humaine, sera achevée au début de l'année 2001. A l'annonce de ce résultat, l'action de Celera a grimpé aussitôt de 6% à la Bourse de New York.

L'ingénierie génétique appliquée au règne animal fait essentiellement appel à deux types de techniques : les techniques de clonage reproductif et les techniques de transgénèse.

LES TECHNIQUES DE CLONAGE REPRODUCTIF

Il existe deux techniques de clonage utilisées chez l'animal : le clonage par clivage blastomérique et le clonage par transfert nucléaire. Le clonage par clivage blastomérique consiste à diviser en quatre groupes de deux cellules un embryon, obtenu par fécondation in vitro, au moment où il atteint le stade des huit premières cellules appelées blastomères. Chaque groupe cellulaire, implanté séparément conduit à la formation d'un fœtus. Les quatre animaux étant issus du même embryon originel, ils sont génétiquement identiques. Le clonage par transfert nucléaire consiste quant à lui à extraire le noyau d'une cellule (embryonnaire ou adulte) pour le transférer dans le cytoplasme d'un ovule préalablement énucléé, c'est-à-dire dépossédé de ses chromosomes. Après fusion et synchronisation nucléocytoplasmique, la cellule ainsi formée entame un développement embryonnaire et produit des blastomères à la manière d'un œuf fécondé. Dans cette forme de clonage, le patrimoine génétique de l'embryon n'est pas strictement identique à celui de l'individu sur lequel a été prélevé le génome du noyau. Il possède en sus le génome mitochondrial de la femelle qui a fourni l'ovule énucléé (les mitochondries sont de petits organites transmis par le cytoplasme ovulaire dont le rôle n'est pas totalement élucidé). Le clonage par transfert nucléaire de Dolly a eu recours à une cellule somatique adulte prélevée dans la glande mammaire (d'où le surnom de l'agnelle évoquant la poitrine de Dolly Parton) d'une brebis âgée de 6 ans. Le noyau de cette cellule mammaire a été ensuite transféré dans un ovule de brebis énucléé où il a subi une stimulation électrique entraînant une « déprogrammation-reprogrammation » de l'ADN nucléaire avec retour au stade embryonnaire et enclenchement de l'embryogénèse.

En matière de clonage par transfert nucléaire, le taux de survie des clones issus de noyaux de cellules somatiques est très inférieur à celui des clones issus de noyaux de cellules embryonnaires. Cependant les partisans du clonage reproductif demeurent discrets sur la mortalité et la morbidité inquiétantes qui frappent les animaux clonés à partir de cellules somatiques adultes. Comme l'avaient déjà signalé Jean-Paul Renard et son équipe de l'Institut national de la recherche agronomique (INRA) à Jouy-en-Josas dans la revue *The Lancet* du 1er mai 1999, ces clones présentent un taux anormalement élevé de malformations. Au cours du 20e colloque du Groupe biologie du développement qui s'est tenu au mois de mai 2000, les chercheurs de l'INRA ont révélé que seulement 14 veaux normaux étaient nés de leurs manipulations alors que, dans le même temps, 150 veaux étaient morts de graves malformations en cours de gestation ou après la naissance. De nombreux clones étaient beaucoup plus gros à la naissance que des individus issus d'une fécondation naturelle. La transmission de gènes défaillants fut probablement à l'origine d'effets délétères, en particulier d'une grave déficience du système immunitaire impliqué dans les phénomènes de reconnaissance du soi et du non-soi. Un organe central du système immunitaire, le thymus, s'est rapidement atrophié au cours du développement d'un clone de vache. Xavier Vignon, de l'INRA, a expliqué que « *demander à un noyau de cellule de peau de redevenir un noyau d'embryon n'est pas un processus qui se passe sans accroc* ».

Les clones issus de cellules somatiques présentent par ailleurs des anomalies du processus de sénescence. Toute cellule possède en effet un nombre déterminé de cycles de division (60 en moyenne), au terme desquels elle meurt. A chaque division cellulaire, la longueur des extrémités des chromosomes, appelées télomères, diminue, ce qui permet d'évaluer l'âge biologique des cellules. Plus les télomères sont courts, plus la cellule est proche de son terme. Or, l'observation en 1998 des chromosomes de Dolly, qui fut créée en 1997, révéla une érosion inattendue de leurs télomères pour une agnelle de cet âge, suggérant un processus accéléré de sénescence. Les cellules de Dolly, issues d'un noyau maternel vieux de six ans, semblaient avoir intégré l'âge biologique de la mère. Ce vieillissement prématuré est attribué à un défaut de reprogrammation génétique du noyau de la cellule mammaire qui a servi au clonage, le processus de « déprogrammation-reprogrammation » de l'ADN n'ayant pas permis de remettre à zéro l'horloge biologique des chromosomes de Dolly. A l'inverse, un phénomène de rajeunissement cellulaire a été observé chez six veaux clonés à partir de fibroblastes (cellules du tissu conjonctif) d'un fœtus de 45 jours, par l'équipe de Robert Lanza de la firme Advanced Cell Technology (Worcester, Massachusetts). Les fibroblastes prélevés secondairement sur les veaux clonés renfermaient des chromosomes dont les télomères étaient « *plus longs que ceux des veaux du même âge, et, dans la plupart des cas, plus longs même que ceux de veaux nouveau-nés* ». Ces fibroblastes possédaient un potentiel accru de division cellulaire qui leur a permis d'enchaîner 90 cycles.

Plusieurs facteurs pourraient expliquer ces différences de taille des télomères : l'espèce animale (ovine ou bovine), l'âge de l'animal qui a fourni le noyau (6 ans ou 45 jours), le type de cellule utilisée pour le clonage (cellule mammaire ou fibroblaste) ou encore la technique de clonage. La taille des télomères semble être le résultat d'un fragile équilibre entre des processus qui les raccourcissent et des processus réparateurs qui les rallongent, en particulier sous l'action de l'enzyme télomérase. Dans une même espèce, cet équilibre est constant d'une génération à l'autre, sauf en cas de situation anormale comme le clonage. A propos des veaux créés par Robert Lanza, Xavier Vignon, de l'INRA, a déclaré : « *Les cellules des veaux clonés semblent ne pas avoir de durée de vie limite. Comme les cellules cancéreuses qui prolifèrent sans contrôle* ». L'augmentation de la taille des télomères pourrait en effet entraîner une augmentation du risque de cancer. De son côté, Michael West, PDG enthousiaste de la firme ACT, a déclaré : « *Nous sommes au premier jour d'une nouvelle ère pour le traitement des maladies liées au vieillissement* ». La firme américaine Geron, qui fut dirigée par Michael West, développe actuellement des lignées de souris possédant une activité élevée de l'enzyme télomérase, enzyme naturellement produite pour lutter contre la sénescence.

A l'évidence, l'interaction entre le cytoplasme et le noyau, qui joue un rôle majeur dans le déroulement de la programmation génétique, garde la majeure partie de ses secrets. Peu après l'annonce de la surprenante jeunesse cellulaire des veaux clonés par ACT, Ian Wilmut a qualifié d'« incroyable » « *notre incompréhension des mécanismes moléculaires du clonage* ». L'homme qui a créé Dolly, l'homme qui prône aujourd'hui le clonage thérapeutique humain, reconnaît tout simplement que notre incompréhension des mécanismes moléculaires du clonage est « incroyable »! Par ailleurs, les animaux clonés n'ont pas hérité de l'ADN mitochondrial des animaux dont ils sont la copie et qui ont fourni le noyau cellulaire mais de l'ADN mitochondrial des ovules énucléés qui ont servi à la manipulation. Or le rôle de l'ADN mitochondrial, en particulier son importance dans le développement de l'individu, est mal connu aujourd'hui.

Malgré ces signes alarmants, les apprentis sorciers de l'ingénierie génétique se montrent toujours plus audacieux dans les techniques de clonage reproductif. Des chercheurs de l'Académie chinoise des sciences ont déclaré avoir obtenu par clonage un embryon de panda sous prétexte d'assurer la survie de cet animal en voie de disparition. En réalité, ce n'est pas un véritable embryon de panda que les chercheurs chinois de l'équipe de Chen Dayuan ont créé mais l'embryon d'une chimère « panda-lapin ». Ils ont en effet transféré le noyau d'une cellule de panda dans un ovule énucléé de lapine dont on sait qu'il renferme encore dans son cytoplasme du matériel génétique de lapin. L'ovule ainsi manipulé a pu former un embryon que les chercheurs espèrent implanter dans l'utérus d'un animal porteur car une lapine ne pourrait supporter une telle gestation. Ils pourraient avoir recours à une ourse ou une chienne. Cette technique de clonage chimérique, différente de celle qui a permis de créer l'agnelle Dolly dans la mesure où le noyau transféré et le réceptacle ovulaire appartiennent à deux espèces animales différentes, n'a cependant pas abouti à ce jour à la naissance d'un quelconque animal. Outre la préservation des innombrables espèces menacées d'extinction et dont la reproduction en captivité est incertaine, les biotechnologies envisagent la recréation d'animaux disparus comme le mammouth ou le tigre de Tasmanie à partir de cellules conservées dans l'alcool ou la glace. Des chercheurs de l'expédition Mammuthus, organisée par l'association française Cercles polaires expéditions et parrainée par les autorités russes, viennent d'exhumer de sa gangue de glace sibérienne le corps congelé d'un mammouth baptisé Jarkov, mort à l'âge de 47 ans il y a quelque 23 000 ans. Ils envisagent d'implanter son ADN dans un ovule d'éléphante pour faire revivre le pachyderme préhistorique. Une équipe australienne va prélever le noyau cellulaire d'un jeune tigre de Tasmanie, conservé dans l'alcool depuis 1866 sur une étagère de l'Australian Museum de Sydney, pour tenter de ressusciter l'espèce dont le dernier représentant s'est éteint dans un zoo de Hobart en 1936. Les chercheurs projettent d'insérer ce noyau dans l'ovule d'une espèce proche (probablement le diable de Tasmanie ou le numbat), aucun ovule de l'espèce disparue ne pouvant être bien évidemment utilisé pour le clonage. Ce projet de résurrection prendra des années et coûtera entre 20 et 30 millions de dollars. Précisons que le tigre de Tasmanie a été exterminé par l'homme, les fermiers australiens l'ayant pourchassé au point de faire disparaître l'espèce. Un comité scientifique étudie également la possibilité de recréer par clonage le bouquetin des Pyrénées dont le dernier spécimen est mort début janvier 2000 en Aragon (Espagne). « *C'est une décision politique, car techniquement nous sommes parfaitement en mesure de réaliser le clonage* », a assuré José Luis Jorcano, chef du projet de biologie moléculaire du Centre de recherches de l'énergie, de l'environnement et des technologies. Il est absurde d'engager de telles dépenses dans un projet aussi hasardeux alors que tant d'autres espèces, aujourd'hui menacées par l'homme, auraient une chance de survivre grâce à cet argent. D'autre part, ces espèces menacées ne pourront survivre qu'à la condition de protéger leur habitat naturel.

L'annonce, par l'équipe du Centre de primatologie de Beaverton (Oregon), du clonage par scission blastomérique d'un macaque rhésus signifie qu'il n'existe aujourd'hui pour ces démiurges aucune barrière morale, éthique ou scientifique limitant l'application des techniques de génie génétique aux espèces animales très proches de l'homme. Sur 107 embryons issus des clivages blastomériques réalisés par cette équipe, une seule gestation a été menée à terme, donnant naissance à un jeune macaque baptisé Tétra. Des primates, dont 98% des gènes correspondent à ceux de l'homme, vont donc être clonés et manipulés génétiquement pour étudier des maladies humaines et réaliser des tests thérapeutiques. La revue *Molecular Human Reproduction* vient également d'annoncer la fabrication d'embryons de macaques rhésus transgéniques. Des chercheurs du Centre de recherche en primatologie de l'Oregon et de l'Université des sciences de la santé de l'Oregon, dirigés par Anthony Chan, ont réussi à introduire des gènes de méduse dans des spermatozoïdes de macaques. Deux jours après la fertilisation d'ovules de macaques, près de la moitié des embryons irradiaient une lumière verte produite par une protéine exprimée par les gènes de l'animal marin. Sept de ces embryons ont ensuite été implantés chez des femelles rhésus, l'un d'eux aboutissant à la naissance d'un petit macaque baptisé George.

LES TECHNIQUES DE TRANSGÉNÈSE

L'insertion de gènes étrangers dans le patrimoine génétique d'animaux d'élevage permet d'améliorer leur productivité de façon parfois spectaculaire. Le bombyx du mûrier, dont la larve est le ver à soie, est le premier lépidoptère manipulé dans ce sens. Deux équipes lyonnaises de l'INRA et du CNRS ont en effet mis au point les premières lignées de ver à soie transgénique en insérant un gène étranger dans l'ADN de l'œuf du bombyx du mûrier. Leur objectif est de contrôler l'expression du transgène dans la glande séricigène du ver à soie. Ce type de manipulation génétique permettra la fabrication de nouvelles fibres textiles, l'amélioration des lignées séricicoles et la lutte biologique contre les ravageurs. En employant les techniques de ciblage génétique, des chercheurs tentent d'inactiver les gènes des deux protéines formant le fil de soie, la fibroïne et la séricine, et de les remplacer par ceux gouvernant la soie d'araignée, la plus solide qui soit. Contrairement aux espèces susceptibles de voler ou de nager pour recouvrer leur liberté, le ver à soie est totalement inféodé à l'homme, ce qui limiterait le risque de dissémination d'OGM dans le milieu naturel.

Des scientifiques britanniques ont réussi à mettre au point un saumon transgénique qui grandit beaucoup plus vite que le saumon naturel, en introduisant un gène supplémentaire codant pour l'hormone de croissance dans des œufs tout juste fécondés de saumon atlantique. Cette technique permet d'augmenter considérablement la taille des saumons, de diminuer de moitié le temps nécessaire à la croissance des alevins d'élevage et de fournir à moindre coût des poissons propres à la consommation. Le saumon transgénique atteint sa taille de vente en 12 à 18 mois, contre trois ans pour un saumon naturel. Créés et confinés en laboratoire, les saumons transgéniques ne devraient jamais nager en liberté dans l'océan et les cours d'eau car ils pourraient transmettre leurs gènes aux populations naturelles. Or, un petit nombre de poissons transgéniques, livrés à eux-mêmes dans le milieu naturel, pourrait entraîner la disparition de populations sauvages bien portantes. Leur taille imposante leur confère en effet un avantage reproductif important mais la vitalité de leur progéniture est réduite par le facteur même qui accélère la croissance, ce qui pourrait participer à la régression ou à l'extinction de l'espèce. Un modèle scientifique, récemment publié dans la revue américaine PNAS (Proceedings of the National Academy of Science), concerne un petit poisson d'aquarium, le medaka japonais, auquel les chercheurs de l'université de West-Lafayette (Indiana, États-Unis) ont greffé un gène de croissance. Le poisson modifié est plus gros que les autres et il produit plus d'œufs. Son matériel génétique se répand donc plus facilement dans l'aquarium mais les nouvelles générations de poissons survivent difficilement jusqu'à l'âge de la reproduction. A partir d'une simulation sur ordinateur, les chercheurs ont établi que l'introduction de 60 poissons génétiquement modifiés au sein d'une population naturelle comptant 60 000 poissons pourrait entraîner l'extinction de cette dernière en 40 générations. Concernant les saumons porteurs de gènes de croissance, leurs lieux de confinement ne sont pas entourés de la sécurité requise pour empêcher les disséminations accidentelles de gènes et aucune loi n'interdit actuellement de lâcher dans l'océan un saumon transgénique.

Selon une étude publiée dans *Nature Biotechnology*, des chercheurs américains ont créé des cochons transgéniques, dont le poids est supérieur de 22% par rapport aux animaux naturels, grâce à une technique de génie génétique qui favorise la production d'hormone de croissance dans le corps des animaux. Jusqu'à présent, les hormones de croissance devaient être injectées périodiquement car elles étaient rapidement détruites dans l'organisme sous l'effet des protéases, enzymes qui dégradent les protéines. Une équipe de chercheurs du Baylor College of Medicine, à Houston (Texas), dirigée par le Pr Robert Schwartz, a injecté dans ces animaux de l'ADN contenant le code génétique nécessaire à la production d'une hormone de croissance résistante aux protéases (GHRH). L'INRA vient de découvrir quant à lui, en collaboration avec des chercheurs suédois et allemands, le gène « RN » dans le génome du porc. Une mutation de ce gène provoque l'acidification et le durcissement des muscles de l'animal. Un test a été aussitôt mis au point pour permettre aux sélectionneurs porcins de repérer les animaux porteurs de la mutation. Des chercheurs canadiens de l'université de Guelph, en Ontario, viennent d'annoncer la création de porcs transgéniques dont les excréments sont moins polluants pour l'environnement et les nappes phréatiques. Un transgène permet au porc génétiquement modifié, baptisé « Enviropig », d'assimiler le phosphore présent dans son alimentation et de produire un purin dont la teneur en phosphore est réduite de 20% à 50%. Une fois réglé le problème du phosphore, les chercheurs envisagent de diminuer la production d'azote responsable des odeurs fétides du lisier.

La gamme d'animaux d'élevage génétiquement modifiés s'étend inexorablement, des moutons dont la laine pousse plus vite aux lapines produisant un lait maternisé à l'intention des nourrissons qui présentent une intolérance au lait de vache.

L'insertion d'un gène codant pour une protéine humaine dans le génome d'un animal capable ensuite d'excréter cette protéine dans son lait ou dans ses œufs présente un intérêt thérapeutique et surtout économique considérable. Ces animaux génétiquement modifiés peuvent en effet servir de bioréacteurs, autrement dit de chaînes de montage vivantes pour la production de protéines humaines avantageuses. Trois entreprises développent ces « fermes pharmaceutiques » : Genzyme Transgenics (États-Unis), PPL Therapeutics (Écosse) et Pharming (Pays-Bas). La firme Genzyme Transgenics s'intéresse tout particulièrement à l'antithrombine III (AT III), protéine qui joue chez l'homme un rôle important dans la coagulation sanguine. A ce titre, elle est utilisée en thérapeutique pour la prévention des embolies pulmonaires. Jusqu'à présent cette molécule était extraite du plasma humain, faisant courir un risque de contamination virale, ou bien elle était synthétisée par des bactéries génétiquement modifiées avec un rendement jugé trop faible. L'industrie biotechnologique s'est donc attachée à créer des animaux transgéniques ayant intégré le gène humain et capables de libérer en grande quantité la protéine anticoagulante dans leur lait. Les chercheurs de Genzyme Transgenics Corporation sont parvenus à injecter le gène codant pour l'AT III dans le noyau d'un ovocyte de chèvre. L'ovocyte fécondé a pu transmettre le gène humain à l'embryon de chèvre mais cette transmission est trop aléatoire pour constituer des troupeaux de chèvres transgéniques. Plutôt que de fabriquer à la chaîne des chèvres transgéniques selon ce procédé, l'équipe américaine a réussi à mettre en culture des cellules embryonnaires caprines exprimant le gène de l'AT III puis à les soumettre à la technique du clonage reproductif : le transfert d'un noyau de cellule embryonnaire caprine dans un ovocyte énucléé permet de créer une chèvre transgénique dont le lait contient la protéine active à des concentrations de 3 à 6 grammes par litre. La compagnie PPL Therapeutics (section à but lucratif de l'Institut Roslin d'Edimbourg qui a cloné Dolly) vient d'annoncer, dans le numéro du 29 juin 2000 de l'hebdomadaire scientifique *Nature*, avoir réussi à cloner des brebis transgéniques qui produisent dans leur lait l'alpha-1-antitrypsine. L'équipe dirigée par A.J. Kind a d'abord inséré, par transgénèse, le gène humain codant pour l'alpha-1-antitrypsine dans le génome de cellules cutanées ovines. La technique de transfert nucléaire a ensuite permis d'inclure le noyau modifié dans un ovocyte énucléé de brebis. Sur 417 essais, 393 ont produit des embryons dont 80 ont pu être implantés dans des utérus de brebis. Vingt agneaux sont nés vivants de ces manipulations, dont trois ont survécu et semblent se développer normalement depuis un an. L'analyse du lait a montré la présence d'alpha-1-antitrypsine humaine. Cette molécule permettra la mise au point d'un traitement pour la mucoviscidose. De son côté la société Pharming a mis au point des lapines allaitantes qui sécrètent l'alphaglucosidase. Genzyme Transgenics et Pharming se sont alliés pour la production de la serumalbumine, une substance que Genzyme Transgenics fabrique déjà dans le lait de vaches clonées par Advanced Cell Technology. Chaque année, 440 tonnes d'albumine humaine sont utilisées pour un marché d'une valeur de 1,5 milliard de dollars. Actuellement plusieurs protéines humaines sont donc ainsi fabriquées par des mammifères transgéniques : serumalbumine, alpha-glucosidase, anticorps monoclonaux, AT III, hormones. A l'avenir, les protéines humaines d'intérêt médical seront produites dans le blanc des œufs de volaille. Du fait de leur mode et de leur vitesse de reproduction, les volailles (en particulier cailles et poulets) sont en effet moins complexes à manipuler que les mammifères. Les vers à soie transgéniques pourraient également synthétiser des protéines d'intérêt thérapeutique qui seraient récoltées dans les cocons. L'expression de transgènes d'intérêt médical dans la glande séricigène pourrait faire du ver à soie un véritable « bioréacteur », où l'on n'aurait plus qu'à récolter les protéines à partir du cocon. Par ailleurs, des Canadiens ont réussi à obtenir trois souris transgéniques, dont le sperme contient l'hormone de croissance humaine à une concentration de 0,5 mg/ml. Pour orienter l'expression de la protéine étrangère dans les vésicules séminales, ils ont placé le gène humain sous le contrôle d'un autre gène, codant une protéine spécifique de ces tissus. L'objectif à terme est de produire des protéines à usage thérapeutique dans le sperme des verrats.

Pour faire face à la pénurie de greffons humains, les médecins ont désormais recours à la transplantation chez l'homme d'organes ou de tissus provenant d'animaux transgéniques. Ces xénogreffes sont présentées comme un formidable espoir pour les patients sous prétexte qu'il s'agirait de la seule solution pour pallier le manque d'organes. L'américain Baxter Healthcare ou le suisse Novartis ont engagé des millions de dollars dans la recherche sur les greffes animales. Selon des estimations, le marché pourrait peser 6 milliards de dollars en 2010. Dans le même temps, la demande de médicaments visant à empêcher le rejet d'organes greffés comme la cyclosporine de Novartis ne cesse de croître. Le marché de ces médicaments générera un chiffre d'affaires de 5 milliards de dollars, soit au total un marché de 11 milliards de dollars en 2010. Cependant, les animaux peuvent transmettre à l'homme des agents pathogènes, en particulier des virus et des prions. Aux États-Unis, la Food and Drug Administration a imposé l'interdiction des greffes de tissus, organes ou cellules de singes sur l'espèce humaine. Les macaques sont souvent contaminés par le virus Herpès qui provoque chez l'homme des méningo-encéphalites mortelles et le SIDA provient vraisemblablement d'un virus qui frappe les chimpanzés. Selon une hypothèse étayée mais non prouvée, le virus du SIDA aurait franchi la barrière des espèces par l'intermédiaire d'un vaccin contre la poliomyélite préparé sur des cultures cellulaires de reins de singes contaminés. Le porc a donc pris la place du singe. Le problème majeur est de contourner les systèmes de rejet par l'homme d'un greffon provenant d'une espèce animale. Des porcs transgéniques dits « humanisés », porteurs d'organes pouvant être transplantés à l'homme, ont donc été créés. La micro-injection de gènes humains dans des œufs porcins a permis d'obtenir des porcs exprimant des molécules humaines à la surface des organes cibles à greffer. Ces molécules (DAF, MCP ou CD 59) inhibent les protéines du complément impliquées dans les phénomènes de rejet. Le système de défense du receveur reconnaît alors cet organe comme un organe humain. Il faut modifier de l'ordre de 10 à 15 gènes impliqués dans les phénomènes de rejet pour obtenir des organes animaux tolérés par l'homme. Ce type de manipulation expose néanmoins le receveur au risque de transmission d'agents pathogènes porcins, en particulier au risque d'émergence d'un nouveau virus humain à partir d'un virus porcin, risque qui ne peut être écarté d'autant que le patient greffé est en situation d'immunosuppression. En Malaisie, 70 personnes sont mortes, en avril 1999, à la suite d'une infection causée par un virus porcin. Certains virus de la grippe qui touchent les humains proviennent également du porc et la grippe espagnole (1918-1919), qui a coûté la vie à plus de 20 millions de personnes à travers le monde, est probablement due à une épidémie qui a d'abord touché les cochons. Il y a trois ans, un cancérologue britannique a découvert un virus porcin capable d'infecter les cellules rénales de l'homme et des expériences réalisées en laboratoire ont établi que deux rétrovirus porcins ont réussi à passer des cellules de porc aux cellules humaines. Les partisans des xénogreffes font état d'études récentes menées auprès de 160 patients à travers le monde traités avec des tissus vivants de porc et qui sont à ce jour indemnes de contamination par le rétrovirus endogène porcin (PERV). La présence de cellules de porc dans la circulation a été cependant démontrée chez 23 patients, dont certains avaient été traités huit ans auparavant, mais aucun signe d'infection n'a été établi. Cette étude a été menée par les chercheurs de la firme britannique Imutran qui est une filiale de Novartis Pharma. Les partisans des xénogreffes mettent également en avant le fait que les porcs humanisés sont élevés dans des établissements spécialisés, qu'ils naissent par césarienne, qu'ils sont nourris avec de la nourriture stérile et qu'ils vivent dans un milieu aseptisé. Le risque de contamination virale n'est pas pour autant totalement écarté et le principe de précaution devrait être appliqué avec rigueur. Frank Grosveld, professeur de biologie cellulaire à l'Université Erasme (Rotterdam) a déclaré : « *Actuellement, personne ne peut mesurer ces risques* (de contamination de l'espèce humaine par un virus inconnu) » et le professeur Fritz Bach, spécialiste des xénogreffes à l'Université de Harvard reconnaît que « *les sciences biomédicales se développent à une vitesse vertigineuse. Il nous faut apprendre à vivre avec des risques que nous ne pouvons quantifier* ». Alors que deux équipes américaines viennent d'annoncer qu'elles pourraient utiliser des cellules nerveuses de porc pour traiter la maladie de Parkinson, l'autorité britannique de régulation des xénogreffes recommande aux patients qui subiront des xénogreffes de ne pas avoir d'enfants et d'indiquer les noms de leurs partenaires sexuels. Les patients bénéficiant d'une xénogreffe ne pourront plus avoir d'enfants, ils devront systématiquement se protéger lors des rapports sexuels et leurs proches seront également régulièrement examinés. Tout échange de liquide corporel avec des tiers devra être signalé, y compris les gouttelettes d'un éternuement.

Les modèles animaux génétiquement modifiés pour reproduire des maladies humaines permettent de mieux connaître les mécanismes pathologiques, d'identifier les gènes en cause et de mettre au point de nouveaux outils diagnostiques et thérapeutiques. La drosophile est un animal de choix car son génome, qui est intégralement décrypté, peut être facilement modifié par transgénèse, son cycle de vie est court (12 jours) et son taux de reproduction élevé. Il existe surtout un grand nombre de ressemblances entre le système nerveux de la drosophile et celui des vertébrés, qui rendent cette mouche très utile pour l'étude des maladies neurodégénératives telles que la maladie de Parkinson. Cette maladie semble liée à l'accumulation dans le cerveau d'une protéine, nommée alpha-synucléine, qui entraîne la dégénérescence des neurones dopaminergiques. L'équipe de Mel Feany et Welcome Bender (Division de neuropathologie, Harvard Medical School) a réussi à insérer le gène humain dirigeant la synthèse de l'alpha-synucléine dans le génome de la drosophile. Les mouches qui ont, de ce fait, produit un excès de protéine ont présenté en vieillissant certains signes de la maladie de Parkinson liés à une insuffisance de sécrétion de dopamine. La souris, dont le génome sera décrypté au début de l'année 2001, subit des opérations de transgénèse depuis les années 80. Il existe aujourd'hui 2 000 à 3 000 espèces de souris transgéniques reproduisant presque tous les types de pathologies humaines métaboliques, tumorales, neurodégénératives, immunitaires, cardio-vasculaires ou pulmonaires. Le nombre d'expériences effectuées sur des souris génétiquement modifiées est passé de 48 000 en 1990 à près de 500 000 en 1998. La fabrication de souris exprimant le gène de l'alpha-synucléine a permis de confirmer le rôle de cette protéine dans le déclenchement de la maladie de Parkinson mais aussi de disposer d'un modèle animal permettant de tester les différents médicaments. La souris transgénique TG 2576, connu sous l'appellation de souris Hsiao, du nom de sa créatrice Karen Hsiao-Ashe (Université du Minnesota), développe la maladie d'Alzheimer. Le génome de cette souris a été modifié pour lui faire produire une protéine humaine impliquée dans la maladie d'Alzheimer qui touche 500 000 personnes au Royaume-Uni et 4 millions de personnes aux États-Unis. Le traitement de cette maladie représente un marché annuel potentiel de 150 milliards de dollars. Le secteur pharmaceutique privé est donc prêt à payer des sommes exorbitantes pour obtenir des souris transgéniques, telles que la souris Hsiao, permettant la mise au point d'un tel traitement. Une entreprise européenne, Genoway, commercialise des animaux génétiquement modifiés pour développer des maladies humaines comme la maladie d'Alzheimer, l'artériosclérose ou la mucoviscidose.

Les essais de thérapie génique chez l'animal sont plus volontiers orientés vers le traitement des conséquences du vieillissement humain dans les pays riches que vers le traitement de maladies génétiques rares. Les chercheurs du Massachusetts General Hospital ont réussi à insérer directement dans le muscle cardiaque de rats un gène connu pour agir sur l'insuffisance cardiaque. Le professeur Hajjar a ainsi commenté les résultats de l'équipe d'Ulrich Schmidt : « *Étant donné que la population va continuer à devenir de plus en plus âgée dans les prochaines années, nous allons voir un plus grand nombre de personnes souffrant d'insuffisance cardiaque, affection qui représente déjà la cause la plus fréquente d'hospitalisations chez les plus de 65 ans. Ces résultats laissent entendre qu'il sera possible d'ouvrir de nouvelles voies pour corriger ce problème qui vient du vieillissement plutôt que d'une maladie spécifique* ». Un groupe de biologistes italiens de l'Institut d'oncologie expérimentale de Milan, dirigé par le professeur Pier Giuseppe Pelicci, a annoncé dans le numéro de *Nature* du 18 novembre 1999 avoir réussi à créer, par manipulation génétique, une lignée de souris dotées d'une espérance de vie de 30% supérieure à celle de ses congénères. Les scientifiques italiens ont obtenu ce résultat en ôtant du patrimoine génétique du rongeur un gène impliqué dans la production de dérivés toxiques de l'oxygène, nommés « radicaux libres », qui jouent un rôle essentiel dans le vieillissement de tous les organismes vivants. Le même gène a été identifié chez l'homme. Bien que cette nouvelle lignée de souris, baptisée Mathusalem, n'ait pas développé de handicap apparent, il parait surprenant que l'évolution de l'espèce ait sélectionné un gène aussi désavantageux pour l'individu et que la suppression de ce gène soit possible sans contrepartie.

Des opérations de transgénèse sont également testées en vue de modifier les capacités d'apprentissage des mammifères et leur comportement social. Ainsi, des scientifiques américains viennent de créer des souris transgéniques qui ont une mémoire plus performante et qui obtiennent des résultats sans égal aux différents tests conçus pour leur espèce. L'équipe dirigée par Ya-Ping Tang et Joe Tsien, du département de biologie moléculaire de l'université de Princeton (New-Jersey) a obtenu ce résultat en insérant dans les neurones de l'hippocampe, une région du cerveau directement impliquée dans les processus mnésiques, le gène codant pour le récepteur membranaire d'un neuromédiateur, le NMDA (N-méthyl-D-aspartate). Une activité accrue de ces récepteurs est corrélée à une amélioration des performances mnésiques. La lignée de rongeurs ainsi modifiée a été baptisée « Doogie », du nom de Doogie Howser, personnage surdoué d'une bande dessinée télévisée américaine. Ces travaux, qui ont été publiés dans l'hebdomadaire scientifique britannique *Nature* du 2 septembre 1999, ont relancé le débat sur les fondements génétiques de l'intelligence. Axel Kahn, de l'Institut Cochin de génétique moléculaire a déclaré à propos de cette étude : « *Elle ouvre aussi de nouveaux horizons dans la compréhension des processus mnésiques (...) ce qui est passionnant, c'est que la diminution de la présence de ce récepteur au cours du vieillissement est parallèle à la diminution de la mémoire* ». Il ne fait pas de doute que ces travaux fraient la voie d'une thérapie génique visant à corriger des processus physiologiques humains tels que la perte de mémoire liée à la sénescence.

Une étude nord-américaine portant sur deux espèces de campagnols vivant dans des milieux naturels différents a permis de distinguer le campagnol des prairies, sociable et monogame, du campagnol des montagnes, asocial et polygame. Cette différence de comportements a été mise sur le compte d'une différence de répartition cérébrale des récepteurs de la vasopressine, une hormone produite par l'hypophyse de la plupart des mammifères et qui est impliquée dans les comportements d'agression, de communication et de reproduction. Selon les espèces, l'hormone active donc des régions différentes du cerveau. Chez le campagnol des prairies mâle, la topographie des récepteurs de la vasopressine influence le comportement social en facilitant l'affiliation, l'attachement du couple et les soins paternels. En revanche, chez le campagnol des montagnes, une répartition différente de ces mêmes récepteurs influence le comportement en favorisant l'indépendance, le changement fréquent de femelles et l'abandon de la progéniture. Des chercheurs américains d'Atlanta, Tom Intel et Larry Young, ont introduit dans le patrimoine génétique de souris le gène du campagnol des prairies qui contrôle la répartition, spécifique à cette espèce, des récepteurs de la vasopressine. Les souris transgéniques mâles ont alors développé dans leur cerveau le modèle du récepteur hormonal des campagnols des prairies et elles ont adopté un comportement monogame et paternel, alors qu'elles ne montrent naturellement aucune prédisposition à la fidélité. La presse a aussitôt annoncé la découverte du « gène de la fidélité ». Même si de nombreux gènes sont probablement impliqués dans la manifestation de comportements sociaux complexes, le changement de l'expression d'un seul gène pourrait avoir un impact sur certains aspects de ces comportements. L'interprétation des observations demeure cependant extrêmement délicate comme en témoigne la polémique à propos de la sexualité d'une drosophile mutante. Il y a quelques années, une équipe américaine découvrait que des drosophiles mâles possédant une version mutée d'un gène, dite « fruitless » pour « stérile », présentaient des comportements singuliers, tout en ayant des organes sexuels et une spermatogenèse strictement normaux. Deux groupes de généticiens travaillant depuis plusieurs années en étroite collaboration, l'un japonais, l'autre français, ont interprété le comportement de ces drosophiles de façon divergente. Au terme de leurs observations, les scientifiques japonais ont conclu que les mâles étaient homosexuels alors que leurs homologues français estimaient qu'ils étaient sexuellement désorientés, voire asexués. Pour Sophie Houdart, du laboratoire d'ethnologie et de sociologie comparée de Nanterre (Hauts-de-Seine) : « *le mutant peut être homosexuel dans le laboratoire japonais, asexuel dans le laboratoire français, et même bisexuel dans un laboratoire américain. Dans tous les cas, ces comportements sont subtils, faibles mais néanmoins visibles : les observations et les mesures ne parviennent pas à convaincre et de fait, aucun laboratoire n'est à même de rallier les deux autres à sa cause* ».

En matière de transgénèse, une nouvelle étape vient d'être franchie dans un laboratoire de Honolulu. Il s'agit de la mise au point des premiers spermatozoïdes transgéniques par l'équipe de Ryuzo Yanagimachi. Ces nouveaux vecteurs d'ADN étranger ont permis d'obtenir des souris porteuses d'un gène végétal. Les biologistes hawaïens ont supprimé la membrane de spermatozoïdes de souris avant de les plonger dans un milieu contenant de nombreux exemplaires d'un gène de plante. Les spermatozoïdes traités ont ensuite fécondé des ovules de souris, donnant des embryons puis des souriceaux qui portaient le gène végétal. Cette technique, qui va être testée sur le bétail, pourrait s'avérer plus efficace que le clonage pour la constitution de troupeaux transgéniques. Plus effrayant encore, deux chercheurs de l'université de Californie à Berkeley, Yong Huang et Boris Rubinsky, ont réussi à fabriquer un microprocesseur bionique permettant à un signal informatique de commander l'ouverture des pores de la membrane d'une cellule. Cette puce bionique est décrite comme « *un sésame pour entrer sans risque à l'intérieur des cellules vivantes* ». Il sera donc possible, dans un proche avenir, d'introduire du matériel génétique au cœur d'une cellule en commandant l'ouverture des pores sans effraction de la membrane cellulaire.

VERS DES FORMES DE VIE ARTIFICIELLES

L'ingénierie génétique est mise au service de scientifiques qui tentent de découvrir, derrière les mécanismes moléculaires de l'embryogénèse, les lois universelles qui régissent le développement des êtres vivants. L'étude de la drosophile a permis d'identifier les gènes homéotiques, dits gènes HOM, qui dirigent le plan de construction embryonnaire de la mouche. Une famille de gènes, dits gènes Hox, dont la structure et la fonction ressemblent trait pour trait à celles des gènes du complexe HOM de la drosophile, a été isolée chez la souris et chez l'homme. Ces gènes sont essentiels à la mise en place de l'architecture corporelle de tous les êtres vivants à partir d'un œuf microscopique et d'un bourgeon embryonnaire informe. Ils agissent à la manière d'un commutateur qui active ou réprime, à des moments bien précis, des réseaux de gènes interactifs ordonnant à des cellules embryonnaires de mettre en place tel ou tel organe. Cette voie de recherche a déjà des applications potentielles dans le traitement du diabète.

Un « maître-gène » nommé PDX-1 dirige, au cours du développement fœtal, la formation du pancréas et des îlots de Langerhans. Une anomalie de ce gène entraîne l'absence congénitale isolée de pancréas. Les gènes comme PDX-1 codent pour des molécules appelées « commutateurs » qui sont capables d'induire la mise en route d'un programme de développement et la formation d'un organe spécialisé à partir de cellules indifférenciées. Une équipe israélienne décrit, dans le numéro du mois de mai 2000 de la revue *Nature Medecine*, comment des cellules hépatiques de souris activées par PDX-1 ont produit de l'insuline. Après avoir rendu des souris diabétiques par destruction sélective des cellules pancréatiques qui produisent l'insuline, Sarah Ferber et ses collaborateurs ont injecté dans la circulation sanguine des souris le gène PDX-1 porté par un virus. Le gène s'est alors fixé dans des cellules hépatiques qui se sont mises à produire de l'insuline. Pour la première fois, le gène de l'insuline s'est exprimé dans une cellule qui n'a pas été programmée pour sécréter cette hormone. Une équipe espagnole a réussi quant à elle à transformer des cellules souches embryonnaires (cellules ES) de souris en cellules productrices d'insuline.

Une nouvelle branche de la biologie, aux frontières de la génétique moléculaire et de l'évolution, étudie les gènes homéotiques. Elle répond au sobriquet d'« EVODEVO ». Les spécialistes de cette nouvelles discipline incitent les génomes à modifier la conformation ou le nombre des membres d'un animal. L'équipe de D.L. Lewis vient ainsi de créer un insecte à 22 pattes. En principe, les insectes ont trois paires de pattes thoraciques. Mais des chercheurs américains ont obtenu, chez un scarabée (*Tribolium castaneum*), des mutants adultes avec, en plus, une paire de pattes sur chacun de leurs huit segments abdominaux, comme leurs lointains ancêtres. Pour cela, ils ont inactivé deux gènes homéotiques : le premier (abdominal-A) contrôlerait la présence ou non des pattes, et le second (ultrabithorax) leur développement. Ces démiurges envisagent également de concevoir des formes de vie entièrement nouvelles à partir de matériaux de synthèse. Les travaux de l'Institut de recherche sur le génome (TIGR), dirigé par Craig Venter, vont dans ce sens. L'équipe de Craig Venter semble avoir établi le nombre minimal de gènes essentiels à la vie en étudiant le patrimoine génétique de la bactérie *Mycoplasma genitalium*, parasite des voies génitales et urinaires, qui ne compte que 517 gènes. En bloquant tour à tour chacun des 517 gènes de *Mycoplasma genitalium*, les chercheurs ont pu repérer les gènes absolument indispensables à la survie de la bactérie. Leur nombre serait compris entre 265 et 350. Maurice Hofnung, directeur de l'unité de Microbiologie fondamentale et appliquée du CNRS à l'Institut Pasteur, pense que « *La création de la vie cellulaire en laboratoire à partir de la chimie n'est plus utopique* ». La fabrication de formes de vie artificielles, uniquement dotées des gènes indispensables à leur prolifération et à l'accomplissement d'une mission bien déterminée, est envisagée à brève échéance. Ces formes de vie rudimentaires pourraient servir d'armes bactériologiques ou trouver des applications médicales ou industrielles. Alors que l'utilisation des bactéries pour la fabrication de produits destinés à l'industrie pharmaceutique est bien connue, Philippe Marlière, directeur scientifique de Virtual Genomes, projette de créer des bactéries capables de produire de façon industrielle des molécules organiques dont l'utilisation est essentielle aux nanotechnologies. Pour Philippe Marlière, une voie métabolique au sein d'une bactérie n'est rien d'autre qu'un algorithme que l'on peut modifier à loisir sans entraver la prolifération de la bactérie. Il suffit donc de « reprogrammer » les micro-organismes de façon à les engager sur de nouvelles voies de synthèse, tout en sélectionnant les souches les plus aptes à proliférer.

Ces projets de vie artificielle semblent d'autant plus réalisables que la synthèse de matériel génétique est désormais possible. Des chercheurs de la société canadienne Chromos Molecular Systems (Colombie-Britannique) ont mis au point un chromosome artificiel qui peut être inséré dans des cellules de mammifères et transmis de génération en génération. Ces chromosomes pourraient révolutionner les techniques de manipulation génétique. Alors que l'ADN naturel se compose de l'enchaînement de deux paires de bases, Floyd Romesberg et son équipe du Scripps Research Institute viennent de concevoir un nouvel ADN artificiel pourvu d'une troisième paire de bases artificielles fabriquées en laboratoire. Les chercheurs étudient actuellement les capacités de réplication de ce nouvel ADN lors de la division cellulaire. Ils espèrent obtenir grâce à ces bases artificielles de nouveaux acides aminés pour créer de nouvelles protéines.

Lorsque nous entendons Ian Wilmut s'étonner de l'incroyable incompréhension des mécanismes moléculaires du clonage ou Fritz Bach nous demander d'apprendre à vivre avec des risques inquantifiables, notre stupéfaction n'a d'égale que notre inquiétude. Ces apprentis sorciers font preuve d'irresponsabilité créatrice bien plus que d'intelligence créatrice. Ils sont en train de déchaîner des forces incontrôlables.

Novembre 1999 – août 2000.

UN GÉNIE MALFAISANT

Dans le chapitre intitulé « Clonage : un pas de trop à l'orient du jardin d'Éden », nous sonnions le tocsin face au péril du génie génétique. Ce qui n'était qu'un spectre il y a quelques mois encore a pris aujourd'hui une consistance effrayante. Le patrimoine génétique de l'humanité est en effet directement menacé par les techniques de clonage et les expériences de transgénèse, combinées avec les opérations de privatisation du génome humain. Personne ne semble vouloir s'y opposer sérieusement et ce qu'il est convenu d'appeler la « bioéthique » apparaît aussi légère qu'une plume de bengali face à des enjeux économiques colossaux. Si les espoirs thérapeutiques engendrés par les biotechnologies sont développés avec complaisance, il ne faut pas perdre de vue que les enjeux financiers l'emportent, sans conteste, sur les considérations éthiques et même thérapeutiques.

LES MARCHANDS DU GÉNOME

L'an I de la révolution génétique a été célébré à Tokyo, Paris, Londres et Washington le lundi 26 juin 2000. Les scientifiques de la recherche publique et ceux de la recherche privée ont annoncé solennellement l'achèvement imminent de la première phase du projet Génome Humain. Ce « programme Apollo de la biologie » consistait à effectuer le séquençage complet des 3 milliards de nucléotides formant le support de l'information génétique d'un génome humain de référence. Bill Clinton a comparé cette découverte à la carte du ciel de Galilée, alors que Francis Collins évoquait « *la révélation du livre de la vie* ». De son côté, Tony Blair vantait « *le premier triomphe technologique du XXI*[e] *siècle* », qui fait « *entrer l'humanité dans une nouvelle ère* ». La réalité est beaucoup moins poétique. Le séquençage définitif du génome humain, prévu pour l'an 2003, fait l'objet depuis plusieurs années d'une lutte acharnée entre, d'une part, le réseau international des centres de recherche publique dans le cadre du programme Génome Humain, et d'autre part le laboratoire privé de l'Américain Craig Venter. Le Human Genome Project (HGP), lancé en octobre 1990 aux États-Unis, est financé à hauteur de 3 milliards de dollars par des fonds publics, les États-Unis et la Grande-Bretagne étant les principaux bailleurs de fonds. Le programme du HGP est clair sur ses objectifs économiques : « *Le Projet génome humain permettra aux États-Unis de rester leader de la science biomédicale (...). Le transfert des technologies nées du projet vers des industries susceptibles de produire des applications utiles sur le plan économique et médical est un but majeur du HGP* ». Soutenu par les National Institutes of Health américains, le HGP fédère l'effort des laboratoires publics britanniques, français, allemands, japonais et chinois. Les États-Unis sont chargés de décoder 55% du patrimoine génétique humain, le Royaume-Uni (avec l'aide du Wellcome Trust) 33%, le Japon 5%, la France 3%, l'Allemagne 2,5% et la Chine 1%. Les pays anglo-saxons sont donc chargés de décrypter la quasi-totalité (90%) du génome humain. Le Sanger centre (subventionné par la puissante fondation britannique Wellcome), installé près de Cambridge, est le plus grand centre de séquençage du génome humain au monde, chargé de décoder 5 des 23 chromosomes humains. Le Génoscope d'Evry, dirigé par Jean Weissenbach, est le seul centre de séquençage du génome humain en France. Il a en charge le décryptage du chromosome 14 qui devrait être publié prochainement, la France ayant renoncé au chromosome 3. Le consortium international des laboratoires publics a déjà publié la séquence des chromosomes 21 et 22. La société privée Celera Genomics, créée par Craig Venter et basée à Rockville dans le Maryland, réunit l'ancien TIGR (The Institute for Genomic Research) et la compagnie Perkin-Elmer, qui fabrique les très puissants séquenceurs ABI 3700. Cette firme privée, qui se veut la « *source définitive d'information génomique humaine* », travaille également au décryptage du patrimoine génétique de nombreux êtres vivants comme la souris ou la drosophile. Les bases de données de Celera Genomics serviront à croiser des informations précieuses sur les gènes de différentes espèces, cette comparaison permettant de mieux caractériser les séquences du génome humain. L'objectif de Craig Venter est d'être le premier à commercialiser des séquences de génome protégées par des brevets et exploitables par l'industrie pharmaceutique. Plusieurs milliers de demandes de brevets provisoires ont déjà été déposées aux États-Unis par Celera Genomics et Craig Venter vient de déclarer : « *Nos profits viendront de l'interprétation des informations du génome* ».

La génomique dite fonctionnelle s'attache à préciser la localisation des gènes et à les caractériser, c'est-à-dire découvrir leurs fonctions et leurs implications dans telle ou telle pathologie. Cependant, le nombre même des gènes demeure inconnu. Au début des années 90, les généticiens évaluaient ce nombre entre 60 000 et 140 000, mais cette estimation est aujourd'hui vivement contestée. A l'issue de la « Cold spring Harbor conference » du mois de mai 2000, les plus grands experts de la génomique n'ont rien trouvé d'autre pour se départager que de lancer des paris. La séquence du chromosome humain 22, établie par l'équipe britannique de Ian Dunham (Centre Sanger, Cambridge) a été publiée dans le numéro du 2 décembre 1999 de la revue *Nature*. Le travail sur le chromosome 22 a été soutenu par les NIH américains, la fondation privée britannique Wellcome Trust et le Département de l'énergie américain. A ce jour, 27 maladies liées aux mutations des gènes de ce chromosome ont été identifiées, telles que le syndrome de Di George, la schizophrénie ou l'ataxie spinocérébelleuse. L'enchaînement de nucléotides du chromosome 22, l'un des plus petits chromosomes humains représentant entre 1,6 et 1,8% de la totalité de l'ADN nucléaire, comporterait 545 gènes codant pour des protéines dont la majorité sont connues. Les auteurs du séquençage du chromosome 22 estiment à 61 000 le nombre de gènes de l'espèce humaine. La séquence du chromosome 21, le plus petit chromosome humain représentant environ 1% de l'ensemble du génome, a été publiée dans la revue britannique *Nature* du 18 mai 2000. Ce chromosome est impliqué notamment dans la trisomie 21 qui est la cause la plus fréquente de retard mental, affectant un nouveau-né sur 700. Le chromosome 21 est porteur de gènes impliqués dans plusieurs maladies et syndromes malformatifs tels que la maladie d'Alzheimer, des surdités et des cécités congénitales, certaines formes de petites tailles et l'holoprosencéphalie. Il ne contient que 225 gènes contre 545 pour le chromosome 22. Les auteurs du séquençage du chromosome 21 estiment que le génome de l'homme ne contiendrait pas plus de 40 000 gènes car de très longs segments de l'ADN du chromosome 21 ne comportent aucun gène. Roger H. Reeves, chercheur à l'Université Johns Hopkins à Baltimore (États-Unis) a déclaré : « *On ne connaît que ce qu'on cherche. Jusqu'à présent, nous n'avons cherché que des gènes. Notre attitude a été comparable à celle de personnes qui cherchent leur pièce sous un réverbère, car c'est le seul endroit éclairé. Le défi futur sera de comprendre la signification et le rôle de tout cet ADN qui ne code pas pour des protéines* ». L'ADN « muet », comportant des séquences qui n'ont aucune fonction biologique apparente, représente plus de 90% du génome. Alors que le nombre de gènes portant l'information pour la synthèse des protéines était évalué entre 60 000 et 140 000, Jean Weissenbach propose quant à lui un nombre compris entre 27 700 et 34 300 sur la base des travaux du Génoscope d'Evry sur un poisson exotique, le tétrodon.

Une fois établie la séquence du génome de référence, les généticiens vont s'attaquer à la variabilité des séquences d'ADN d'un individu à l'autre. Ils étudieront par comparaison les variations, que l'on nomme polymorphismes, de tous les gènes chez les êtres humains. Un nouvel outil d'investigation du génome va permettre de découvrir les gènes de prédisposition à de nombreuses maladies. Les généticiens ont en effet identifié des endroits remarquables du génome où se produit une variation ponctuelle affectant une seule paire de bases nommée SNIP (Single nucleotide polymorphisms). Les SNIPS sont si nombreux que deux individus n'ont pratiquement aucune chance d'avoir les mêmes variations au même endroit. Ils surviennent en moyenne toutes les mille paires de base. Sachant que le génome de chaque individu est constitué de quelque 3 milliards de paires de bases appariées, il y aurait donc 3 millions de SNIPS dans le génome humain, c'est-à-dire trois millions de variations ponctuelles dont la combinaison fait de chaque être humain un individu génétiquement unique. Afin de préciser l'endroit où se situent les SNIPS sur le génome et leur fréquence dans la population, dix des plus grands laboratoires pharmaceutiques du monde ont formé The SNP Consortium (TSC), une structure financière qui soutient ce gigantesque programme. Près de 50 millions de dollars vont être investis dans ce projet par AstraZeneca, Bayer, Bristol Myers Squibb, Glaxo Wellcome, Hoechst Marion Roussel, Hoffman La Roche, Novartis, Pfizer, Searle, et Smith Kline Beecham. Le Wellcome Trust britannique s'est également rallié au consortium qui promet de rendre publics 300 000 SNIPS d'ici un an. Les National Institute of Health (NIH), instituts américains publics de recherche médicale, en promettent 100 000 dans les mêmes délais. Quant à Craig Venter, il annonce plus d'un million de SNIPS dans les prochains mois. Les centres de génotypage disposent de séquenceurs d'ADN robotisés ainsi que d'outils informatiques et biotechnologiques puissants permettant le génotypage par puce à ADN ou par spectromètre. L'objectif du centre national de génotypage d'Evry est d'obtenir 250 000 génotypes par jour à un franc le génotype. Afin d'étudier les variabilités génétiques au sein de l'espèce humaine et d'en tirer des bénéfices commerciaux, de nombreux laboratoires prélèvent, en dehors de toute réglementation, l'ADN de populations connues pour leur propension ou au contraire leur résistance à développer certaines maladies. Anne

Cambon-Thomsen, juriste au CNRS, a signalé par ailleurs que « *des échantillons de patients participant à des essais thérapeutiques peuvent se retrouver utilisés sans leur aval et des profits peuvent être générés sans qu'ils en soient conscients ou informés* ». Les sociétés privées de pharmacogénomique vont ainsi constituer de gigantesques bases de données génétiques, à partir d'échantillons prélevés sur les malades et les témoins, qui font poindre dès à présent le risque de fichiers centralisés. Les capacités des futurs ordinateurs permettront en effet de stocker aisément les caractéristiques génétiques de populations entières.

La connaissance du gène codant pour une protéine ne signifie pas la compréhension du mode d'action de cette dernière, or le gène n'est rien sans la protéine. Par ailleurs, le concept « un gène – une protéine » ne semble plus applicable au génome humain, un même gène pouvant gouverner la synthèse de plusieurs protéines dotées de fonctions diverses. Alors que la pharmacopée actuelle ne repose que sur environ 500 protéines cibles, il s'agit maintenant d'identifier les centaines de milliers de protéines dont la production est commandée par nos gènes et d'analyser les processus, normaux ou pathologiques, auxquels elles participent. Les scientifiques déclarent être déjà entrés dans l'ère du « post-génome » et de la « protéomique » avec un arsenal de techniques qui permettront de caractériser les protéines, de les visualiser et même de suivre leur devenir au sein de la cellule. A l'information linéaire des séquences génétiques, la protéomique ajoutera bientôt une information en quatre dimensions grâce à l'observation du mouvement des protéines dans les cellules. La génétique fonctionnelle repose désormais sur deux disciplines indissociables, la génomique et la protéomique.

LA BREVETABILITÉ DU GÉNOME

Les sociétés de génomique vendent les séquences caractérisées de gènes aux puissantes firmes pharmaceutiques qui mettent au point de nouvelles méthodes diagnostiques et thérapeutiques. Ces entreprises de pharmacogénomique tentent de s'approprier, par le truchement des brevets, le génome humain. Un brevet confère à son titulaire un monopole pour l'exploitation industrielle et commerciale de nouvelles méthodes diagnostiques et thérapeutiques, lui assurant ainsi le fameux « retour sur investissement ». Il est aujourd'hui possible de déposer un brevet sur des séquences de gènes lorsque leurs fonctions sont précisées et leurs applications thérapeutiques définies. Il y a cependant débat pour savoir si la caractérisation de la fonction d'un gène, démontrée expérimentalement, suffit pour déposer un brevet ou si elle doit s'accompagner de la mise au point de ses applications diagnostiques ou thérapeutiques. Pourtant un gène, même caractérisé, n'est pas une invention mais une découverte. Le professeur Axel Kahn précise que jusqu'à présent, le brevet reposait sur « *une différenciation claire entre les connaissances, que l'on découvre – et qui sont le bien de tous – et les produits ou procédés que l'on invente – et qui font l'objet de brevet* ». Or la frontière devient plus floue puisque la simple connaissance des caractéristiques d'un gène peut conduire à un nouveau traitement ou procédé susceptible d'être breveté. Le brevet ne protège alors plus une invention mais une simple découverte. Entre la découverte d'un gène, l'identification de sa fonction et les techniques qui en découlent, il est aujourd'hui impossible de savoir ce qui est brevetable et ce qui ne l'est pas. Les enjeux financiers sont énormes et le marché de la génomique va atteindre des sommes exorbitantes dans les années à venir. Selon l'OCDE, l'ensemble des industries de biotechnologies devrait peser 38 milliards de dollars en 2005. De nombreux brevets sur les gènes ont déjà été acceptés par l'Office américain des brevets. Ainsi, la société américaine Myriads Genetics, qui a breveté deux gènes de prédisposition au cancer du sein (les oncogènes BCRA1 et BCRA2) percevra des royalties sur tous les tests pratiqués dans le monde. L'entreprise Celera Genomics est accusée d'avoir « *l'intention d'établir un monopole total sur le génome humain pour une durée d'au moins cinq ans* ». Alors que plus de 2 000 gènes sont déjà brevetés, Craig Venter a déposé pas moins de 6 500 demandes de brevets provisoires sur des gènes humains dont certains concernent des séquences partielles d'ADN non caractérisées.

Dans un appel lancé aux scientifiques du monde entier le mardi 14 mars 2000 à Londres, Bill Clinton et Tony Blair souhaitaient que les résultats du séquençage du patrimoine génétique de l'homme soient mis dans le domaine public et que seules les inventions issues de ces recherches soient brevetées. Il semble que cette déclaration ne doive rien à la bioéthique, les hommes politiques ayant été en fait mobilisés contre Craig Venter par les grandes firmes pharmaceutiques qui redoutent le monopole de Celera Genomics. Jake Siewert, porte-parole de la Maison Blanche, a reconnu que la prise de position de MM. Clinton et Blair avait pour objectif « *de permettre aux sociétés privées d'accéder à toutes les informations afin qu'elles puissent innover, mettre au point de nouveaux médicaments et de nouveaux traitements, et faire des bénéfices* », ajoutant : « *Cela doit aussi encourager la concurrence* ». Par ailleurs, la déclaration d'intention de Londres laissait entière l'incertitude sur la légalité et la recevabilité des brevets provisoires qui sont actuellement déposés par milliers.

Alors que la directive 98/44 du 6 juillet 1998 affirme dans le premier alinéa de son article 5 la non-brevetabilité du corps humain, elle autorise dans le deuxième alinéa du même article 5 la prise de brevet sur « *un élément isolé du corps humain ou autrement produit par un procédé technique, y compris la séquence ou la séquence partielle d'un gène, peut constituer une invention brevetable, même si la structure de cet élément est identique à celle d'un élément naturel* ». L'article 5 de cette directive ambiguë autorise donc de facto la prise de brevets sur des gènes dont une fonction est présumée. En revanche, la directive n'autorise pas le brevetage de séquences d'ADN dont la fonction n'est pas connue.

Cette directive ambiguë et contradictoire, favorable à l'appropriation intellectuelle de l'information génétique humaine, devrait être transposée dans le droit français avant le 30 juillet 2000. Pourtant, l'article 7 de la loi française du 29 juillet 1994 relative au respect du corps humain stipule que « *le corps humain, ses éléments et ses produits, ainsi que la connaissance de la structure totale ou partielle d'un gène humain (...) en tant que tels* » ne peuvent faire l'objet de brevets. On peut donc s'étonner que la France ait soutenu en 1998 l'adoption d'une directive que l'on savait incompatible avec le droit français. Le garde des sceaux, Elisabeth Guigou, a déclaré le mercredi 7 juin 2000 devant l'Assemblée nationale que la directive 98/44 sur les biotechnologies, applicable en droit français le 6 juillet 2000, est « *incompatible avec nos lois, incompatible avec les lois bioéthiques de 1994, avec le Code de la propriété industrielle et avec le Code civil qui prohibe la commercialisation du corps humain* ». Madame Guigou a précisé que le gouvernement sollicitait sur ce point l'avis du Comité consultatif national d'éthique, de l'Académie des sciences et de l'Académie de médecine. Le Comité consultatif national d'éthique (CCNE) a rendu public, mardi 13 juin 2000, un avis qui s'oppose également à la transposition, dans le droit français, de la directive européenne sur la brevetabilité des gènes humains. Les responsables du CCNE « *ne voient pas aujourd'hui de raison de s'éloigner des principes qui ont présidé à l'élaboration de la loi de bioéthique du 29 juillet 1994 : la connaissance de la séquence d'un gène ne peut en aucun cas être assimilée à un produit breveté et n'est donc pas brevetable. Son utilisation, comme celle de toute connaissance, bien commun de l'humanité, ne peut être limitée par l'existence de brevets qui entendraient, au nom du droit de la propriété industrielle, protéger l'exclusivité de cette connaissance. En revanche, les inventions laissant libre accès à cette connaissance peuvent faire l'objet de brevets* ». Dans le bilan qu'il vient de dresser de l'application des lois françaises de bioéthique, le Conseil d'État a fait aussi valoir que « *l'adoption de la directive européenne consacre des choix qui sont directement contraires à ceux effectués par le législateur en 1994* ». Le Conseil d'État estimait déjà dans un rapport remis le 29 novembre 1999 à Lionel Jospin que « *les principes que pose la directive sont clairement incompatibles avec ceux consacrés dans les lois de 1994* ». Deux alternatives sont donc offertes : l'annulation de la transposition de la directive européenne dans le droit français ou la modification de l'article 7 de la loi du 29 juillet 1994. Certains bureaucrates ont laissé entendre qu'il existait un « art de la transposition » permettant de concilier les directives européennes et le respect des grands principes éthiques. Nous frémissons à l'idée de ce que pourrait être cet « art de la transposition ». Les lois de bioéthique de 1994 n'ayant pas été révisées en 1999, contrairement à la volonté du législateur, il est à craindre que ce report incessant ne soit pas de bonne augure.

Le 6 avril 2000, le député Jean-François Mattéi (DL, Bouches-du-Rhône) et son collègue allemand au Conseil de l'Europe, Wolfgang Wodarg, ont lancé un « Appel contre la brevetabilité des gènes humains », considérant que le génome humain est un patrimoine de l'humanité. Cette pétition demande la suspension immédiate de toute attribution de brevets sur le génome et une renégociation de la directive européenne de 1998 sur le sujet, en vertu du principe selon lequel « *le corps humain ne doit pas être une marchandise* ». Plusieurs lauréats du prix Nobel de médecine et des organisations humanitaires ont signé cette pétition.

Pour l'instant, aucun pays européen n'a encore transposé le texte dans son droit national mais un État promulguant une loi nationale qui contredit un texte européen pourrait être attaqué par la Cour de justice européenne. Le jeudi 8 juin 2000, aussitôt après les déclarations d'Elisabeth Guigou sur l'incompatibilité entre la directive européenne et le droit français, la Commission européenne a menacé la France de poursuites. Un porte-parole de la Commission a déclaré : « *Le droit communautaire a priorité sur le droit national des pays membres de l'Union européenne. Si la France n'a pas notifié d'ici le 30 juillet qu'elle a transposé la directive dans son droit national, nous ouvrirons une procédure d'infraction contre Paris* ». Les entreprises françaises de biotechnologies et leurs partenaires financiers réunis au sein de l'association France Biotech ont exprimé leur « consternation » à propos des déclarations de madame Guigou. Pascal Brandys, PDG de Genset et président de France Biotech, a fait valoir qu'« *un moratoire sur la brevetabilité des gènes en France aurait pour effet de mettre le pays au ban des grandes nations industrielles dans le domaine de la recherche médicale. Nous réclamons avec force que la France se mette en règle avec ses obligations européennes. Au moment où la France prendra la présidence de l'Union, nous allons démontrer qu'il existe dans tous les milieux une majorité de personnalités conscientes des véritables enjeux autour de la recherche sur le génome humain et ses applications* ». D'autres industriels ont mis en avant que « *breveter une découverte génétique, pour une équipe française ou européenne, c'est disposer d'une valeur, monnayable auprès de l'industrie pharmaceutique, qui, malheureusement, est aujourd'hui seule capable d'apporter les financements nécessaires à la poursuite du travail* ».

DÉPISTAGE DES MALADIES GÉNÉTIQUES HUMAINES

La caractérisation des gènes et la définition de leurs fonctions va permettre la mise au point de nouvelles méthodes diagnostiques. Dès à présent, de multiples maladies dues à des anomalies génétiques ou chromosomiques sont détectées chez l'adulte, sur le fœtus et même sur l'embryon de quelques cellules. Ces maladies peuvent être classées en trois grands groupes.

Le premier groupe comprend les affections dites monogéniques parce qu'elles sont presque totalement déterminées par l'altération d'un seul gène. C'est, entre autres, le cas de l'hémophilie, de la mucoviscidose, de la myopathie de Duchenne, de la phénylcétonurie ou de la chorée de Huntington. Il existe environ 4 000 maladies génétiques mendéliennes et des tests de diagnostic moléculaire existent déjà pour 650 d'entre elles. Il s'agit de maladies héréditaires rares, affectant moins d'une personne sur 2 000, qui sont couramment appelées « maladies orphelines » parce qu'elles sont délaissées par la recherche scientifique.

Le deuxième groupe comprend des maladies qui sont très dépendantes de l'altération d'un gène, mais dont la « pénétrance », c'est-à-dire le risque associé, n'est pas totale. Ainsi, des personnes ayant hérité d'une copie d'un gène muté de susceptibilité au cancer du sein ou du côlon auront entre 50% et 75% de probabilité de développer de telles tumeurs, mais certaines demeureront indemnes. Ainsi, deux gènes associés à une forte probabilité d'apparition d'un cancer du sein (BRCA 1 et 2) ont été identifiés, ce qui a rendu possible la pratique d'un dépistage génétique fondé sur la recherche de mutations dans BRCA 1 et 2. Ces tests traduisent donc une probabilité et non une certitude. Ils permettent de prédire qu'une femme a une probabilité de 70% de développer un cancer du sein alors que la probabilité moyenne n'est que de 10%. Une compagnie de biotechnologie, Myriad Genetics, a déposé un brevet sur la séquence de ces gènes couvrant tous les usages industriels qui en découlent (tests de dépistage et mise au point de traitements). Dans un premier temps, Myriad Genetics a créé une plate-forme de séquençage recherchant les mutations dans les gènes BRCA 1 et 2 car le marché du test a l'avantage de permettre des retours sur investissement beaucoup plus rapides et plus sûrs que ceux des médicaments. Les consultations d'oncogénétique disposeront prochainement de tests de prédisposition aux cancers du sein, de l'ovaire et du côlon. La plupart des gènes corrélés aux cancers ont été brevetés par des sociétés américaines.

Le troisième groupe enfin comprend des maladies polygéniques et multifactorielles. Ces maladies génétiques, qui sont les plus répandues, font intervenir des interactions complexes et mal connues entre plusieurs gènes, ainsi qu'entre les gènes et l'environnement. La valeur prédictive des tests est alors faible, ces tests ne fournissant qu'une information sur la probabilité d'être atteint. Un grand nombre d'affections communes appartiennent à ce groupe, qu'il s'agisse de pathologies métaboliques, cardio-vasculaires, tumorales ou neurodégénératives. L'industrie pharmaceutique travaille à la mise au point de tests prédictifs basés sur l'identification des Snips portés par les différents gènes impliqués dans ces maladies. Grâce aux puces à ADN, qui peuvent analyser des milliers de gènes à partir d'une goutte de sang, il sera possible d'établir le profil génétique d'un individu et d'en déduire sa probabilité de développer telle ou telle maladie. Des tests détectant les mutations qui favorisent la survenue de pathologies psychiatriques, telles que la psychose maniaco-dépressive ou la schizophrénie qui touche 1% des Américains, seront également disponibles dans un proche avenir. Des chercheurs américains ont identifié sur le chromosome 13 et sur le chromosome 7 plusieurs gènes pouvant être impliqués dans le développement de l'autisme. Le Dr. Joseph Piven, de l'Université de Caroline du Nord, responsable de l'étude, a déclaré qu'« *il doit y avoir plus d'un gène à l'origine de l'autisme* ».

DU DIAGNOSTIC PRÉ-IMPLANTATION (DPI) À L'EUGÉNISME « POSITIF »

Dès à présent, le diagnostic pré-implantation (DPI) dessine à grands traits l'eugénisme du troisième millénaire. Le DPI est un examen génétique pratiqué sur un embryon de huit cellules conçu par fécondation in vitro. Cet examen, réalisé à partir d'une seule cellule, permet de s'assurer que l'embryon ne porte pas un gène délétère avant de l'implanter dans l'utérus maternel. Cette technique vise avant tout à empêcher la transmission de gènes responsables de maladies héréditaires telles que la mucoviscidose, certaines myopathies ou l'une des trois mille maladies monogéniques déjà identifiées. Lorsque deux parents présentent à l'état hétérozygote les gènes d'une maladie grave, ils ont une probabilité importante de les transmettre à l'état homozygote à leur enfant, qui développera alors la maladie. La médecine anténatale est donc en mesure d'éliminer les gènes délétères qui affectent l'espèce humaine. Jacques Testart prophétisait que le DPI conduirait à « *une définition nouvelle de l'humanité* ». Dix ans après le premier cas de DPI en Grande-Bretagne, le diagnostic préimplantatoire est désormais autorisé en France. La loi dite de bioéthique votée le 29 juillet 1994 autorisait le DPI mais un délai de cinq ans s'est écoulé avant que le décret d'application de cette loi soit voté le 20 juillet 1999. Deux sites ont été nommés, un en région parisienne (hôpital Necker et hôpital Antoine Béclère) et un en Alsace (centre médico-chirurgical de Schtiligheim, hôpitaux universitaires de Strasbourg). En théorie le DPI est strictement encadré : la mutation génétique familiale doit être caractérisée, elle doit provoquer une maladie grave et incurable, et seule cette mutation génétique doit être recherchée par le DPI. Le législateur n'a cependant pas dressé la liste des maladies dont l'éradication justifie un DPI. Ce vide juridique a déjà permis d'étendre le DPI au dépistage de la trisomie 21 pour les couples qui ont recours à la fécondation in vitro, même si aucun des parents ne présente de risque particulier. Il sert également au dépistage de l'hémophilie sévère qui n'est pas une maladie incurable. Le DPI, qui limitait donc initialement les interruptions médicales de grossesse aux maladies incurables, s'est progressivement déplacé vers des anomalies curables. Il permettra à l'avenir d'éviter des handicaps mineurs comme la myopie. Déjà certains couples réclament une IVG lorsque l'échographie systématique révèle un bec-de-lièvre ou une malformation d'un membre. A l'avenir, le DPI ne sera même plus nécessaire car l'analyse des cellules fœtales dans le sang maternel permettra de proposer des tests génétiques à toutes les femmes enceintes qui le désirent. Les tests de dépistage vont donc progresser beaucoup plus vite que les traitements et l'eugénisme prendra le pas sur la thérapie génique. Il sera beaucoup plus simple et surtout beaucoup moins onéreux d'éviter l'apparition des maladies plutôt que de les traiter. Ainsi, dans le cas de la maladie de Tay-Sachs, une maladie dégénérative grave développée dès l'enfance, les orientations qui sont prises dès à présent vont plus dans le sens de l'eugénisme que vers la thérapie génique qui est aussi coûteuse que risquée. La médecine de demain s'attachera à améliorer l'espèce bien plus qu'à la soigner et le cadre législatif ne s'opposera pas à ces dérives.

Lorsque la fonction des gènes sera bien établie, le tri des embryons pourra s'étendre à des composants héréditaires déterminant l'aspect physique ou des traits du comportement et rien n'interdira alors de choisir les embryons conçus in vitro selon leur profil génétique ou d'opter pour tel ou tel caractère. Aux États-Unis, des laboratoires offrent déjà de choisir le sexe de l'embryon par DPI pour convenance personnelle. La volonté de soumettre les caractéristiques d'un individu à naître à la volonté normative de tiers précédera de peu l'utilisation du clonage humain à visée reproductive. Déjà des cliniques américaines de fécondation artificielle proposent à leurs clients fortunés des spermatozoïdes et des ovules provenant de donneurs dont les caractéristiques physiques, mentales et comportementales ont été soigneusement sélectionnées. La société américaine California Cryobank, qui gère une importante banque de sperme, vend sur Internet ses « services reproductifs ». L'internaute peut sélectionner son échantillon de semence en fonction de la race du donneur, de sa taille, de son poids, de la couleur de ses cheveux ou de la profession de celui-ci. En Chine, où le ratio des couples stériles est passé de 3 % à 13 % en l'espace de vingt ans, une banque de sperme a été ouverte à Chengdu, la capitale de la province chinoise du Sichuan. Huang Ping, la directrice de cet établissement créé en 1986, met sur le marché le sperme de professeurs d'université, d'entrepreneurs fortunés, d'athlètes de haut niveau, de stars du cinéma et de la télévision. Gen Jun, patron d'une agence de publicité de Chengdu, vient de lancer le projet d'une banque d'ovules de « femmes en bonne santé » et il a baptisé son produit « Fée d'amour ». Depuis le 25 octobre 1999, à l'initiative du photographe Ron Harris, huit superbes mannequins de race blanche vendent sur un site Internet leurs ovules aux plus offrants. Les enchères ont atteint 450 000 dollars, soit 2 700 000 francs, frais médicaux non compris. Nul doute que des gens capables d'acheter du matériel génétique étranger à ce prix, n'hésiteront pas à surenchérir pour profiter des avantages patrimoniaux des biotechnologies. Ce marché fait incontestablement le lit d'un eugénisme « positif » en sélectionnant le donneur de sperme ou la donneuse d'ovule. Compte tenu de leur coût, ces techniques ne seront accessibles qu'aux plus riches et, comme le redoute le biologiste américain Lee Silver de l'université de Princeton, il est à craindre que les biotechnologies transforment les riches et les pauvres « *en deux races différentes d'êtres humains, ceux qui ont été améliorés génétiquement et les autres* ».

L'origine de toutes les maladies monogéniques et d'un grand nombre de maladies polygéniques sera donc établie d'ici dix ans et les facteurs génétiques impliqués dans la survenue et le développement des cancers seront prochainement identifiés. Une maladie peut être seulement probable ou bien inéluctable, elle peut être accessible au traitement ou bien incurable. Lorsque la possibilité de prévoir la survenue d'une maladie permettra de l'éviter ou d'en atténuer la gravité, la prévision génétique sera incontestablement bénéfique. Mais si les prévisions débouchent sur l'impuissance thérapeutique face à une maladie incurable, le remède risque d'être pire que le mal en faisant peser de lourdes menaces sur l'équilibre psychologique des patients. La mise au point du premier test de dépistage de l'autisme chez le nouveau-né pourrait ouvrir la voie à des traitements précoces, avant l'apparition des symptômes, sous la forme de suppléments nutritionnels ou hormonaux pour favoriser le développement des fonctions cérébrales. Le dépistage précoce de la mutation génétique prédisposant à la schizophrénie va conduire à administrer un traitement psychiatrique préventif à des sujets jeunes qui ne présentent aucun trouble clinique et dont on n'est même pas certain qu'ils vont développer la schizophrénie. Le diagnostic d'un état qualifié de « préschizophrène » risque d'être lourd de conséquences. Le fait de se savoir menacé par la schizophrénie ou par une autre maladie mentale grave peut avoir des conséquences terribles sur l'image de soi-même, en particulier chez les adolescents. Le résultat de tests génétiques pourrait provoquer une dépression voire pousser au suicide. De même, les réactions négatives de la part d'employeurs, d'assureurs, d'enseignants mais également de parents ou d'amis, ne sont pas prises en compte. Cependant, au nom des libertés civiques, de nombreux médecins déclarent qu'il est normal d'informer un individu de tout danger qui le menace.

Le fait de prévoir le destin biologique des individus présente un intérêt considérable pour certains secteurs d'activité comme l'assurance maladie, le prêt bancaire ou le recrutement. L'utilisation de l'information génétique à des fins discriminatoires aura des implications sociales majeures. Les assureurs vont être tentés d'éliminer ou de pénaliser leurs clients en fonction des risques génétiques et l'accès à l'assurance-santé pourrait être conditionnée par le résultat des tests. En Californie, une batterie de tests dépistant certaines anomalies génétiques est obligatoire à la naissance. Pour avoir un contrat d'assurance-maladie auprès d'un assureur, qui tient lieu aux États-Unis de Sécurité sociale, il faut apporter la preuve de tests génétiques normaux. Au vu d'un résultat anormal chez un enfant, toute la famille a été radiée d'un contrat d'assurance. Les assureurs vont également être tentés d'alourdir leurs primes ou de moduler le prix de leur couverture en fonction des maladies les plus délétères dans les pays riches. Des individus subiront dès leur naissance une pénalisation sous forme de primes d'assurances majorées. En février dernier, la compagnie d'assurances AXA a annoncé le doublement des cotisations d'assurances-décès souscrites par environ 7 000 parents d'enfants handicapés. Face à l'indignation publique provoquée par cette augmentation, AXA a dû y renoncer temporairement mais le danger pourrait se préciser si l'assurance santé était confiée au secteur privé. Les associations juives américaines se mobilisent pour mettre en garde contre la discrimination que les banques ou les assurances vont être tentées de faire après l'identification de plusieurs mutations qui prédisposent au cancer du sein dans la population juive ashkénaze. En France, le code pénal, dans son article 225-1, légitime les questionnaires de santé pour les contrats d'assurances en faisant « *exception au principe de non-discrimination pour les contrats d'assurances* ». Le Conseil d'État estime que les tests génétiques font également exception au principe de non-discrimination et exclut qu'un souscripteur « *puisse cacher à un assureur le résultat d'un test de prédisposition qu'il aurait subi avant la conclusion de son contrat* ». Ainsi, le Crédit mutuel a menacé récemment une de ses clientes, porteuse de la mutation responsable de la maladie de Huntington, d'annuler l'assurance-vie souscrite pour couvrir ses emprunts immobiliers, au motif qu'elle ne l'avait « *pas informé du test réalisé avant de signer le contrat* ». Un autre cas similaire, toujours lié à la maladie de Huntington qui provoque une démence inéluctable apparaissant vers l'âge de quarante ans, a impliqué la Caisse nationale de prévoyance (CNP). Pourtant, en aucun cas, les assureurs ou les employeurs ne devraient être informés des tests présymptomatiques passés par une personne qui les a fait de sa propre initiative. Les tests génétiques vont être également utilisés « pour mieux planifier les embauches et l'avancement ». L'information génétique permettra ainsi d'adapter avec plus de précision l'employé au poste à pourvoir. Aux États-Unis, 30% des recrutements seraient déjà réalisés après recherche d'informations génétiques sur les candidats, dont certaines sont faites à leur insu. Il ne fait pas de doute que l'information génétique sera utilisée au détriment des individus et de leurs enfants et que les tests génétiques contribueront à ruiner le principe selon lequel tous les hommes naissent et demeurent égaux en dignité et en droit. Tout doit être mis en œuvre pour empêcher les assureurs et les employeurs d'utiliser l'information génétique.

GÉNÉTIQUE DE LA RÉPONSE AUX MÉDICAMENTS ET FICHIERS GÉNÉTIQUES

Le repérage des Snips va également permettre l'identification de gènes impliqués dans l'efficacité ou la toxicité des médicaments qui varient selon le profil génétique des patients. Les Snips ont déjà permis de découvrir les gènes impliqués dans la réponse à un médicament contre l'asthme et de préciser quels polymorphismes sont associés aux effets secondaires de ce médicament. D'autres tests génétiques permettent d'ajuster les posologies. C'est ainsi qu'Affymétrix, une société productrice des premières puces à ADN, propose un test génétique qui détermine si les patients métabolisent rapidement ou non leur traitement. Les patients qui métabolisent lentement se verront prescrire des doses plus faibles afin de réduire la toxicité d'un produit risquant de s'accumuler dans la circulation sanguine avant d'être dégradé. Une partie des décès dus aux effets toxiques des médicaments pourrait être de la sorte évitée. L'industrie pharmaceutique se lance donc dans la commercialisation de médicaments assortis du test génétique qui permet de mieux l'utiliser, lui aussi source de profit. Mais ce nouvel engouement pour la génétique de la réponse aux médicaments conduit les laboratoires pharmaceutiques à constituer de gigantesques bases de données génétiques qui pourront être détournées de leur but affiché.

DU CLONAGE THÉRAPEUTIQUE À LA RÉIFICATION DE L'EMBRYON HUMAIN

Rappelons qu'il existe deux techniques de clonage applicables à l'homme : le clonage par clivage blastomérique et le clonage par transfert nucléaire. Le clonage peut être utilisé à des fins thérapeutiques ou reproductives. Dans les deux cas la technique est strictement identique, seuls les objectifs diffèrent. Le clonage thérapeutique crée des embryons qui ne sont pas destinés à l'implantation, le développement embryonnaire étant dérivé précocement vers la production de lignées cellulaires mises en culture à des fins médicales. Le clonage reproductif crée quant à lui des embryons destinés à l'implantation, le développement embryonnaire étant mené au terme de la conception d'un individu in utero.

La notion de clonage thérapeutique découle de la possibilité récente de mettre en culture des cellules embryonnaires humaines. Au mois de novembre 1998, deux équipes de chercheurs ont annoncé conjointement le succès de la mise en culture de cellules souches humaines. Les cellules souches embryonnaires (ou cellules ES) sont des cellules totipotentes capables de produire in vitro les différentes lignées cellulaires spécialisées qui composent le corps humain. Le milieu nutritif dans lequel les cellules souches sont cultivées détermine leur mode de différenciation et de spécialisation. Les cellules souches peuvent être prélevées sur un embryon naturellement conçu et avorté ou bien sur un embryon obtenu par fécondation in vitro. Elles peuvent également être prélevées sur un embryon cloné grâce à la technique du transfert nucléaire. Le clonage thérapeutique par transfert nucléaire nécessite le recours à des ovocytes énucléés. Or l'obtention de cellules reproductrices féminines n'est ni simple ni anodine. Le Pr Didier Sicard, président du comité consultatif national d'éthique, expliquait récemment que l'« *on risquait de transformer les jeunes femmes en productrices d'ovocytes, pour traiter les maladies chroniques de leur père ou de leur grand-père* ». Pour pallier ces difficultés d'approvisionnement, certains envisagent de créer des banques d'ovules en implantant des fragments d'ovaires humains dans l'abdomen de souris. D'autres n'hésitent pas à proposer d'utiliser à leur place des ovocytes énucléés de vaches, faisant fort peu cas des interrelations qui existent entre le cytoplasme de l'ovocyte bovin et le noyau humain. La firme américaine Advanced Cell Technology (ACT) a ainsi créé des cellules totipotentes par fusion d'un noyau de cellule humaine avec un ovocyte énucléé de vache. Les cellules ainsi obtenues possèdent donc un génome nucléaire humain et un génome mitochondrial bovin. Ces cellules totipotentes vont permettre, dès que sera maîtrisé le processus de différenciation tissulaire, d'obtenir les différentes lignées spécialisées du corps humain. Selon ACT, ce clonage thérapeutique présente l'avantage d'éviter le recours aux embryons conçus par fécondation in vitro et aux fœtus avortés. Il ne s'agit pas à proprement parler d'embryon humain mais d'amas cellulaire résultant de la fusion entre une cellule humaine et une cellule bovine. Les défenseurs de l'embryon humain n'auront donc pas le droit de s'en émouvoir. Cette technique est la seule à offrir une approche immunologiquement compatible pour la production de greffons. En effet, si la cellule dont on extrait le noyau est prélevée sur un malade en attente de greffe, le clonage par transfert nucléaire associé à la culture de cellules embryonnaires engagées sur la voie de différenciation du tissu recherché, permettra de fournir un tissu parfaitement compatible du fait qu'il possède le génome du patient. La société privée Geron, propriétaire du Roslin Institute où est née Dolly, a obtenu un brevet britannique portant sur un procédé qui permet de transférer le noyau d'une cellule de la peau d'un patient dans un ovocyte afin de créer un réservoir de cellules souches susceptibles d'être implantées secondairement chez ce patient sans risque de rejet. L'embryon humain est donc devenu une simple marchandise. Jusqu'en 1999, les laboratoires publics de recherche n'avaient pas le droit d'utiliser des embryons humains. Le 14 janvier 1999, la direction du plus puissant organisme public de recherche aux États-Unis, faisait savoir qu'elle financerait désormais des recherches utilisant les cellules embryonnaires humaines à des fins thérapeutiques. Le congrès américain décidait conjointement de lever l'interdiction d'allouer des fonds fédéraux à la recherche sur les embryons humains issus d'avortements ou de procréation médicalement assistée. Les lois françaises bioéthiques promulguées le 29 juillet 1994 interdisaient de la même manière les recherches utilisant l'embryon humain. Ces lois furent votées avec une clause prévoyant leur révision cinq ans plus tard, au vu de l'évolution des pratiques et de la science. Au cours des années 1997, 1998 et 1999, l'avis du Comité Consultatif National d'Éthique, le rapport annuel du Conseil d'État et l'intervention de l'Académie des Sciences se sont clairement prononcés en faveur des recherches utilisant les cellules embryonnaires humaines à des fins thérapeutiques. Selon le comité d'éthique, ce qui ne peut donner un être humain n'est pas un embryon mais un amas de cellules. Un embryon non réimplanté n'est donc plus un embryon. Le Conseil d'État a proposé dans son rapport du 29 novembre 1999 d'autoriser les recherches scientifiques sur l'embryon créé par fécondation in vitro puis abandonné, moyennant l'accord du couple géniteur et la destruction ultérieure de cet embryon. Enfin la Commission nationale consultative des droits de l'homme (CNCDH), présidée par Pierre Truche, s'est prononcée, mardi 11 juillet 2000, en faveur de la recherche sur l'embryon humain. La CNCDH qui « *s'est longuement interrogée sur les problèmes moraux posés par cette question* », s'est majoritairement rangée « *à une solution mesurée* ». La « solution mesurée » consiste à autoriser les recherches sur des embryons, conservés par congélation, qui ne s'inscrivent plus dans le cadre d'un projet parental. La CNCDH précise que ces embryons « *n'auraient en tout état de cause jamais été implantés et n'auraient, de ce fait, été promis à aucun développement* ». Malgré l'engagement du Parlement français, aucun projet de loi révisant la loi bioéthique de 1994 n'a été présenté en 1999 et selon toute vraisemblance, aucun projet ne sera présenté en l'an 2000. Il ne fait cependant pas de doute que l'interdit de 1994 sera levé, ouvrant la voie à l'instrumentalisation de l'embryon humain et au clonage thérapeutique. Le futur projet de loi autorisera ce qui était perçu, il y a peu de temps encore, comme un tabou. Les scientifiques souhaitent que l'embryon humain ne jouisse plus d'une protection supérieure à celle dont bénéficient les personnes. Ils veulent supprimer le statut dérogatoire de l'embryon pour lui appliquer les termes de la loi Huriet-Sérusclat de 1998 qui autorise, dans certaines conditions, l'expérimentation sur l'homme. L'argument qui prévaut est que les firmes privées et depuis peu les centres publics anglo-saxons de recherche passent outre les interdits des lois bioéthiques. Les pays qui ne posséderont pas le savoir-faire devront donc acheter au prix fort les produits finis dans les pays anglo-saxons. Après un an d'enquête, un comité d'experts anglais estime que les bénéfices attendus l'emportent sur les problèmes éthiques potentiels et le gouvernement britannique devrait donner son feu vert au clonage d'embryons humains à des fins thérapeutiques. En Grande-Bretagne, l'embryon n'est reconnu comme personne humaine que quatorze jours après avoir été formé, que ce soit par procréation médicalement assistée ou par clonage. Avant, les chercheurs peuvent se livrer sur lui à toutes les expériences scientifiques. Si la France ne lève pas son interdit, elle devra donc importer les précieuses lignées cellulaires des États-Unis ou de la Grande-Bretagne où cet interdit est ignoré. Bien rares sont ceux qui dénoncent fermement, au nom de la protection de l'embryon humain, les « contorsions du droit » et les dérives des biotechnologies. Pour l'Église catholique, « *tout futur être humain est sacré, on ne peut y toucher, même si l'on n'a aucune intention de vouloir créer un nouvel être humain clone du précédent* ». Pour le Père jésuite Olivier de Dinechin « *Ce n'est pas parce que l'embryon est destiné à mourir qu'il a perdu sa dignité. De la même manière, lorsque la condamnation à mort était en vigueur, le condamné avait droit à sa dignité et personne n'aurait imaginé que l'on puisse l'en priver en prélevant sur lui, par exemple, des organes destinés à la transplantation* ». Dans les colonnes de la revue *Études*, le père Patrick Verspieren montre bien comment des questions éthiques essentielles sont éludées par des artifices de langage et des manipulations de mots. Il est clair désormais que ce ne sont pas les lois bioéthiques qui vont guider l'application des biotechnologies à l'espèce humaine mais la loi du marché, la seule loi du marché.

DU CLONAGE THÉRAPEUTIQUE AU CLONAGE REPRODUCTIF

On assiste à la même précipitation irraisonnée et mercantile en matière de clonage reproductif. En 1997, seuls quelques illuminés comme les membres de la secte des Raëliens ou le docteur Richard Seed faisaient état de leur volonté de cloner l'être humain. La communauté scientifique, Ian Wilmut en tête, excluait toute application à l'être humain. En décembre 1998, le professeur Be-Yeon Lee (Corée du sud) annonçait qu'il était parvenu à créer un clone humain à partir d'un transfert nucléaire de cellule adulte, l'embryon ayant été supprimé au deuxième stade de sa division cellulaire. Dans l'éditorial daté du 4 janvier 1999 de la prestigieuse revue médicale britannique *The Lancet*, on pouvait lire que « *La création de clones d'êtres humains est inévitable* ». Pour les éditorialistes du *Lancet*, le problème n'était déjà plus à cette date d'interdire le clonage reproductif mais de faire en sorte que les futurs clones soient considérés comme des êtres humains à part entière. Au mois de septembre 1999, dans la revue *Nature Genetics*, les équipes du docteur Ian Wilmut et du docteur Eric Schon produisaient un alibi thérapeutique en faveur du clonage reproductif humain en soulignant les espoirs offerts par cette technique pour le traitement de maladies transmises par les mitochondries du cytoplasme ovulaire. Les couples, dont la femme souffre de stérilité par malformation génétique des mitochondries du cytoplasme ovulaire, pourront bénéficier soit du clonage par transfert nucléaire dans un ovule sain énucléé soit de techniques apparentées qui sont en cours d'expérimentation par le docteur James Grifo et le docteur Jan Tesarik. L'équipe de James Grifo a réussi à transférer le noyau de l'ovocyte d'une femme stérile dans l'ovocyte énucléé d'une femme fertile dont le cytoplasme contient des mitochondries normales. Le nouvel ovocyte ainsi créé a été ensuite fécondé in vitro et replacé dans l'utérus de la femme stérile. Si la gestation pouvait être menée à son terme, le patrimoine génétique de l'enfant serait issu de trois parents (chromosomes du géniteur, chromosomes de la femme stérile, génome mitochondrial de la femme fertile). Cette technique a été tentée dès la fin de l'année 1998 sans même que le docteur James Grifo se soit préalablement assuré, par des essais chez l'animal, de l'innocuité de la méthode et de l'absence de risques pour l'enfant à naître. Des spécialistes italiens et espagnols, sous la responsabilité du Dr. Jan Tesarik du laboratoire d'Eylau à Paris, rapportent dans le journal *Human Reproduction* du 27 avril 2000, avoir développé une nouvelle technique de procréation assistée permettant également de transférer le noyau de l'ovocyte d'une femme infertile dans l'ovocyte énucléé d'une donneuse fertile. Associée à une fécondation in vitro (FIV) par injection intracytoplasmique de spermatozoïde (ICSI), cette technique permettrait à la femme stérile d'avoir avec son partenaire un enfant portant la quasi-totalité de leur patrimoine génétique, sauf en ce qui concerne son ADN mitochondrial altéré. L'expérience de manipulation de l'ovocyte a été interrompue par Jan Tesarik juste avant la fécondation. Mais l'un des cosignataires de l'article, le Dr. Zolt Nagy, vient de s'installer à la clinique Roger-Abdelmassih de Sao Paulo au Brésil afin de réaliser les premiers essais sur des embryons humains dans un pays qui est moins exigeant sur les règles d'éthique. Les positions ont donc évolué très vite, en particulier celle du créateur de Dolly, Ian Wilmut. Après une courte phase d'opposition catégorique au clonage de l'être humain, une distinction a été hâtivement fabriquée entre un clonage thérapeutique devenu prometteur et un clonage reproductif toujours proscrit. Aujourd'hui les chercheurs mettent en avant les vertus thérapeutiques du clonage reproductif pour le traitement de certaines formes de stérilité. Ainsi, les scientifiques nous assurent que le clonage reproductif permettra de traiter, sans apport de matériel chromosomique d'un donneur étranger, les infertilités sévères des couples incapables de produire des spermatozoïdes ou des ovules sains. La technique du transfert nucléaire donnera à ces couples la possibilité d'avoir un enfant biologique qui sera, selon leur choix, comme un jumeau du père ou de la mère. En ce qui concerne les femmes atteintes de cancer imposant une castration chirurgicale, des embryons pourront être préalablement congelés en vue d'une implantation ultérieure, la création par clivage blastomérique de plusieurs clones d'un même embryon permettant de multiplier les tentatives d'implantation. Nul doute donc que le clonage thérapeutique sera présenté demain comme une nécessité absolue et une priorité de recherche. Les lois bioéthiques ne feront qu'entériner les audaces lucratives de l'industrie pharmaceutique. Jean-Didier Vincent, neurologiste, directeur de l'Institut Alfred Fessard (CNRS) confirme cette évolution : « *Quoiqu'on en dise, le clonage humain est pour demain. On affirmera qu'il s'agit de clonage thérapeutique. Et alors ? Qu'est-ce que cela changera fondamentalement ? Rien. Cette étape franchie, l'homme ne s'arrêtera pas là. On entend déjà parler de la possibilité d'intervenir sur certains gènes d'embryons humains afin d'augmenter la durée de vie de l'adulte. En Californie, l'interdit de recherche sur les lignées germinales est à peu près levé. On fabrique des tissus qui sont issus de cultures de cellules souches humaines. On sait déjà cloner des cellules humaines, on peut par conséquent fabriquer un peu d'humain utilisable à des fins thérapeutiques. Les possibilités de manipulation du vivant, et de l'homme en particulier, offertes par la biologie au XXIe siècle seront considérables. Il y aura toujours de bonnes raisons pour fabriquer des bombes atomiques biologiques* ».

A la veille de la révision, toujours repoussée, des lois françaises de bioéthique, force est de constater que l'humanisme, dont nous pensions que notre pays était l'un des derniers refuges, a perdu tout pouvoir d'influencer les décisions des hommes en ce qui regarde l'avenir de l'humanité. Seuls le libéralisme et l'économie de marché dictent désormais les règles d'utilisation des biotechnologies appliquées à l'espèce humaine. Ces techniques fraient inexorablement la voie de l'instrumentalisation de l'embryon humain et de l'eugénisme.

LA THÉRAPIE GÉNIQUE ET SES DÉRIVES

La thérapie génique « in vitro » consistant à faire synthétiser par une bactérie une hormone humaine, comme l'insuline ou l'hormone de croissance, qui fait défaut chez certains patients, est désormais de pratique courante. Les généticiens mettent désormais au point la thérapie génique « in vivo » visant à insérer dans les cellules humaines déficientes un gène sain à la place du gène altéré. Des virus (rétrovirus, lentivirus ou adénovirus) sont utilisés pour faire pénétrer les gènes réparateurs dans les cellules.

Le 14 septembre 1990, la petite Ashanti da Silva, âgée de 3 ans, fut la première patiente traitée par thérapie génique à l'Institut national d'hygiène américain. Kenneth Culver, French Anderson et Michael Blaese réussirent à introduire dans les lymphocytes T de l'enfant le gène gouvernant la production d'une enzyme dont elle était dépourvue du fait d'une maladie génétique extrêmement rare, le déficit en adénosine déaminase (ADA). Le déficit en ADA provoque un effondrement total des défenses immunitaires. La réussite de cette thérapie génique fut « partielle », la patiente devant suivre un traitement médicamenteux complémentaire. Tout récemment, l'équipe française du professeur Alain Fischer (Inserm, Assistance publique – Hôpitaux de Paris) a réussi à traiter complètement par thérapie génique un déficit immunitaire héréditaire grave appelé déficit immunitaire combiné sévère lié à l'X (ou DICS-X). Chez les enfants atteints de DICS-X, des mutations sur un gène nommé gamma-c bloquent le développement des lymphocytes T et des lymphocytes NK, indispensables à la lutte contre les infections bactériennes ou virales. Dans ce cas, les précurseurs des lymphocytes sont dépourvus de récepteurs pour des facteurs de croissance nommés cytokines. Ils ne peuvent donc pas capter le signal de prolifération et ne se multiplient pas, ne se différencient pas et ne fabriquent pas les globules blancs nécessaires contre les infections. En insérant le gène sain porté par un rétrovirus au cœur du génome de quelques précurseurs, ces derniers sont devenus sensibles au signal de croissance et ils ont pris le pas sur la population de cellules déficientes. Les prochains essais de thérapie génique devraient concerner les patients atteints de l'hémophilie B qui n'expriment pas le facteur IX, une protéine du sang indispensable à la coagulation. Un adénovirus a été remanié pour transporter le gène humain qui fait défaut dans les cellules des patients. Cependant, la plupart des essais de thérapie génique en cours sont consacrés au traitement de maladies répandues comme les cancers qui représentent un marché considérablement plus prometteur financièrement que celui des maladies héréditaires « orphelines ». Plusieurs programmes de recherche concernant la thérapie génique des troubles érectiles sont même en cours aux États-Unis. Elles portent sur le vieillissement du tissu musculaire lisse des corps érectiles et sur le codage de la production de monoxyde d'azote.

Les dérives liées à la précipitation dans la réalisation des essais de thérapie génique peuvent être fatales. Le 17 septembre 1999, un jeune Américain de dix-huit ans, nommé Jessie Gelsinger, est mort au cours d'un essai clinique de phase I dans le service du professeur James Wilson (université de Pennsylvanie). Ce jeune homme présentait une maladie génétique rare liée à une altération du gène codant pour l'ornithine transcarbamylase ou OTC, une enzyme du foie impliquée dans le métabolisme de l'ammoniac. Ce jeune homme n'aurait pas dû être enrôlé dans l'essai car son insuffisance en OTC n'était que partielle et il vivait normalement grâce à un régime alimentaire et des médicaments. Quatre jours après avoir reçu dans l'artère hépatique plusieurs milliards de particules virales (adénovirus) véhiculant le gène de l'OTC, Jessie Gelsinger a présenté une défaillance multiviscérale ayant rapidement entraîné la mort. Ni le jeune homme ni son père n'avaient signé la déclaration de consentement éclairé et n'étaient avertis du danger. La Food and Drug Administration américaine, découvrant près d'une vingtaine de violations des règles de sécurité et de bonne pratique scientifique en matière de thérapie génique, a suspendu tous les essais cliniques menés au prestigieux Institut de thérapie génique de l'université de Pennsylvanie. Une enquête, menée à la suite de ce décès, a montré de graves dysfonctionnements dans la conduite de certains essais. Les Instituts américains de la santé ont ainsi découvert les décès de six autres personnes qui ont été cachés à l'organisme chargé de superviser la recherche en thérapie génique. En 1998, un patient était mort à Boston après avoir reçu dans le cœur des gènes susceptibles de stimuler le développement de nouveaux vaisseaux sanguins. Ces mêmes gènes, destinés à augmenter la circulation, ont été administrés à un malade atteint d'un cancer du poumon dont la tumeur avait alors doublé de volume à toute allure du fait de l'augmentation de l'irrigation sanguine. De leur côté, les National Institutes of Health se sont aperçus que 94% des effets secondaires graves apparus au cours des traitements de thérapie génique ne leur avaient pas été notifiés à temps. La pression des sociétés de biotechnologie qui financent les recherches est telle que les essais se multiplient de façon anarchique. Plus de quatre mille personnes ont été enrôlées dans des essais, dont la majeure partie sont des études de faisabilité. Sur quatre cents essais cliniques mondiaux de thérapie génique, trois cents ont lieu aux États-Unis. La plupart (deux cent cinquante) sont consacrés au traitement de cancers qui représentent un marché plus prometteur financièrement que celui des traitements des maladies héréditaires. Les essais thérapeutiques conditionnent le recueil de fonds et la côte en bourse des entreprises de biotechnologies car les investisseurs prennent confiance lorsqu'un essai est lancé. Par ailleurs, la plupart des chercheurs et des médecins qui travaillent à l'université sur la thérapie génique ont des liens financiers avec les entreprises de biotechnologie.

Il existe aujourd'hui plusieurs voies stratégiques de recherche concernant les maladies génétiques. Le première voie est représentée par la thérapie génique qui s'attaque à l'origine de la maladie. Une deuxième voie, insuffisamment soutenue, est représentée par les thérapeutiques réparatrices et symptomatiques, telle que la voie pharmacologique qui a pour but d'apporter une réponse aux conséquences des maladies. Par exemple, le traitement de l'ostéogenèse imparfaite (maladie des os de verre) peut faire appel à la thérapie génique mais il peut également faire appel à un traitement médicamenteux par les biphosphonates susceptible de changer radicalement l'avenir des malades. Or, actuellement les solutions sont davantage recherchées au niveau du génome, au détriment de solutions thérapeutiques pouvant concerner des personnes déjà affectées par ces terribles maladies.

Les chercheurs de la société canadienne Chromos Molecular Systems (Colombie-Britannique) viennent de mettre au point un chromosome artificiel qui pourrait révolutionner les techniques de manipulation génétique des embryons. L'introduction d'un chromosome entier semble en effet plus sûre que l'introduction d'un seul gène qui risque de s'insérer en mauvaise position, provoquant des dysfonctionnements dans l'expression du programme génétique. Si de tels chromosomes étaient injectés dans des embryons humains, les gènes avantageux dont ils sont porteurs viendraient s'ajouter à notre patrimoine génétique et seraient transmis de génération en génération. Le journal londonien *New Scientist* a déclaré à propos de cette découverte : « *On aurait tort de croire que le tabou qui pèse sur les manipulations génétiques ne finira pas par céder. La fabrication de chromosomes artificiels ne rend pas l'eugénisme plus souhaitable mais elle contribue à le rendre en apparence inéluctable* ».

La thérapie génique va également tenter de moduler l'action des « gérontogènes » impliqués dans la lutte contre le vieillissement. Le projet Chronos est un programme d'étude sur les aspects génétiques de la longévité ayant débuté en octobre 1991 au sein du CEPH (Centre d'étude du polymorphisme humain), également appelé Fondation Jean Dausset. Il organise la collecte d'échantillons sanguins de Français âgés de plus de 90 ans au sein de la plus importante banque d'ADN de centenaires, en vue d'identifier les « gérontogènes » gouvernant la productions d'enzymes impliquées dans des mécanismes variés, tels que la lutte contre les radicaux libres (superoxyde dismutase), la correction des mutations chromosomiques (hélicase) ou la réparation des télomères (télomérase). Des cellules en culture dans lesquelles a été greffé le gène de la télomérase, conservent des télomères allongés et se divisent indéfiniment sans le moindre signe d'épuisement comme si elles étaient immortelles. Les chercheurs envisagent de prélever des groupes de cellules précis, par exemple les cellules épithéliales pigmentées de la rétine qui dégénèrent avec l'âge, de les rajeunir in vitro grâce à la télomérase, puis de les réintroduire dans l'organisme. Cependant l'activité de la télomérase est détectée dans la majorité des cancers et tout indique qu'elle est essentielle à leur prolifération. Dès lors, on risque en augmentant l'activité de cette enzyme, de favoriser la transformation de cellules saines en cellules tumorales par le biais d'une accumulation de mutations de l'ADN. A l'opposé, le gène responsable du syndrome de Werner, maladie provoquant un vieillissement prématuré, fait également l'objet d'une étude approfondie.

Sur la base de découvertes récentes, des chercheurs envisagent déjà d'appliquer la thérapie génique à la modification des comportements et tout un courant scientifique entend promouvoir l'amélioration des capacités intellectuelles humaines grâce au transfert de gènes gouvernant l'action des neurotransmetteurs. Le 16 juillet 1993, dans l'hebdomadaire *Science*, une équipe de généticiens, sous la responsabilité du généticien américain Dean Hamer, publiait les résultats d'une étude faisant état d'un marqueur dont la présence sur le chromosome X (Xq28) est corrélée chez certains individus (67% dans l'échantillon de Dean Hamer) à un comportement homosexuel. Cette étude n'établissait pas de rapport direct de cause à effet entre le marqueur et le comportement. Dean Hamer a précisé : « *Nous ne nous attendons pas à trouver un seul gène qui soit identique chez tous les homosexuels – nous savons déjà que l'orientation sexuelle est un phénomène autrement plus complexe! Mais il est néanmoins possible de découvrir un ou des gènes corrélés à une orientation sexuelle. Comment ce gène opérerait-il? Peut-être en produisant une enzyme qui contrôle le métabolisme hormonal du cerveau au cours de son développement. Ou encore en fabriquant un facteur de croissance qui construit certains circuits neuronaux. Il peut même jouer un rôle auquel on n'aurait jamais pensé tant nous en savons peu aujourd'hui* ». Depuis, des études contradictoires ont été publiées, en particulier les travaux de l'équipe canadienne dirigée par George Rice et publiés en avril 1999 dans *Science*. Le retard mental, défini par un quotient inférieur à 70, frappe 2 à 3% de la population. La moitié des personnes ayant un retard mental sévère seraient porteuses d'un défaut génétique hérité. Cinq gènes altérés, portés par le chromosome X, ont été trouvés dans des retards mentaux isolés mais il n'est pas pour autant possible de parler de « gènes » de l'intelligence. Comme le souligne le professeur Axel Kahn : « *Le fait que l'altération d'un gène entraîne un retard mental, voire, plus spécifiquement, un désordre particulier du comportement chez un animal d'expérience ou dans l'espèce humaine, ne peut conduire à l'affirmation que l'intelligence ou le comportement considéré sont liés à ce gène, mais simplement que l'activité de ce dernier est nécessaire à ces fonctions complexes. Ainsi, pour prendre un exemple, la section d'une Durit ou le débranchage du Delco d'une automobile aboutissent à son immobilisation, qu'il s'agisse d'une vieille 2 CV ou d'une Ferrari ultra-performante. Or personne n'est fondé à déduire de ces conséquences que la Durit ou le Delco sont les pièces expliquant les performances des véhicules, mais simplement qu'elles sont indispensables à celles-ci!* ». La prétendue découverte de gènes du comportement, comme le gène qui serait responsable du « syndrome d'hyperactivité et d'inattention » de l'enfant, conduit déjà à des dérives sous la forme de prescription de traitements psychiatriques injustifiés. Des expériences récentes réalisées sur des rongeurs tendraient à prouver que l'insertion d'un transgène est capable de modifier des fonctions supérieures. Ainsi, des souris de laboratoire ont vu leurs capacités d'apprentissage nettement améliorées par injection du gène codant pour le récepteur intracérébral 2B du NMDA (N-méthyl-D-aspartate). L'injection du gène codant pour le récepteur intracérébral de la vasopressine a modifié le comportement de souris mâles solitaires et volages en les transformant en animaux sociables et monogames. Mais le génome de ces petits mammifères n'est pas comparable en tout point au génome humain. Le génome humain est un programme qui permet de dialoguer avec l'environnement et de desserrer l'étau des comportements innés auxquels sont si étroitement assujettis les mammifères non humains. François Jacob l'a parfaitement exprimé dans *Le Jeu des possibles* en 1981 : « *Comme tout organisme vivant, l'être humain est génétiquement programmé, mais programmé pour apprendre (…) Chez les organismes plus complexes, le programme génétique devient moins contraignant, plus ouvert (...) en ce sens qu'il ne prescrit pas en détail les différents aspects du comportement, mais laisse à l'organisme la possibilité de choix. (...) L'ouverture du programme génétique augmente au cours de l'évolution pour culminer avec l'humanité* ».

POST-HUMANISME ET POST-HUMANITÉ

Sur la base des acquisitions récentes en génétique moléculaire, le sociologue ultraconservateur Charles Murray dénonce certaines conceptions de la nature humaine, en particulier celle qui consiste à croire que les hommes sont égaux. Traduites en langage politique, ces conceptions « de gauche » soutiennent que la nature humaine est malléable et que les institutions économiques et politiques peuvent à leur gré lui donner n'importe quelle forme. Pour Charles Murray, la vision du monde de la gauche, marquée par le principe d'égalité et postulant que les inégalités résultent d'un système économique, social et politique plutôt que de différences innées, est totalement erronée. Il affirme qu'il existe au contraire des différences innées entre les groupes sociaux dont la révolution neurogénétique va apporter la preuve, et il pense qu'« *il est sans doute vrai que des distributions statistiques significatives de certaines caractéristiques biologiques isolent pratiquement tous les groupes sociaux montrant des schémas comportementaux substantiellement différents. (...) Des différences génétiques statistiquement significatives, bien au-delà des plus évidentes, séparent probablement les hommes des femmes, les gens qui se qualifient de « Blancs » de ceux qui se qualifient de « Noirs » ou d'« Asiatiques ». Mais ces mêmes différences distinguent sans aucun doute également les Anglais des Français, les Suédois qui travaillent de ceux qui sont au chômage, les chrétiens pratiquants de ceux qui ne vont plus à l'église, et les collectionneurs de timbres des randonneurs* », de même que « *la population américaine vivant en deçà du seuil de pauvreté a une configuration de caractéristiques différente de celle de la population vivant au-delà de ce seuil* ». Selon Charles Murray, l'eugénisme deviendra un argument de gauche quand on aura compris la base biologique des caractéristiques personnelles statistiquement liées à certains problèmes sociaux, telles qu'un quotient intellectuel bas, une impulsivité, une vue à court terme de l'avenir, une inadaptation sociale ou une indolence. Ce nouvel eugénisme ne réclamera pas que les classes les plus basses arrêtent de faire des enfants, mais qu'elles en fassent de meilleurs. Le choix du sexe de l'enfant sera chose courante et certains parents, s'ils en ont la possibilité, choisiront d'avoir un enfant plus compréhensif ou plus compétitif. L'eugénisme, frappé d'anathème aujourd'hui, sera un produit dérivé de la révolution neurogénétique de demain. L'Homo sapiens pourrait ainsi décider collectivement de se modifier lui-même.

Les philosophes demeurent en marge du débat sur l'ingénierie génétique appliquée à l'homme. Seul le philosophe allemand Peter Sloterdijk a déclenché une violente controverse à la suite d'un colloque qui avait réuni philosophes et théologiens du 16 au 20 juillet 1999 au château d'Elmau, en Haute-Bavière, sur le thème « Au-delà de l'Être – La philosophie après Heidegger ». A cette occasion, Peter Sloterdijk, dans une conférence intitulée « Règles pour le parc humain », proposa une réponse à la *Lettre sur l'humanisme* que Heidegger adressa à Jean Beaufret en 1946. Radicalisant la critique formulée par Heidegger contre l'humanisme, Sloterdijk afficha sa conviction que l'époque d'un humanisme qui a toujours éludé la question radicale de la nature humaine est aujourd'hui révolue. Sa conférence fit un constat de carence : l'humanisme est incapable de définir les règles d'application à l'espèce humaine des biotechnologies. Ses adversaires, dans une cabale orchestrée par le philosophe Jürgen Habermas, lui reprochèrent l'emploi de termes choisis précisément pour l'inquiétude qu'ils suscitent, tels que « réforme génétique des qualités de l'espèce », « naissance choisie et sélection prénatale », ou « planification explicite des caractères humains ». Sloterdijk considère l'anthropotechnologie comme la quatrième vexation infligée par la science au narcissisme de l'espèce humaine. La vexation cosmologique de Copernic a mis la terre à l'écart du centre de l'univers. La vexation évolutionniste de Darwin a mis ensuite à mal la place privilégiée de l'homme au sein du monde vivant (l'affront n'est pas lavé, les créationnistes du Kansas ayant obtenu récemment la suppression de l'enseignement de la théorie de Darwin dans les écoles alors que les évolutionnistes du Nouveau-Mexique ont réussi à faire retirer des manuels scolaires la profession de foi créationniste). Puis la vexation psychanalytique de Freud a sapé la toute-puissance des processus conscients sur le comportement humain. Pour Sloterdijk, les biotechnologies infligeraient aujourd'hui à l'homme la quatrième vexation en supprimant la barrière entre ce qui est né et ce qui est fabriqué. Nous sommes d'avis que la révolution biotechnologique est tout le contraire d'une vexation, elle se veut la revanche orgueilleuse de l'homme devenu capable d'effacer les vexations copernicienne, darwinienne et freudienne en interférant sur le cours de sa propre évolution, elle est la boursouflure orgueilleuse d'un homme trois fois vexé. Quoiqu'il en soit, le tocsin de Sloterdijk est bien plus salutaire que le chant des sirènes d'Habermas et autres professeurs d'une philosophie palliative tout juste bonne à l'accompagnement d'une civilisation agonisante. La cabale orchestrée par Habermas contre Sloterdijk a fait grand bruit. Du coup, un fait bien plus troublant s'est déroulé dans l'indifférence générale : la nomination du philosophe australien Peter Singer au poste de professeur titulaire de bioéthique à la prestigieuse université américaine de Princeton. Ardent défenseur de l'eugénisme, Peter Singer affirme que « *l'idée selon laquelle la vie humaine est sacrée simplement parce que c'est la vie humaine est une idée médiévale* ». N'en déplaise à ce brillant professeur de bioéthique, une idée médiévale peut être lumineuse, elle peut être aussi salvatrice.

Mais le cri d'alarme le plus vigoureux est lancé par un informaticien, Bill Joy, spécialiste des langages et des réseaux informatiques chez Sun Microsystems. Pour lui, les nouvelles technologies (génie génétique, nanotechnologies et robotique) font aujourd'hui courir des dangers à l'humanité et il faut leur donner un coup d'arrêt immédiatement. Dans un article publié par *Wired* en avril 2000 sous le titre « Pourquoi le futur n'a pas besoin de nous », Bill Joy n'hésite pas à reprendre certains arguments du manifeste de Theodore Kaczynski, dit Unabomber (ce mathématicien ermite qui, pendant 17 ans, a envoyé des colis piégés dans des laboratoires et causé ainsi la mort de plusieurs scientifiques), sur le risque de voir des systèmes de plus en plus complexes échapper aux hommes ou se trouver entre les mains de nouvelles élites qui « domestiqueront » les masses comme des animaux. Pour cette raison, Bill Joy juge préférable de « *renoncer à explorer et à développer des technologies si dangereuses qu'il vaudrait mieux qu'elles ne soient jamais accessibles* ».

A l'occasion de l'annonce de la fin de la première étape du décryptage du génome humain, le docteur Francis Collins, coordonnateur du « Human Genome Project » qui « permettra aux États-Unis de rester leader de la science biomédicale » sur un marché pesant 38 milliards de dollars, a déclaré : « *Nous célébrons aujourd'hui la publication de la première ébauche du livre de la vie* ». Il est intéressant de noter que les séquences sans signification apparente du génome humain, qui représentent plus de 90% du génome, sont qualifiées par les Américains de « junk ADN », c'est-à-dire d'« ADN poubelle ». Le grand livre de la vie est donc composé de quelques pages valant 38 milliards de dollars et entourées de déchets!

Décembre 1999 – août 2000.

UN ÉLAN DE MESSIANISME SCIENTISTE

Selon Nietzsche, l'homme s'est habitué à croire en deux royaumes, d'une part le royaume des causes finales, d'autre part le royaume des hasards, le mot « hasard » n'ayant de sens qu'à côté d'un monde de fins et d'intentions. Cependant l'homme ignore où se situe la frontière entre ces deux royaumes car il lui est bien difficile de savoir si un événement considéré isolément est le fait du hasard ou s'il suit un schéma sous-jacent qui lui échappe et, toujours selon Nietzsche, l'homme apprend généralement à connaître le monde des hasards lorsqu'il tombe dans le monde des causes finales comme une tuile d'un toit. Malgré les efforts d'Emmanuel Kant, il n'est pas moins difficile de faire la part de la science et de la foi lorsque nous tentons de comprendre le pourquoi et le comment de l'histoire humaine.

Au royaume des causes finales, nombreux sont ceux qui confondent déterminisme et finalisme. Le déterminisme est scientifique alors que le finalisme est philosophique ou religieux. Les sciences évoluent dans le seul domaine de la causalité en s'appuyant sur l'observation et la méthode expérimentale, étant acquis que les mêmes causes produisent toujours les mêmes effets. Elles s'efforcent de répondre au « comment » des choses en renonçant au « pourquoi ». Le déterminisme, établi par la rationalité conquérante de l'esprit humain, a atteint son apogée grâce au marquis de Laplace qui affirmait au début du XIXe siècle l'enchaînement logique ou nécessaire des causes et des effets. Pour Laplace, rien n'est indéterminé, tout événement devant être rapporté à une cause et s'inscrire dans un enchaînement logique et ordonné. L'évolution de l'univers obéit ainsi à des principes de causalité et des lois déterministes. Cependant, si les sciences décrivent des mécanismes de déroulement et d'enchaînement des événements, elles indiquent tout au plus un cheminement ou une direction mais elles ne peuvent se prononcer sur un éventuel but poursuivi. De nombreux scientifiques ont cru, et croient aujourd'hui plus que jamais, résoudre dans un même élan le « comment » et le « pourquoi », en éliminant le plus souvent les *a priori* théologiques et métaphysiques. A Napoléon qui lui demandait où se situait Dieu dans son système, Laplace répondit : « *Sire, je n'ai pas besoin de cette hypothèse* ». Dieu n'était pour Laplace qu'une hypothèse inutile car son déterminisme absolu avait réponse à tout sans le secours d'une quelconque logique divine. Le scientisme est un courant philosophique selon lequel il n'y a de connaissance véritable que scientifique, tout comme le positivisme qui admet sans critiquer la valeur des sciences. Dès lors, le bonheur de l'humanité réside dans l'état qualifié par Auguste Comte de positif où l'esprit humain a enfin accès à l'explication ultime des phénomènes en élaborant les lois de leur enchaînement. A l'approche du décryptage complet du patrimoine génétique de l'humanité, nous voyons poindre l'avènement de cet état positif annoncé par un élan de messianisme scientiste. Lorsque la séquence du chromosome humain 22 fut publiée dans le numéro du 2 décembre 1999 de *Nature*, la couverture du célèbre hebdomadaire scientifique affichait la fresque de Michel-Ange montrant le doigt de Dieu qui transmet l'étincelle de la vie à l'homme. Comparant pêle-mêle le séquençage du génome humain aux livres sacrés et à l'ouvrage de Darwin, le biochimiste britannique Peter Little vient de déclarer : « *Un nouveau livre est en train d'être écrit (...) Il changera la conception que nous avons de nous-mêmes, aussi profondément que les livres phares des deux premiers millénaires – les grands livres de la religion et l'*Origine des espèces *de Charles Darwin* ». A l'annonce du succès de l'équipe française concernant la thérapie génique du DICS-X, Gérard Dupuy, rédacteur en chef adjoint de *Libération,* dans son éditorial du vendredi 28 avril 2000, volait au secours d'une « *recherche génétique attaquée par un obscurantisme tonitruant* » tout en dénonçant « *une forte opposition d'inspiration religieuse* ». Selon Gérard Dupuy « *les thérapies géniques ont été hâtivement vilipendées (...) et « le principe de précaution » prend vite l'allure de chasse aux sorcières généticiennes* ».

Le finalisme est quant à lui un système philosophique qui fait des causes finales le principe explicatif de toute chose : tout phénomène peut être expliqué par le but qu'il est censé atteindre. Dès lors, l'évolution de l'univers est régie par des lois permettant la réalisation d'une intention. Pour les croyants, le monde a été créé avec une finalité anthropocentrique. Les notions de Destin, de Fortune ou de Sort impliquent une idée d'intention, un enchaînement nécessaire des choses, un asservissement au but, l'affirmation d'une volonté éternelle, une finalité de l'histoire humaine. Dieu a donné au monde des lois et l'évolution s'effectue selon une logique divine. L'homme est l'intention de Dieu, il est le but de l'univers.

Au royaume des hasards, une distinction s'est précisée entre hasard aveugle et hasard opportuniste. D'un point de vue scientifique, le hasard objectif est un fait fortuit excluant toute idée d'ordre ou d'intention, inexplicable par ses causes, ne s'inscrivant dans aucun enchaînement logique et soumis seulement à la loi des probabilités. Un événement véritablement aléatoire ne se conforme à aucun schéma et ne peut être simulé, il est donc indescriptible. Il y a hasard lorsque des mêmes causes produisent des effets différents, par exemple si un dé jeté dans des conditions strictement identiques donne des points différents. Il est important de noter que les mots « hasard » et « aléatoire » font référence étymologiquement au jeu de dés. De fait, le hasard aveugle évoque avant tout le hasard du jeu et le hasard mathématique. A côté du hasard des jeux de dés et du hasard mathématique, les scientifiques intègrent, depuis le milieu du siècle dernier, le hasard objectif à certains de leurs schémas explicatifs, qu'il s'agisse de mécanique statistique des gaz, de mécanique quantique ou de cosmologie (fluctuation du rayonnement du fond du ciel). Le plus connu de ces processus stochastiques est le mouvement brownien. En 1859, l'année où Maxwell publiait ses travaux sur la mécanique statistique des gaz, Charles Darwin plaçait également l'évolution sous le signe d'un hasard parfaitement aveugle dans son livre *De l'origine des espèces par voie de sélection naturelle*. Pour Darwin les variations s'effectuent au hasard, sans aucune relation avec les mécanismes de sélection responsables de la survivance des variétés animales ou végétales les mieux adaptées aux dépens des moins aptes. Les affirmations néo-darwiniennes prétendent que l'évolution du monde vivant n'est pas déterminée génétiquement, les variations résultant de mutations survenant au hasard. Une mutation est l'apparition, dans une lignée animale ou végétale, de caractères héréditaires nouveaux par suite d'un changement dans la structure des chromosomes dû au hasard physique agissant lors de la duplication du patrimoine génétique. C'est également l'avis de Jacques Monod pour qui « *Le hasard pur, le seul hasard, liberté absolue et aveugle, est à la racine même du prodigieux édifice de l'évolution* ». Ainsi l'apparition de notre univers et de la vie serait due à un prodigieux enchaînement de hasards, une suite d'événements aussi improbables que le fait d'obtenir le texte d'une pièce de Shakespeare en plaçant un chimpanzé devant une machine à écrire. D'un point de vue philosophique, Nietzsche affirme que ce hasard aveugle est à l'origine de tout, même de la vue : « *Celui qui, savant impartial, étudie l'histoire de l'œil et de ses formes chez les êtres inférieurs, pour montrer le lent développement de l'organe visuel, arrivera forcément à la conclusion importante que, dans la formation de l'œil, la vue n'a pas été le but, qu'elle s'est au contraire manifestée lorsque le hasard eut constitué l'appareil. Un seul de ces exemples et les « causes finales » nous tombent des yeux comme des écailles »*. Ce hasard est absurde parce qu'il déjoue la raison et l'entendement, il résiste à l'enchaînement logique des causes et des effets, il exclut toute intervention divine. Le monde progresse sans finalité, sans loi ni but. En affirmant le règne du hasard aveugle, Nietzsche veut détruire l'idée d'un Dieu créateur et conducteur du monde et délivrer l'homme de la croyance à une intention divine et à une finalité de l'histoire humaine : « *En vérité, c'est une bénédiction et non une malédiction que d'enseigner : « Sur toutes choses, se trouve le ciel accident, le ciel innocence, le ciel hasard, le ciel pétulance ». « Par hasard » – c'est là la plus vieille noblesse du monde, je l'ai rendue à toutes les choses, je les ai délivrées de l'asservissement au but. Cette liberté et cette sérénité célestes, je les ai placées comme des cloches d'azur sur toutes les choses, lorsque j'ai enseigné qu'au-dessus d'elles, et par elles, aucune « volonté éternelle » n'affirmait sa volonté. J'ai mis en place cette volonté, cette pétulance et cette folie…* ».

Certains scientifiques font appel à la notion d'un hasard opportuniste ou hasard créateur. Pour Lamarck, le milieu peut modifier les caractéristiques génétiques, et ces modifications se transmettent héréditairement en s'inscrivant dans le patrimoine génétique du descendant. Les héritiers des théories de Lamarck sur le transformisme considèrent que la progression de la vie vers une complexité croissante relève de mutations dirigées et d'un hasard opportuniste. Même si les variations responsables de l'évolution sont aléatoires, il est essentiel de préciser que le hasard physique opérant dans la nature est bien différent du hasard mathématique ou du hasard du jeu. Dans la nature, le hasard ne revient jamais en arrière et il ne détruit pas ce qu'il a construit, contrairement à un coup de dés. Les organismes vivants portent toujours en eux l'enchaînement des mutations avantageuses, ils reproduisent de génération en génération une mémoire générique. Le hasard construit le vivant avec l'aide du temps, et cette construction a quelque chose de commun avec la finalité. Le hasard, fût-il naturel, ne peut certes pas, par définition, avoir en soi de finalité mais il apparaît que les combinatoires incessantes agissant de façon aléatoire au sein du substrat de l'univers soit un processus créateur qui progresse sur la voie de la complexification. L'univers suit ainsi une orientation créatrice au cours de son évolution qui va de la matière inerte à la vie, puis à l'homme et à la conscience réfléchie. Des hommes de science ont introduit la notion de hasard opportuniste en philosophie. Ainsi le physicien Rémy Lestienne s'interroge : « *Dieu, bien loin de s'opposer au hasard, se servirait de lui pour se manifester. Ou plutôt Dieu conduirait le hasard vers un destin qui n'aurait d'aveugle que l'apparence* (...) *Et si le hasard était, pour ainsi dire, la voix et le chemin de Dieu?* ». Tout en laissant agir le hasard, Dieu pourrait ne retenir que les événements concourant à son dessein. C'est le sens de la phrase attribuée à Albert Einstein : « *Dieu ne joue pas aux dés, mais il sélectionne les coups gagnants* ». Le hasard serait un processus créateur choisi par Dieu. « Hasard » (az-zahr) est un mot arabe qui signifie « jeu de dés », mais l'astrophysicien Abd-Al-Haqq Guiderdoni précise qu'il ne s'agit pas de n'importe quel jeu de dés : c'est le dé qui est utilisé dans la version orientale du trictrac. Il y a bien un dé lancé dans ce jeu mais il y a également et surtout un joueur qui décide, en fonction des points du dé, d'avancer ou de ne pas avancer son pion. « *Le hasard, c'est Dieu qui se promène incognito* » disait aussi Albert Einstein. Pour d'autres, après avoir créé l'univers et ses lois, Dieu se serait retiré en laissant le hasard et la nécessité régir le déploiement de la complexité dans le monde.

Il est intéressant d'observer que toutes ces notions, à peu de choses près, se retrouvent dans la mythologie grecque. Il y a le royaume des causes finales avec une hiérarchie des volontés et des intentions : au-dessus de la volonté des dieux s'affirme la volonté des Moires, Zeus lui-même ne pouvant pas s'opposer aux décisions de Clothos, de Lachesis ou d'Atropos. Mais il y a aussi une place, qui est moins connue, pour le royaume des hasards. Jean-Pierre Vernant souligne à juste titre que la déesse Hécate représente dans le monde des dieux grecs une forme de jeu et de hasard, elle introduit un brin d'aléatoire et assure une marge d'imprévu. Les dieux grecs ont soif d'imprévu. Dans sa pièce *Hélène*, Euripide fait dire au chœur : « *Les dieux fraient la voie aux événements imprévus* ». Les propos de Rémy Lestienne évoqués ci-dessus sont l'écho moderne du tragique grec.

De récentes découvertes en génétique moléculaire ont fait surgir une représentation entièrement nouvelle du monde vivant. Ces découvertes sapent la domination exclusive des thèses néo-darwiniennes selon lesquelles l'évolution procède essentiellement par mutations aléatoires et selon lesquelles toutes les caractéristiques génétiques des êtres vivants sont innées. Du coup, la frontière séparant les royaumes de l'inné et de l'acquis au sein du génome, considéré tant du point de vue de la phylogénie que de l'ontogénie, apparaît plus que jamais indéfinissable.

L'évolution, nous le savons depuis peu, procède en fait de manière bien différente. Elle repose avant tout sur la formation de gènes mosaïques par duplications successives de segments d'ADN et réassortiment de fragments préexistants. C'est donc la combinatoire d'un nombre limité de fragments d'ADN qui produit une énorme variété de gènes et de protéines à l'origine de la complexité du monde vivant. La majorité des êtres vivants se développe depuis les origines sous un régime de communauté de bien moléculaire qui a été préservé de façon étonnante au cours de l'évolution, le processus créateur consistant à produire des éléments nouveaux par duplication et réassortiment de motifs anciens. François Jacob constate que « *Les gènes et les protéines ne sont pas des idiosyncrasies propres à une espèce* ». Cette parenté biochimique, conservée au cours de l'évolution, se vérifie non seulement pour les protéines de structure mais aussi pour les protéines de régulation qui dirigent le développement de l'embryon et la forme de l'animal. Au sein d'espèces fort éloignées dans l'arbre phylogénique, des gènes similaires produisent des organes assurant une même fonction alors qu'ils présentent parfois des différences architecturales majeures, comme l'œil à facettes des insectes et l'œil à cristallin des vertébrés (Nietzsche ignorait ce fait). Il apparaît que l'évolution des espèces sous la pression du milieu, telle que l'a définie Charles Darwin en 1859, ne parvient pas à expliquer certains aspects de l'histoire du vivant. Une nouvelle discipline de la biologie, aux frontières de la génétique moléculaire et de l'évolution, tente de définir les lois universelles régissant les formes et le développement des êtres vivants.

L'hérédité se manifeste par la transmission, de génération en génération, de caractères observables. La théorie néo-darwinienne affirme que les caractères génétiques des êtres vivants sont innés, les modifications génétiques acquises étant effacées lors de la formation des cellules sexuelles afin que l'embryon possède un patrimoine génétique inné vierge. En d'autres termes, seules les mutations portant sur les cellules germinales passent d'une génération à l'autre, les mutations affectant les cellules somatiques ne pouvant pas se transmettre. Les mutations portant sur les cellules germinales préexistent à la sélection et l'information va du gène (c'est-à-dire de l'ADN ou éventuellement de l'ARN, mais toujours d'un acide nucléique) vers les protéines sans que le chemin inverse soit possible. Or un mécanisme de transmission héréditaire de caractères acquis vient d'être découvert. Il existe une hérédité dite « épigénétique » correspondant à l'apparition d'un caractère héréditaire nouveau sans que la séquence du gène concerné ne soit modifiée. Les gueules-de-loup en apportent un exemple. Il s'agit de fleurs décoratives que l'on nomme aussi mufliers parce que l'asymétrie de leur corolle évoque le mufle d'un animal. Une lignée de mufliers, apparue dans la descendance des plantes habituelles, possède une fleur tubulaire à corolle symétrique. Les horticulteurs ont longtemps pensé qu'il s'agissait d'une mutation. Or il se trouve que cette lignée est instable et, de temps en temps, apparaissent dans sa descendance des individus identiques aux ancêtres lointains, c'est-à-dire qu'ils arborent une corolle asymétrique en forme de mufle. En fait, la forme asymétrique de la fleur est déterminée par l'action combinée et complémentaire de deux gènes. Lorsque l'un de ces gènes est rendu non fonctionnel, la fleur présente une paire de pétales dorsaux de tailles et formes équivalentes. Une équipe anglo-saxonne dirigée par Emma Whitelaw, de l'université de Sydney, arrive aux mêmes conclusions sur la transmission héréditaire d'un caractère acquis au terme d'une étude sur le pelage de rongeurs. Là encore, ce n'est pas le texte du gène qui subit une modification mais les conditions de son expression, probablement par le biais d'un fragment d'ADN extérieur au gène et qui vient se glisser dans son mécanisme régulateur.

Lorsque Peter Little écrit que le séquençage du génome humain s'apprête à livrer un texte qui, à l'instar de la Bible et de l'ouvrage de Darwin, va profondément modifier la conception que nous avons de nous-mêmes, il établit un amalgame consternant de la part d'un scientifique. Engagés dans un même élan positif et utilitariste, le physicien James Trefil n'a pas hésité à déclarer : « *L'initiative Génome représente à mes yeux rien de moins que l'ultime réponse scientifique à l'injonction de Socrate « Connais-toi toi-même »* », alors que de son côté le psychiatre Robert Plomin, promoteur zélé des sciences du comportement, annonce l'avènement de puces à ADN qui permettront de tester chez l'embryon les gènes impliqués dans l'intelligence d'un individu.

L'homme est en passe de réaliser le rêve prométhéen de voler aux dieux le secret des gènes. Il croit pouvoir maîtriser une biotechnologie aussi séduisante que Pandore, « celle qui apporte tout ». Parée par toutes les déesses de l'Olympe, la plus belle femme qui fut jamais créée apporta surtout les pires des maux capables d'affliger le genre humain, ainsi que la trompeuse espérance et son cortège de mensonges. Mais sans doute est-il déjà trop tard.... la boîte de Pandore est ouverte.

Mars 2000 – août 2000.

LA CHASSE À L'HOMME

« *Ce que vos ancêtres appelaient des libertés, vous l'appelez déjà des désordres, des fantaisies. J'ai vécu à une époque où la formalité du passeport semblait abolie à jamais. N'importe quel honnête homme, pour se rendre d'Europe en Amérique, n'avait que la peine d'aller payer son passage à la Compagnie transatlantique. Il pouvait faire le tour du monde avec une simple carte de visite dans son portefeuille. Il y a vingt ans, le petit bourgeois français refusait de laisser prendre ses empreintes digitales, formalité jusqu'alors réservée aux forçats.* » Ce cri d'indignation fut poussé par Bernanos, il y a plus de cinquante ans, dans *La France contre les robots*. La lecture de ce texte devrait déclencher en nous un sursaut de résistance intellectuelle, spirituelle même, au moment où le président de la Commission Nationale Informatique et Libertés (CNIL) constate, impuissant, que nous sommes aujourd'hui fichés du seul fait de la technologie alors que la constitution d'un fichier résultait jadis d'une volonté. En s'exprimant de la sorte, monsieur Michel Gentot avoue que la technologie exauce désormais sans garde-fou les moindres des velléités inquisitrices par le truchement de l'informatisation des fichiers et de leur mise en réseau, des traces informatiques, des interceptions de communications et des systèmes de vidéo-surveillance. Des sociétés où les réseaux électroniques se banalisent rendent aisée la surveillance généralisée des citoyens. La France contre les robots est en passe de devenir la France des robots. Selon David Banistar, de Privacy International, « *des sociétés spécialisées vendent des systèmes informatiques avancés et des équipements de surveillance à des gouvernements qui les utilisent pour maintenir l'ordre, pour contrôler les frontières et l'administration sociale. Les rêves les plus fous de la police secrète est-allemande sont rapidement en train de devenir réalité dans le monde libre* ».

LES FICHIERS ADMINISTRATIFS

L'administration dispose d'un nombre inquiétant de fichiers informatisés mis en réseau. Tout devient prétexte à fichage. En ce qui concerne le récent Pacte civil de solidarité (PACS), le registre des déclarations, tenu par les greffes des tribunaux d'instance, n'est pas ouvert au public car il est susceptible de révéler l'orientation sexuelle des personnes liées par ce pacte. Cependant, le prochain enregistrement des déclarations sur support informatique risque de conduire au fichage des homosexuels. Parmi tous les fichiers existants, ceux de la Sécurité sociale, du fisc et de la police portent déjà gravement atteinte aux libertés individuelles avec la complicité de la CNIL.

La Sécurité sociale stocke un grand nombre de données concernant la famille, la santé et l'activité professionnelle. Le numéro de Sécurité sociale ou NIR (numéro d'inscription au répertoire) permet d'identifier de façon infaillible chaque citoyen français. L'idée d'un répertoire national est apparue sous l'occupation au Service national du recensement. Le premier chiffre du NIR signifiait alors : « *1 pour les citoyens français, 3 pour les indigènes d'Algérie et de toutes les colonies à l'exception des juifs, 5 pour les juifs indigènes, 7 pour les étrangers, 9 pour les personnes à statut mal défini* ». Un nombre complémentaire à quatre chiffres faisait état de la nationalité, de la race et de la religion. Alors que toute modification du Nir est hors la loi, d'anciens prisonniers se sont vus récemment attribuer par une Caisse primaire d'assurance maladie un numéro commençant par 7 pour « sortis de prison ». Ce matricule offre l'inquiétante facilité de connecter entre eux toutes sortes de fichiers administratifs relatifs à la même personne et l'État ne saurait résister longtemps à cette tentation. S'agissant de l'aide sociale gérée par la sécurité sociale, toutes les caisses régionales utilisent un même et unique système, en cours d'installation à travers la France, appelé ANAISS (Application nationale informatique des services sociaux). Les fiches saisies dans le cadre d'ANAISS ne sont pas codées, le nom des assurés apparaissant en clair. Par ailleurs, ces fiches contiennent des rubriques assez intimes et très subjectives, telles que « insatisfaction dans les relations sociales », « problèmes avec les organismes officiels », « difficulté d'exécution d'un rôle », « hygiène de vie » ou « non-prise en compte de la santé ». Alors que la CNIL avait précisé dans ses avis que deux assistants sociaux seulement auraient accès à ces fichiers, dans la pratique, les clés d'accès et les habilitations circulent sans contrôle parmi les secrétaires.

La Direction générale des impôts a accès à une mine d'informations concernant les revenus, le patrimoine, la situation familiale et professionnelle des contribuables. Elle dispose d'environ 44 fichiers dont le croisement informatique permet d'opérer des redressements sur dossiers. Le contrôle assisté par ordinateur est effectué sur pièces à l'insu du contribuable, le logiciel OSIRIS décelant automatiquement la moindre incohérence dans les déclarations et indiquant même au gestionnaire du fisc les types de fraudes à soupçonner. Les enquêteurs du fisc ont des pouvoirs bien plus étendus que ceux de la police avec un droit d'accès aux fichiers des banques et des entreprises sans autorisation du juge. Ils ont également accès aux déclarations de Pacte civil de solidarité, aux abonnements EDF, à la liste des clients d'un commerce de luxe ou à la liste des clients des professions libérales. Le fisc peut désormais utiliser le Nir pour connecter les fichiers sociaux et fiscaux. Aux termes de l'article 57 du budget 2000 voté le lundi 22 novembre 1999 par l'Assemblée, les agents des impôts peuvent demander aux personnes dépositaires du secret professionnel l'identité de leurs clients, le montant, la date et la forme de leur versement. Cet article a pour objet de surveiller avant tout les clients des avocats d'affaires, des conseillers fiscaux et des professeurs de droit, mais également tous les membres des professions libérales. Désormais, un individu consultant à plusieurs reprises un conseiller en patrimoine risque la vérification fiscale pour suspicion de fraude et un médecin libéral est exposé au redressement d'impôt par la saisie de son carnet de rendez-vous. Dans le dossier d'une personne physique, censée être protégée par la CNIL, on trouve en plus de ses propres déclarations : la liste de tous ses comptes bancaires (fichier FICOBA), les revenus de ses capitaux mobiliers déclarés par la banque, une éventuelle plus-value sur valeur immobilière, toute acquisition ou cession immobilière (fichier MAJIC 2), toute acquisition de parts sociales (fichier des droits d'enregistrement), l'achat éventuel d'un véhicule haut de gamme (fichier des cartes grises), la déclaration obligatoire de sa compagnie d'assurances si l'intéressé a assuré des objets d'une valeur de plus de 100 000 francs, son abonnement EDF qui permet de localiser son domicile, l'achat éventuel d'un billet pour une croisière de luxe. On y trouve également les renseignements confidentiels obtenus grâce au droit de communication si le logiciel de l'ordinateur du fisc a décelé une incohérence dans les déclarations du contribuable. Les données concernant les personnes morales sont utilisées par la DGI en dehors de tout contrôle de la CNIL alors que la personne morale se confond pratiquement avec la personne physique du dirigeant des petites sociétés. Tout citoyen devrait connaître le fonctionnement de cette administration qui fait de l'opacité une véritable règle, comme l'ont souligné Frédéric Ploquin et Eric Merlen, auteurs du livre *Contribuables, vous êtes cernés* (Le Seuil éditions) : « *Il est important, en démocratie, de connaître le fonctionnement d'une administration chargée de collecter les deniers publics et disposant pour cela de pouvoirs importants. Cette maison nourrit un véritable culte du secret, prétextant que la divulgation de ses pratiques la rendrait moins efficace. Certes, mais une telle opacité nous a semblé inacceptable à l'heure où même les institutions judiciaires et policières sont sous les projecteurs* ».

L'interconnexion des fichiers administratifs menace de façon encore plus sournoise les libertés individuelles. Il y a plus de vingt ans, un projet gouvernemental visait déjà à regrouper et à croiser plusieurs fichiers utilisés dans les administrations publiques (en particulier la Direction des impôts et la Sécurité sociale). Ce projet appelé fort maladroitement SAFARI (Système automatisé pour les fichiers administratifs et le répertoire des individus) provoqua l'indignation du peuple français, indignation exprimée le 21 avril 1974 dans les colonnes du quotidien *Le Monde* sous le titre « SAFARI, ou la chasse aux Français ». Les élus dénoncèrent unanimement les dangers de l'informatique et la menace que l'interconnexion des fichiers faisait peser sur les libertés individuelles, au point que le gouvernement dut retirer son projet. C'est en réaction à cette menace que la loi Informatique et Libertés de 1978 fut votée et que la CNIL (Commission nationale informatique et libertés) fut créée pour en contrôler l'application. Plus de vingt ans après, un amendement à la loi de finances pour 1999, proposé par le député Jean-Pierre Brard, permet à la Direction des impôts d'utiliser le numéro d'inscription au répertoire (NIR) pour connecter le fichier fiscal au fichier de la Sécurité sociale. Au nom de la lutte contre la fraude, l'interconnexion entre ces deux fichiers administratifs permet d'obtenir instantanément le portrait à la fois fiscal et social d'un contribuable donné. En rendant un avis favorable au projet de l'administration fiscale le jeudi 24 juin 1999, la CNIL a failli une fois de plus à sa mission. Le NIR va se substituer au numéro fiscal (SPI ou Simplification des procédures d'imposition). Désormais, les employeurs adresseront au fisc les déclarations annuelles de salaires sous le numéro NIR (sécurité sociale). Ces déclarations seront raccordées au SPI par l'intermédiaire du fichier de correspondance NIR/SPI. En pratique, il existera deux fichiers de correspondance dans deux villes de province (confidentielles) et moins de dix personnes y auront accès. Ainsi, le projet SAFARI est appliqué sous un autre nom dans l'indifférence générale, les Français s'étant résignés à vivre sous les miradors informatiques.

Les fichiers de police et de gendarmerie qui concernent les personnes susceptibles de porter atteinte à la sûreté de l'État peuvent être légalisés par des décrets de dérogation à la loi du 6 janvier 1978 qui interdit en principe le fichage de données telles que « *les origines raciales ou les opinions politiques, philosophiques ou religieuses, ainsi que les appartenances syndicales des personnes* ». Ainsi, un décret publié au Journal officiel du 8 mars 1986 légalisa trois fichiers contenant des données sensibles : le fichier de la Direction de la surveillance du territoire (DST), le fichier de la Direction générale de la sécurité extérieure (DGSE) et le fichier de la Direction de la protection et de la sécurité de la défense (DPSD). Un décret publié au Journal officiel du 4 février 1990 légalisa ensuite un fichier des Renseignements généraux (RG) autorisant le recueil d'informations nominatives sur « *les opinions politiques, philosophiques, religieuses ou l'appartenance syndicale* » et « *l'origine ethnique* ». Un décret paru le 16 novembre 1995 a tenté de légaliser le fichage par la gendarmerie des « *opinions politiques* » des terroristes, de leurs relations, mais également de leurs victimes. Ce texte fut abrogé le 16 décembre 1995. En juillet 1997, la CNIL émit un avis favorable à la création par les RG de la préfecture de police de Paris d'un fichier baptisé « *Gestion des violences urbaines* » sur lequel devait apparaître, entre autres, la couleur de la peau de personnes « *susceptibles d'être impliquées dans des actions violentes de nature à porter atteinte à l'ordre public et au fonctionnement des institutions* ». Il semble qu'il ne soit pas constitué à ce jour.

Le problème de ce type de fichiers est que la notion de « sûreté de l'État » et de « sécurité publique » est très floue. C'est au nom de la « sûreté de l'État » que François Mitterrand a ordonné des interceptions de communications privées aux domiciles de l'actrice Carole Bouquet et du journaliste Edwy Plenel. Alors que la loi sur l'accès aux fichiers informatiques autorise tout citoyen à prendre connaissance d'un éventuel dossier établi par les RG sur son compte, l'administration s'y oppose régulièrement. Un conseiller municipal écologiste de Laval (Mayenne), Rémy Simon, vient d'obtenir communication de son dossier aux RG, sur décision du tribunal administratif, au terme de sept années de procédure, les ministères de l'Intérieur successifs lui ayant refusé ce droit au motif qu'il pouvait « nuire à la sûreté de l'État, à la défense et à la sécurité publique ». Il n'y avait rien de tel dans son dossier. De même, un enseignant parisien, Jean-Marc B., n'ayant pas eu le droit de consulter la fiche établie à son sujet par les Renseignements généraux, a porté l'affaire devant le tribunal administratif de Paris. Jean-Marc B. s'était adressé à la CNIL en 1993 mais la gardienne des libertés s'était contentée de lui répondre qu'il était bien fiché mais que la communication de son dossier pouvait « nuire à la sûreté de l'État, à la Défense ou à la sécurité publique ». La raison enfin dévoilée est qu'en 1991, cet enseignant a manifesté en faveur des mal-logés du quai de la Gare à Paris, aux côtés de l'abbé Pierre, de l'évêque Gaillot et du chanteur Higelin. Au terme de six années de procédure, le tribunal administratif de Paris, jugeant ce motif insignifiant, vient d'ordonner au ministère de l'Intérieur de communiquer son dossier au citoyen. C'est également au nom de « la préservation de l'ordre public » que le ministère de l'agriculture a justifié au mois de mai 2000 les graves carences dans la transparence en matière d'information sur les OGM lorsque des graines de colza transgénique ont été semées par erreur sur notre territoire. Cette transparence est pourtant exigée par une loi de 1992.

Le 24 novembre 1998, la CNIL a donné un avis favorable à la constitution d'un gigantesque fichier de police judiciaire baptisé STIC (signifiant dans un premier temps « Système de traitement de l'information criminelle » puis « Système de traitement des infractions constatées »). Le STIC concerne les enquêtes ouvertes pour l'ensemble des crimes et délits, ainsi que pour six catégories de contraventions. Toutes les personnes « *mises en cause* » dans les procédures (assassinats, délits routiers ou infractions de cinquième catégorie), qu'elles soient coupables, victimes ou même simples témoins seront fichées. Le STIC rassemblera en outre de nombreuses données qui sont actuellement réparties dans différents fichiers manuels ou automatisés : fichier « central », fichier général de la préfecture de police de Paris, fichiers des offices nationaux et des services régionaux de police judiciaire, fichiers locaux des services de police, fichiers « Canonge » comportant les photographies et le signalement des personnes mises en cause dans une procédure judiciaire, fichier automatisé des « recherches criminelles », fichier automatisé des « faits constatés et élucidés » et fichier « signalétique photographique ». Les informations enregistrées, dont certaines touchent la vie privée, seront conservées de vingt à quarante ans et risquent d'être consultées par des auxiliaires de sécurité non habilités (le cambriolage d'un bâtiment de France Télécom Mobiles avec vol de 360 formulaires de demandes d'écoutes téléphoniques administratives a révélé récemment que même des cadres habilités au secret défense n'avaient pas pris les précautions nécessaires pour assurer la confidentialité des documents qui leur étaient confiés). Ce fichier risque en particulier d'être consulté dans le cadre d'enquêtes ordonnées par l'autorité administrative sur des personnes sollicitant un titre, une habilitation, une autorisation ou un agrément. Henri Leclerc, avocat et président de la Ligue des droits de l'homme, a souligné à juste titre que la CNIL avait failli à son « obligation de vigilance » en approuvant la constitution d'un tel fichier. Il a déclaré : « *Je suis très préoccupé par ce qui sera avant tout un fichier de suspects, doté d'une mémoire très puissante concernant des faits très anciens. (...) On gardera la trace de faits peu graves, tels que des contraventions de cinquième classe. (...) En d'autres termes, il n'y aura plus de place pour l'oubli, l'amnistie. Une personne sera marquée à tout jamais par le plus petit acte commis à l'âge de dix-neuf ans. (...) En fait, ce fichier s'inscrit dans une logique inquiétante. Il va dans le même sens que l'amendement récemment adopté par l'Assemblée nationale autorisant l'administration fiscale à utiliser le numéro de sécurité sociale pour identifier et contrôler les contribuables. En jouant sur la peur de l'autre, on rêve de classer les citoyens, de dire qui est qui, qui fait quoi* ». Toujours en attente du décret qui lui conférerait une existence légale, le STIC est en fait opérationnel depuis plusieurs années. Toutes les personnes ayant « eu affaire avec la police », après 1965 pour ce qui concerne la région parisienne et après 1991 pour ce qui concerne la province, sont fichées. Le problème posé par l'existence de ce fichier est que le fait d'avoir « eu affaire avec la police » est une notion policière assez vague et non judiciaire. Les victimes d'une infraction sont donc confondues avec leurs auteurs sous prétexte de mieux assurer leurs droits.

Le Fichier national automatisé des empreintes digitales, qui contient environ 1 200 000 empreintes conservées 25 ans, est bien connu et unanimement accepté. La police dispose désormais d'un Fichier national automatisé des empreintes génétiques (FNAEG) qui fait l'objet de controverses. La détermination de ces empreintes repose sur la technique d'amplification génique dite PCR, si puissante qu'il suffit d'une quantité infime de matériel biologique pour établir une empreinte génétique : une goutte de sang ou de sperme, un cheveu ou un cil, un morceau d'ongle, une pellicule de cuir chevelu ou une trace de salive sur un mégot. A Paris, une équipe est récemment parvenue à identifier un suspect en comparant ses cellules, prélevées sur une cigarette, avec celles livrées par un mégot retrouvé sur les lieux du crime. Certains violeurs, qui avaient cru suffisant de se munir d'un préservatif, ont également été confondus par un simple poil pubien retrouvé sur leur victime. Les comparaisons entre l'ADN d'une personne et celui prélevé sur un indice trouvé sur le lieu d'un crime permettent d'identifier ou d'innocenter la personne avec un taux d'erreur d'environ 1 sur 6 milliards. La recherche d'empreintes génétiques est utilisée pour résoudre des enquêtes judiciaires, notamment dans les affaires de viol mais aussi pour résoudre des cas litigieux de paternité. La police française vient donc de se doter d'un fichier contenant d'une part les traces génétiques relevées sur les victimes et les lieux de crimes sexuels, d'autre part les empreintes génétiques des personnes condamnées pour des infractions sexuelles. Le FNAEG permet de comparer tout nouvel ADN prélevé sur le lieu d'une agression aux ADN des criminels répertoriés et de comparer l'ADN de tout délinquant nouvellement identifié aux ADN recueillis dans des affaires non élucidées. Son décret d'application a été publié au Journal officiel du vendredi 19 mai 2000. Le champ d'application de ce fichier a été strictement défini par la loi : il ne concerne que les infractions sexuelles et seuls les ADN des personnes définitivement condamnées peuvent être conservés pendant quarante ans. Le décret prévoit que ce fichier ne peut faire l'objet d'aucune interconnexion avec un autre fichier, en particulier le fichier automatisé des empreintes digitales en service depuis 1986. Mais certains proposent déjà de ne pas limiter l'analyse de l'ADN aux seules infractions sexuelles et de conserver également le profil génétique des suspects, arguant que le fichier d'empreintes génétiques n'est guère différent du fichier d'empreintes digitales qui ne soulève pas tant de polémiques. Le professeur Christian Doutremepuich, expert habilité, propose l'extension du fichier à tous les suspects de faits criminels et à d'autres délits que les infractions criminelles, arguant que « *les agressions aux biens sont en général des faits très répétitifs* ». L'Association Angélique, créée après le viol et le meurtre d'Angélique Dumetz, milite pour l'extension de ce fichier aux délits non sexuels, y compris aux vols de voitures. Ils font valoir, à juste titre, que si le fichier qu'ils appellent de leurs vœux avait existé en 1995, deux jeunes femmes, Estelle et Magali, ne seraient pas tombées sous les coups de Guy Georges, tueur en série de l'Est parisien. La mère de l'une des victimes de Guy Georges a également estimé que le FNAEG ne devait pas s'appliquer seulement aux agressions sexuelles. En effet, Guy Georges ayant été condamné pour différents types de violence volontaire, on aurait pu, selon elle, l'identifier plus rapidement si le FNAEG avait inclus ce type d'acte. De 1978 à 1995, Guy Georges a été condamné de multiples fois pour agression, vol avec violence, attentat à la pudeur avec violence, et viol. Dès 1995, une équipe de Brigade criminelle possédait l'empreinte ADN du meurtrier retrouvée sur du sperme et un mégot. Dans son procès-verbal récapitulatif, rédigé en juillet 1999, le Juge Gilbert Thiel, s'adressant à Guy Georges, déclarait : « *Le manque de coordination entre les différents groupes de la brigade criminelle, l'absence de fichier des empreintes génétiques, fichier qui, à l'époque, ne paraissait pas être la préoccupation majeure du législateur, et sans aucun doute notre insuffisante vigilance dans le contrôle de l'exécution des délégations judiciaires que nous avions consenties à la brigade criminelle ne permettaient pas d'aboutir à votre identification* ». De la même manière, l'absence d'un fichier national a rendu moins efficace l'enquête menée sur le meurtre de Caroline Dickinson, une Anglaise de treize ans, dont le corps violé et sans vie avait été retrouvé, le 18 juillet 1996, dans la chambre numéro 4 de l'auberge de jeunesse de Pleine-Fougères (Ille-et-Vilaine). Les traces génétiques relevées par les enquêteurs n'ont pu être comparées à celles qui auraient figuré sur le fichier, et les tests ordonnés par le magistrat instructeur sur l'ensemble de la population locale sont restés sans résultat. Après un an d'enquête infructueuse, le juge Renaud Van Ruymbeke, reprenant l'affaire Dickinson, décidait de compenser les lacunes du FNAEG en testant l'ensemble de la population mâle de Pleine-Fougères bien qu'aucun indice n'ait été retenu contre quiconque. Les quelque 500 hommes qui se prêtèrent à l'opération, en 1997, furent finalement tous disculpés. Parallèlement, le magistrat soumit plusieurs centaines d'agresseurs sexuels, déjà incarcérés, aux tests génétiques. En tout, plus de trois mille comparaisons de traces ADN ont été effectuées dans cette enquête. Ce type de dépistage de masse n'est plus exceptionnel. A la suite du viol d'une femme de 91 ans, les 600 hommes de la petite ville de Wee Waa (Nouvelle-Galles du Sud, Australie) ont dû se soumettre à un test ADN à partir d'un recueil de salive pour confondre le violeur de la nonagénaire.

En Grande-Bretagne, toute personne soupçonnée d'un crime ou d'un délit passibles d'une peine de prison peut figurer sur le fichier des empreintes génétiques qui compte à ce jour plus de 400 000 personnes. Une loi de 1996 permet de relever et de conserver les empreintes génétiques de l'ensemble de la population carcérale du Royaume-Uni. D'application rétroactive, elle permet de ficher tous les prisonniers libérés depuis 1991. Aux États-Unis, une banque fédérale de données génétiques, le CODIS (Combinated DNA Index System), a été créée il y a un an. Le FBI compare régulièrement le profil génétique des nouveaux suspects anonymes aux caractéristiques génétiques de 200 000 délinquants reconnus coupables ainsi qu'aux preuves recueillies sur les lieux des agressions, puis transmises par les services de police de l'ensemble du pays. Le Canada et l'Australie établissent également des bases de données nationales fichant les ADN suspects. Grâce aux empreintes génétiques, la personne recherchée est identifiée de façon infaillible car il est possible de changer de nom ou de visage mais pas d'ADN. La plainte contre ADN va se substituer à la plainte contre X, et, à l'avenir, des brins d'ADN pourraient remplacer le nom et la photographie qui figurent habituellement sur les avis de recherche. La chasse à l'homme génétique est lancée. En France, la future carte d'identité plastifiée contiendra dans sa puce toutes les informations sur l'état civil du porteur. A terme, on pourrait y insérer d'autres informations telle qu'une puce ADN permettant de vérifier l'identité de façon infaillible.

Si les tests génétiques sont mis en œuvre avant tout pour confondre les criminels, ils permettent aussi de corriger certaines erreurs judiciaires et l'on peut s'en féliciter dans les deux cas. Le 20 juillet 1996, les gendarmes interpellèrent Patrice Padé, un sans-abri, deux jours après le viol et le meurtre d'une jeune Anglaise, Caroline Dickinson, à Pleine-Fougères. L'homme, auquel on avait extorqué des aveux en garde à vue, fut mis en examen et incarcéré. Il fut pourtant formellement disculpé, dans les semaines suivantes, après comparaison de son empreinte génétique avec celle laissée par l'assassin sur les lieux du crime. Utilisés en Amérique du nord pour rouvrir des affaires classées, les tests génétiques ont ainsi conduit à l'annulation de plusieurs condamnations. Grâce à eux, soixante-six prisonniers américains, dont huit condamnés à la peine capitale, ont été innocentés. Devant le nombre croissant de condamnations erronées qui ont été révélées par les analyses génétiques, le gouverneur de l'Illinois, George Ryan, a décidé le 31 janvier dernier de suspendre les exécutions dans son État.

Le recueil systématique et la conservation des empreintes génétiques exposent cependant à de nombreuses dérives. Ainsi, les tests génétiques servent à traquer les violeurs mais également les géniteurs volontairement ou involontairement anonymes. La comparaison de l'ADN d'un enfant avec celui d'un père putatif a été officiellement entérinée par la Cour de cassation, qui a décidé que les tribunaux devraient dorénavant demander systématiquement des expertises biologiques pour trancher les contestations touchant à la filiation. En 1997, la cour d'appel de Paris a ordonné l'exhumation du corps d'Yves Montand. L'acteur et chanteur décédé en 1991, avait, de son vivant, toujours refusé de se soumettre à une analyse sanguine comme le lui demandait Aurore Drossard, la fille d'une de ses anciennes liaisons. Après analyse des prélèvements effectués sur le corps, trois experts affirmaient, en juin 1998, que « *M. Ivo Livi, dit Yves Montand, né le 13 octobre 1921, n'est pas le père de mademoiselle Aurore Drossard, née le 6 octobre 1975* ». Le corps du pilote de Formule 1 Ayrton Senna, mort dans une course automobile en 1994, pourrait être exhumé à la demande de l'une de ses anciennes fiancées, Marcella. Cette dernière veut en effet prouver par un test ADN que Ayrton Senna est le père de sa fille Victoria. Dans ce cas, Victoria aurait droit à la moitié du milliard de francs de gains annuels provenant de la vente d'articles portant le nom du triple champion du monde. Près de deux siècles après la mort de Thomas Jefferson, il est désormais établi que l'ancien Président des États-Unis était le père de l'un des sept fils de sa fidèle esclave Sally Hemings. Aux États-Unis, de plus en plus d'entreprises de pompes funèbres proposent de conserver l'ADN des disparus. Pour une somme qui varie de 100 à 350 dollars, un embaumeur prélève un échantillon tissulaire et l'adresse à une entreprise qui se charge de le conserver pendant vingt-cinq ans ou plus dans un congélateur. Bernie Naegele, propriétaire d'une entreprise de pompes funèbres (Naegele Kleb and Ihlendorf Funeral Home) et président de la société DNA Analysis, déclare que 40% de ses clients optent pour la conservation de l'ADN de leur proche. Les sociétés qui stockent l'ADN soulignent que l'ADN ainsi préservé peut faciliter les recherches en paternité car il est beaucoup moins cher de conserver un échantillon d'ADN que d'exhumer un corps pour effectuer un prélèvement.

Que la police scientifique identifie les violeurs grâce à leurs empreintes génétiques, c'est un progrès incontestable, mais qu'elle viole la sépulture d'un honnête homme en bafouant ses dernières volontés, c'est un acte de barbarie. Une menace se dessine donc avec une effrayante précision : l'indécente traçabilité des citoyens sur les chemins les plus intimes de leur vie privée et jusqu'en leur dernière demeure. La moindre de leurs larmes pourra être retenue contre eux. Le temps est proche où l'incinération sera considérée comme une dissimulation de preuves, où chaque citoyen sera soupçonné de tout jusqu'à preuve génétique du contraire. Les tests génétiques favorisent l'immixtion accrue de la police et de la justice dans la vie privée des personnes, la frontière devenant de plus en plus floue entre criminels, assassins, délinquants, dissidents, mauvais plaisants ou libertins. Des manifestants ayant mis à sac, le 1er mai 2000, un McDonald's à Londres, la police britannique a retrouvé dans les décombres des hamburgers à moitié mangés. Les enquêteurs ont l'intention d'analyser l'ADN des traces de salive recueillies sur ces reliefs alimentaires puis de soumettre à un test ADN tous les émeutiers arrêtés à la suite de cette manifestation pour identifier les coupables des déprédations. Le président américain Bill Clinton s'est retrouvé, quelques jours avant d'avouer sa liaison avec Monica Lewinsky, sous la menace d'une recherche ADN pour identifier l'appartenance d'une tache de sperme retrouvée sur une des robes de cocktail de l'ancienne stagiaire de la Maison Blanche. Trois jeunes filles ayant découvert dans leur chambre un individu « *dont le comportement était contraire à la pudeur* », les personnels masculins de l'Aiglon Collège de Villars, en Suisse, ont subi des prélèvements systématiques d'ADN. Et le chef de la police de Victoria au Canada vient de soumettre dix sergents à un test d'ADN pour savoir qui avait uriné dans les vestiaires sur l'uniforme d'un officier supérieur !

Le fichage génétique de populations entières est une menace à prendre très au sérieux. Le fichage systématique de la population carcérale ou de personnes soupçonnées de délits mineurs est un premier pas dans cette direction, de même que le stockage des empreintes génétiques de tous les militaires américains.

Les fichiers prolifèrent également dans le domaine de l'aide sociale et de la santé, multipliant les risques d'interception et d'interconnexion. En ce qui concerne l'aide sociale, l'atteinte aux libertés individuelles est flagrante. Dans le département de la Moselle, quatre logiciels stockent des informations nominatives concernant le RMI, l'aide sociale, l'aide au logement et l'aide sociale à l'enfance. Ces logiciels sont accessibles aux 220 assistantes sociales et aux 100 secrétaires du département. Une assistante sociale, grâce à son code d'accès, peut consulter tous les dossiers des personnes bénéficiant d'une quelconque aide sociale dans le département et obtenir des informations confidentielles, l'anonymat des fichiers n'étant pas respecté. Le directeur général du département, Lionel Fourny a déclaré : « *Nous faisons confiance à la déontologie de notre personnel, pour que personne n'aille regarder dans les dossiers qui ne les concernent pas* » ! Les assistantes sociales de ce département ont également pour mission de remplir des « fiches familles » anonymes dès lors qu'elles suivent un individu ou une famille. Leur but est d'évaluer « l'intégrité psychique » des personnes, les « premiers signes de difficultés sans désinsertion sociale », les « difficultés relationnelles » ou les « difficultés événementielles ». Des centaines de données confidentielles sur les familles en difficulté sont ainsi collectées et ce fichier a obtenu l'autorisation de la CNIL. Toujours en Moselle, les fichiers informatiques de l'office de HLM de la ville de Metz (OPAC) ont été contrôlés le vendredi 19 mai 2000 sur ordonnance du tribunal de grande instance de Metz à la suite d'une plainte de SOS Racisme. Cette association soupçonnait l'OPAC de procéder à un « fichage ethnique » de ses locataires. Un formulaire de demande d'échange de logement adressé par l'OPAC à l'une de ses locataires demandait en effet, à la rubrique « état civil », de préciser son « pays d'origine ». Le vice-président de SOS Racisme, Samuel Thomas, a donc suspecté l'OPAC de prendre en compte cette mention illégale dans sa politique d'attribution des logements. Il a fait remarquer que la ZUP de Metz-Borny, un quartier particulièrement dégradé, « *est essentiellement peuplée de familles d'origine étrangère, alors que les petits immeubles neufs diffus en ville comptent un pourcentage infime de population issue de l'immigration* ». La CNIL a alors envisagé une « mission de contrôle » à l'OPAC de Metz. Tout récemment, le préfet du Gard a reconnu l'existence dans son département d'un fichier de jeunes en situation difficile, établi à son initiative et renfermant des informations issues de plusieurs administrations : Protection judiciaire, Éducation nationale, Jeunesse et sports, ANPE et Mission locale d'insertion. Pour le directeur de cabinet du préfet, ce fichier vise seulement à provoquer une « discrimination positive » afin de trouver l'aide la plus appropriée à chaque cas. Il n'en demeure pas moins que l'on peut s'interroger sur la légitimité d'un fichier d'origine policière croisé avec des fichiers à finalité radicalement différente, ainsi que sur les principes de confidentialité et de secret professionnel. Le quotidien *Libération* vient également de révéler que les responsables de la SONACOTRA (Société nationale de construction de logement de travailleurs) avaient pris l'habitude d'envoyer tous les mois le fichier complet de leurs résidents aux agents de la Police de l'air et des frontières (PAF). La base de données interne de la SONACOTRA, baptisée Domus 34, enregistre de nombreux renseignements concernant la situation administrative et sociale de ses locataires. Un organisme chargé d'aider et de loger les travailleurs se comporte donc en véritable indicateur de police. Le président de la SONACOTRA, ancien préfet, affirme tout ignorer de cette pratique. La CNIL, comme à l'accoutumée, se déclare « un peu surprise » de l'affaire.

Dans le domaine médical, les risques sont encore plus grands. Ernst Jünger écrivait dans son *Traité du rebelle* : « *Un trait suspect et qui doit inciter à une extrême vigilance, est l'influence croissante que commence à exercer l'État sur l'administration de la santé, en se couvrant le plus souvent de prétextes philanthropiques. En outre, le médecin étant, dans bien des cas, relevé de son secret professionnel, il faudra recommander la défiance envers toute consultation. Car on ne sait jamais dans quelles statistiques on est classé, ni s'il n'y en a pas d'autres que celles des organismes médicaux. Toutes ces fabriques de santé, avec des médecins-fonctionnaires mal payés, dont les cures sont surveillées par la bureaucratie de la Sécurité sociale, sont suspectes et peuvent se muer tout d'un coup en figures inquiétantes, sans même que la guerre les y oblige. Il n'est alors nullement impossible, pour dire le moins, que leurs fichiers scrupuleusement tenus fournissent ces pièces au vu desquelles on pourra être interné, châtré ou liquidé* ». Alors que la carte Vitale 1, version électronique de l'ancienne carte de sécurité sociale, n'enregistre pour l'instant que le numéro de sécurité sociale et le droit éventuel à une aide sociale, la carte Vitale 2 va se substituer au carnet de santé et stocker des informations confidentielles relatives aux pathologies et aux traitements des assurés. Cette nouvelle carte permettra la constitution d'un fichier national (à la disposition du fisc) fédérant tous les régimes de base d'assurance maladie et les régimes complémentaires. Un système gérant 60 millions de personnes comporte inévitablement de nombreuses failles ouvrant la porte aux interconnexions sauvages et à la dissémination des données médicales. La sécurisation des données lors de la télétransmission des feuilles de soins aux différentes caisses de protection sociale ne peut être assurée, pas plus que la sécurité de la mégabase destinée à l'exploitation statistique. Par ailleurs, la source même de l'information, à savoir le disque dur de l'ordinateur du médecin, est accessible à n'importe quel pirate averti. Le verrouillage de l'accès au moyen d'un code secret, prévu dans le projet Sésame-Vitale, ne retiendra pas longtemps les sociétés spécialisées qui constituent des mégabases de « profils », les assureurs et les employeurs. La cybercriminalité concerne avant tout le vol de base de données même lorsqu'elles sont protégées par cryptage et les pirates informatiques pénètrent aisément des réseaux sensibles, l'utilisation de « chevaux de Troie » leur permettant de prendre le contrôle à distance d'un ordinateur. Sur le mode du casier judiciaire va se constituer un « casier sanitaire » centralisant les antécédents médicaux tels qu'un diabète, une consultation en psychiatrie ou les résultats de tests médicaux prédictifs. Le directeur général de la santé a annoncé, jeudi 11 mai 2000, que les pouvoirs publics étaient favorables à un vaste programme de dépistage du cancer colorectal. Ce dépistage, qui repose sur un test d'analyse de la présence de sang dans les selles, pourrait être lancé en 2001. Il permettra d'identifier les sujets à risque (entre 1% et 3% des adultes de cinquante à soixante-cinq ans) et de leur faire ensuite une coloscopie qui peut donner lieu à une intervention chirurgicale précoce et salvatrice. Les spécialistes de gastro-entérologie proposent la constitution d'un fichier national unique, établi à partir de tous les régimes d'assurance maladie. Ce fichier, créé avec l'accord de la CNIL, permettrait de répertorier et d'identifier les personnes effectuant le test mais également celles qui s'y refusent. L'informatisation des cabinets dentaires rend désormais possible l'établissement d'un fichier des soins dentaires, souvent utilisé à des fins d'identification. Par ailleurs, un décret paru au Journal officiel du 13 mai 1999 autorisait la constitution, au sein de l'Institut de la veille sanitaire (IVS), d'un fichier regroupant les séropositifs recensés en France par le biais de la déclaration obligatoire. Les fiches sur papier que doivent remplir les médecins contiennent des renseignements permettant d'identifier les séropositifs : initiale du nom, prénom, sexe, âge, lieu de résidence, profession et orientation sexuelle (homosexualité ou hétérosexualité). L'enregistrement informatisé de ces fiches constitue une atteinte à la vie privée et comporte un risque inacceptable de violation du secret médical. Dans une même région, le fichier des séropositifs pourrait être facilement croisé avec le fichier des personnes liées par un PACS. Le secrétariat d'État à la santé a déclaré avoir soumis le projet de décret à la CNIL au mois de mars 1999. La CNIL ne s'est pas opposée à la phase pilote de ce fichage, actuellement en cours dans 22 départements, et elle n'a pas émis de recommandation particulière sur la confidentialité d'une telle enquête. Des associations plus vigilantes sur les libertés individuelles ont introduit plusieurs requêtes devant le Conseil d'État pour obtenir l'abrogation du décret. Un arrêté du 17 décembre 1999, publié au Journal officiel du 19 février 2000, créait à la Direction centrale du service de santé des armées un fichier nominatif des militaires séropositifs dénommé « suivi longitudinal des patients infectés par le VIH ». Face à l'indignation de plusieurs associations, le ministre de la défense a décidé d'abroger cet arrêté. A cette occasion, le ministre a précisé que *« le service de santé des armées a déposé une demande auprès de la CNIL, le 5 juillet 1999, et a obtenu l'autorisation d'un fichier nominatif de suivi médico-administratif de patients porteurs du VIH »*. La vive réaction des associations a provoqué l'étonnement de la CNIL qui a répondu ingénument par la voix de Sophie Vuillet-Tavernier, chef de service à la direction juridique : « *Nous avons donné un avis favorable en novembre, après avoir reçu des garanties sur la confidentialité et le respect des droits des personnes* ».

LES FICHIERS PRIVÉS

Les fichiers du secteur privé ont également acquis une importance croissante. Dans son édition du vendredi 10 mars 2000, *France Soir* révélait que des employés de l'usine Renault du Mans faisaient l'objet d'un fichage informatique de leur carrière, mais que les fiches contenaient également des mentions sur leur appartenance politique ou syndicale supposée. En outre, elles portent également des commentaires du type « très arrangeant », « nonchalant, a besoin d'argent », « se laisse vivre », « confiance limitée », « perturbateur », « rouge », « sujet à maîtriser », « négatif », « filou », « pas très courageux ». Des fiches remplies par les chefs d'atelier recensent la participation des employés aux mouvements de grève, et classent les salariés en « meneurs » ou faisant partie du « maquis ». Peu après la révélation de *France Soir*, la direction de Renault a informé le quotidien qu'il était privé de son budget publicitaire, soit une perte sèche d'un million de francs. Plusieurs filiales du groupe Vivendi, notamment la Générale des eaux, ont établi des « listes de collaborateurs en difficulté d'adaptation ». Certains salariés sont qualifiés sur ces fichiers de « tire-au-flanc », « hypocrite », « mauvais esprit », « manque de motivation », « incompétence professionnelle », « tricheur en permanence ». Divers éléments d'ordre médical (alcoolisme, diabète, problèmes psychologiques) apparaissent sur ces fiches. Les agences bancaires tiennent également des fichiers occultes, en particulier des fichiers dits de « segmentation comportementale » qui sont riches d'annotations diverses et de jugements fondés sur l'analyse du comportement et de la situation du compte de leurs clients. Ainsi, l'agence de Bain-de-Bretagne du Crédit mutuel affublait ses clients à leur insu de qualificatifs comme « aussi ouvert qu'une huître » ou « dépensier mais sain d'esprit ». Des retraits fréquents sur une billetterie située à proximité d'un casino ont fait entrer un client dans la catégorie des joueurs auxquels il peut être dangereux de prêter de l'argent. Par le biais du fichier de la communauté bancaire, un jugement défavorable porté par une agence sur un client peut circuler sur un réseau national ou même international et lui ôter toute possibilité de crédit dans les autres banques. A l'instar des banquiers, les assureurs disposent de précieux renseignements sur le profil psychologique et l'état de santé de leurs clients.

Certains fichiers comportant des informations personnelles sont destinés à être commercialisés. Alastair Crawford, directeur général d'i-CD, commercialise la compilation sur disque compact d'informations concernant 2 800 000 directeurs et cadres d'entreprises britanniques. Ce disque compact intitulé UK-Info Power contient les noms, adresses, activités, situation familiale, violon d'Ingres et itinéraire professionnel des cadres répertoriés. Alastair Crawford déclare : « *Évidemment, cet annuaire électronique ne plaira ni aux roublards, ni aux maris noctambules, ni aux aigrefins, qui préfèrent qu'on ne sache rien d'eux* ». Quant à l'organisation britannique de défense des droits civiques « Liberty », elle n'hésite pas à déclarer : « *Le droit à la liberté de l'information devrait avoir préséance sur la liberté individuelle* »!

L'industrie pharmaceutique constitue des banques d'ADN qui peuvent être considérées comme de véritables fichiers d'empreintes génétiques. En effet, les laboratoires lancent actuellement de vastes programmes de recherche sur les aspects génétiques de la réponse aux médicaments. A terme, ils envisagent de commercialiser des médicaments avec, sur une puce ADN, le test génétique correspondant qui permettra de prédire la réponse du patient au traitement, d'adapter la posologie et de réduire les effets secondaires. François Cambien, directeur du laboratoire de génétique épidémiologique et moléculaire des pathologies cardio-vasculaires de l'INSERM, met en garde contre les dérives possibles : « *On risque d'assister à la généralisation des tests génétiques, car il faudra génotyper les consommateurs potentiels de médicaments, c'est-à-dire établir leur profil génétique. La technologie de génotypage que l'on développe aujourd'hui pour la recherche vise à tester de nombreux marqueurs en un seul test, ce qui amènera sur le marché des tests fournissant des profils génétiques détaillés. Que deviendra cette information, comment sera-t-elle utilisée ?* ». Une firme privée, DeCode Genetics, détient de façon exclusive le fichier génétique et généalogique de l'ensemble de la population islandaise. Aux États-Unis, des entreprises spécialisées, associées aux entreprises de pompes funèbres, conservent l'ADN des défunts pour faciliter les recherches en paternité. Une entreprise américaine, nommée Identify Gene, a créé le premier laboratoire privé de dénonciation génétique. Un individu soupçonnant sa femme d'adultère peut adresser le slip de l'infidèle à cette officine en vue de confirmation génétique et un homme ayant des doutes sur sa paternité peut également lui demander une vérification génétique.

L'interconnexion ou l'interception de tels fichiers pourraient avoir des conséquences dramatiques sur la vie professionnelle et la vie privée de nombreuses personnes. Ainsi, une femme n'a pu obtenir l'emploi qu'elle convoitait parce que son employeur potentiel avait intercepté sur une banque de données des renseignements inquiétants sur son état de santé. Pour la même raison, une autre personne n'a pu obtenir le prêt nécessaire pour l'achat d'une maison. Dans le domaine du logement, la CNIL a autorisé la constitution d'un fichier nominatif de mauvais payeurs de loyers et des hôteliers de la Côte d'Azur ont créé un fichier, à connotation raciste, qui recense les clients « à risque » pour lesquels l'hôtel est toujours complet. La frontière entre fichiers administratifs et fichiers privés n'est peut-être pas aussi étanche que l'on croit. Est-il nécessaire de rappeler qu'un laboratoire pharmaceutique a été mis en cause récemment pour son système de recrutement ? Il existe en effet au sein du groupe pharmaceutique Servier un « véritable service secret privé », créé en 1981, qui regroupe une trentaine d'« attachés de direction générale » n'apparaissant dans aucun organigramme, recrutés en priorité dans les services de renseignement (DGSE et DST) et entretenant des liens privilégiés avec des fonctionnaires toujours en activité. Cette structure est chargée de définir le profil des candidats à l'embauche et de mettre sur fiche aussi bien les détails de la vie privée, que les opinions politiques, les convictions religieuses, l'origine ethnique ou l'orientation sexuelle. François Pinault, grand patron qui dirige le groupe Pinault-Printemps-Redoute mais également Conforama et Fnac, a engagé un général de gendarmerie, Jacques Boisgarnier, au poste de responsable de la sécurité. Le 5 décembre 1996, lors de la réunion des directeurs des ressources humaines du groupe Pinault sur le thème « la sécurité au service des responsables du personnel », le général Boisgarnier a défini la stratégie du recueil de renseignements sur les candidats à l'embauche au sein du groupe. Selon lui, « *Seule une consultation des fichiers nationaux* » permet de connaître les « *antécédents révélateurs des choix de vie du candidat (condamnations, activités politiques, syndicales, spirituelles...)* ». Il précise que ces fichiers peuvent être consultés « *soit par l'intermédiaire des responsables sécurité des filiales, des magasins, lorsqu'ils entretiennent des contacts privilégiés avec les services de police ou/et de gendarmerie, soit par l'intermédiaire du conseiller-coordonnateur sécurité du groupe* », c'est-à-dire lui-même. Il suffit donc de faire appel aux fonctionnaires de la République, « *l'obtention de ces renseignements* » reposant sur « *la confiance réciproque instaurée entre les responsables de sécurité* (des magasins du groupe Pinault) *et leurs contacts policiers et gendarmes* ».

Aux États-Unis, la société US Search propose de mener une enquête sur n'importe quelle personne résidant sur le territoire américain, en interrogeant et en croisant des centaines de bases de données publiques et privées. La recherche d'un ami perdu coûte de 10 à 20 dollars. Pour 40 dollars, cette société fournit toutes les adresses de la personne au cours des dix dernières années, ses numéros de téléphone et ceux de sa famille, le nom des gens qui habitent avec elle, ainsi que la liste de ses voisins. US Search peut également préciser si la personne a été impliquée dans des procès ou des faillites, si elle a un casier judiciaire, si elle possède des biens immobiliers et des licences professionnelles. Pour quelques dollars de plus, la recherche s'étend aux archives des registres du commerce, aux bureaux de crédit, aux administrations militaires, maritimes et aériennes, aux organismes de lutte antidrogue, aux offices de brevets, aux fichiers d'abonnés de journaux et d'organismes de vente par correspondance. Dans certains États, US Search interroge les prisons, les morgues, les bureaux de permis de port d'arme et de carte grise, et même les registres d'adoption. Avant de fournir le résultat de ses investigations, US Search précise que « la personne que vous recherchez ne sera pas prévenue ». La société de conseil Avert aide les entreprises à recruter « des employés honnêtes et compétents » en vérifiant le numéro de sécurité sociale, le casier judiciaire et les diplômes des candidats à l'embauche. Le 15 octobre 1999, Liam Youens, 20 ans, a tué de 11 balles Amy Boyer âgée de 20 ans à la sortie de son bureau de Nashua (New Hampshire). Liam Youens, ancien camarade d'école d'Amy, avait annoncé sur un site Internet son intention de la tuer. Il s'était procuré, via l'un des nombreux sites américains de vente d'informations sur les individus, le numéro de sécurité sociale, l'adresse et le téléphone d'Amy, ainsi que les coordonnées de son employeur, pour quelques centaines de francs. A cette occasion, Youens, indigné, avait même noté dans son journal : « *C'est réellement obscène, tout ce qu'on peut découvrir à propos d'une personne sur Internet!* »

LES TRACES INFORMATIQUES

« *En vingt ans, nous sommes passés d'une problématique de fichiers à une problématique de traces* » surenchérit le président de la CNIL, Michel Gentot. Les cartes à puces sont de véritables mouchards et les puces électroniques stockent dans de gigantesques bases de données tous les faits et gestes de la vie quotidienne. Les cartes bancaires et les cartes de fidélité des supermarchés enregistrent les dépenses en précisant leur nature, le lieu et la date précise de l'achat. Dans un hôtel, la carte bleue identifie le client, l'autocommutateur téléphonique enregistre l'heure des appels, la clé magnétique révèle le temps de présence dans la chambre et la télévision à péage mémorise les choix de l'intéressé. Sous couvert de sécurité, le système de badges magnétiques contrôle entrées et sorties avec une précision sans faille. Lorsqu'il est utilisé comme moyen de paiement au sein d'une entreprise, il renseigne la direction sur la consommation de vin à table ou l'utilisation répétée de la machine à café. Au collège Jean-Rostand, dans le quartier de la Madeleine, à Nice, un système d'identification par empreintes digitales contrôle les élèves admis à fréquenter la cantine scolaire. Avant de pénétrer dans le réfectoire, les demi-pensionnaires apposent leurs pouces sur l'écran tactile d'un lecteur d'empreintes afin de résoudre les problèmes liés au vol ou à la perte des cartes classiques d'accès. La constitution d'une base de données d'empreintes digitales est susceptible d'être détournée de son but initial. La RATP envisage de remplacer la carte orange par un badge électronique nominatif permettant de suivre les déplacements de tous les usagers du métro parisien. Déjà des systèmes électroniques de péage et de contrôle de la circulation enregistrent le passage des automobiles. Un traitement automatisé permet aujourd'hui à la douane de contrôler les plaques minéralogiques de tous les véhicules empruntant le tunnel sous la Manche. Les numéros d'immatriculation sont automatiquement photographiés, puis numérisés afin de les comparer aux données d'un fichier contenant des informations fournies par la douane, la police et la gendarmerie.

La nouvelle présentation du numéro de téléphone, récemment mise en place par France Télécom, permet d'identifier à la fois la personne qui appelle et l'endroit d'où elle appelle. France Télécom envisage par ailleurs de mettre au point un système assurant une traçabilité parfaite des usagers du téléphone grâce à l'attribution d'un numéro unique à chaque abonné. Les facturations téléphoniques détaillées (les « fadettes ») sont analysées par les policiers et les gendarmes. Dieudonné Mandelkern, nouveau président de la Commission nationale de contrôle des interceptions de sécurité (CNCIS), souligne à propos des « fadettes » : « *Certes, elles sont à l'image d'une lettre, elles ne donnent pas le contenu, mais les noms et les adresses qui figurent sur l'enveloppe. Mais le simple fait d'apprendre d'où vient la communication, à qui elle est destinée, sa fréquence, donnent des indications précieuses sur la vie privée* ». L'identification et la localisation des appels émis ou reçus par un téléphone mobile est devenue une pratique généralisée en matière de police judiciaire. Ce traçage équivaut à une véritable filature. Un téléphone portable, même en état de veille, émet un signal capté par les relais de l'opérateur qui permet de localiser son propriétaire avec une grande précision. Sa position géographique lors de chaque appel est conservée en mémoire pendant un an. Les relais urbains ayant un rayon d'action de quelques dizaines de mètres, il est aisé de reconstituer le trajet emprunté par l'utilisateur. La localisation, à partir des bornes-relais, des appels émis ou reçus par un téléphone mobile a permis la résolution de l'enquête sur l'assassinat du préfet Erignac. Les policiers ont d'abord repéré plusieurs numéros en contact ininterrompu le soir du meurtre, puis ils ont constaté que ces lignes étaient attribuées à deux sociétés employant des suspects ciblés par leurs investigations. Les alibis ont été géographiquement infirmés par l'une des trois bornes-relais qui couvrent Ajaccio. Pour tenter de neutraliser l'ARB, l'Armée révolutionnaire bretonne, les enquêteurs ont utilisé un logiciel spécialement conçu pour recouper les appels. Deux suspects ont ainsi été repérés à Nantes, la veille d'un attentat à Pornic, et à Rennes, la veille d'un second attentat. Les trois opérateurs français (France Télécom, SFR et Bouygues) sont submergés par les demandes judiciaires de localisation d'appel à partir des bornes-relais. Pour le seul mois d'avril 2000, Bouygues Télécom aurait eu à traiter 6 000 demandes correspondant à 3 000 dossiers. SFR refuse de dévoiler le nombre de demandes qui lui sont adressées. Dans un courrier adressé le 17 avril à France Télécom Mobiles, le juge Gilbert Thiel reprochait à l'opérateur sa lenteur dans le cadre des investigations criminelles : « *J'ai l'honneur et le regret de vous faire part des difficultés réitérées rencontrées par des officiers de police judiciaire du SRPJ de Rennes. Les lenteurs de vos services, par les entraves au fonctionnement de la justice qu'elles entraînent, contribuent soit à obérer les chances de succès des enquêtes judiciaires qui nous sont confiées, soit encore à différer la date d'arrestation des auteurs de crimes et délits particulièrement graves qui font courir des risques conséquents à la population compte tenu de leur mode opératoire* ». Deux jours plus tard, un engin explosif, sans doute déposé par un commando de l'ARB, tuait Laurence Turbec, une jeune serveuse de McDonald's à Quévert (Côtes-d'Armor). Le juge Thiel fit part de son agacement à la famille de la victime, tout comme il avait fait part de son irritation concernant le FNAEG aux familles des victimes de Guy George. L'Association SOS Attentats appuya les récriminations du juge. Les services de secours bénéficient également de cette technique. En février 1999, les sauveteurs ont pu ainsi localiser les alpinistes bloqués dans le massif de la Vanoise grâce à la borne-relais de Courchevel. Beaucoup plus grave pour les libertés individuelles, les policiers helvètes ont utilisé pendant six mois l'ordinateur de Swisscom pour enregistrer à titre d'expérience les mouvements de plus de 1 million d'abonnés, selon une révélation de l'hebdomadaire suisse *Sonntagszeitung*. A la manière des délinquants en liberté surveillée qui portent un bracelet électronique, nous nous déplaçons avec un système de surveillance « à émission continue » chargé de nous localiser.

La télévision numérique expose également aux indiscrétions. Alors que la majorité des Français utilise toujours une télévision dite analogique, quelque 300 000 foyers ont choisi une télévision numérique. Dans quelques années les foyers seront essentiellement équipés de télévision numérique reçue par câble ou par satellite. Les avantages du numérique sont la multitude de chaînes, la qualité des retransmissions et la possibilité d'acheter à la commande des films ou des retransmissions sportives. La petite boîte installée sous ce type de téléviseurs, appelé terminal numérique (ou set top box) est en fait un ordinateur puissant et indiscret. Selon les constructeurs, ils contiennent « *un moteur d'interactivité qui permet via des écrans de faire des choix ou des achats puis d'envoyer à l'aide d'un modem les instructions données* ». En réalité, le terminal placé sous le téléviseur contient un logiciel baptisé « Media Highway » par Numericâble et « Open TV » par la Lyonnaise Câble, qui transforme chacun des signaux de télécommande en une trace informatique envoyée sur le serveur de l'opérateur qui effectue le suivi des traces. Les opérateurs du Câble disposent donc d'informations sur les caprices télévisuels de leurs abonnés et l'anonymat des adeptes des films pornographiques pourrait en souffrir. L'ordinateur peut suivre ainsi à la trace les vagabondages du téléspectateur, ce qui permettra aux spécialistes du marketing de lui faire des offres parfaitement ciblées par courrier ou par téléphone. Un tel système pourrait également satisfaire la curiosité des policiers en leur permettant d'établir rapidement le profil psychologique d'un utilisateur. Interrogée sur les dangers que pourrait représenter la télévision numérique, la CNIL reconnaît disposer de bien peu d'informations sur le sujet!

LES ORDINATEURS

La plupart des grandes entreprises américaines procèdent à une surveillance électronique de leur personnel par le biais des traces laissées dans les ordinateurs des systèmes informatiques en réseau. Les vigiles des services spécialisés sont chargés d'analyser, à l'insu des employés, les disques durs (sites visités, fichiers téléchargés, e-mails envoyés ou reçus) et de fouiller dans les corbeilles numériques pour en référer à l'autorité supérieure.

Le groupement d'avocats Eversheds a identifié quatre sortes de mouchards relevant les traces électroniques dans un bureau. Le « guetteur » surveille le courrier électronique, en général pour évaluer le temps occupé par la correspondance personnelle. Mais, dans certains cas, les employeurs vont jusqu'à lire le contenu des messages afin de s'assurer que le secret commercial n'est pas violé. Le « contrôleur psychique » enregistre le nombre de touches frappées par chaque employé dans les secrétariats ou les rédactions de journaux. Le « rematérialisateur » retrouve les documents informatiques que les employés pensent avoir jetés dans la corbeille de leur ordinateur, tandis que le « Poltergeist » furète sur le disque dur. Aux États-Unis, près de 45% des entreprises avouent avoir recours à des logiciels espions (type PCAnywhere, Intellmouse, Little Brother, WinWhatWhere) pour surveiller la productivité de leurs salariés, ajuster la rémunération et jouer sur l'obtention de primes. Un programme a été conçu pour mesurer la distance parcourue par la souris de l'ordinateur pendant une période déterminée. En effet, selon les calculs des informaticiens, une minute d'utilisation d'ordinateur correspond à environ quatre mètres parcourus par le petit instrument. Il est aisé dans ces conditions de repérer les salariés qui ne parcourent pas leur kilométrage quotidien. Une secrétaire de direction fraîchement embauchée dans une PME a failli être licenciée parce que son patron, qui espionnait l'utilisation qu'elle faisait de son ordinateur, lui reprochait l'utilisation trop fréquente du vérificateur d'orthographe et une vitesse de frappe insuffisante. Un employeur a la possibilité de connaître à la seconde près le moment où le salarié met en marche ou éteint sa machine qui joue le rôle de pointeuse. C'est ainsi qu'en 1995, la direction de la SNCF s'aperçut que l'un de ses salariés s'était absenté de son service de 11h46 à 13h35 et de 15h10 à 16h10 alors que la pause autorisée était de 12 heures à 13 heures et de 15h10 à 15h30. Le système de réservation de la compagnie ferroviaire, baptisé Socrate, signala que l'employé n'avait pas utilisé son clavier pendant ce laps de temps.

Au nom de la lutte contre la fraude, les incursions patronales au sein des ordinateurs de leurs employés sont devenues pratique courante. Les fraudes internes atteindraient un coût estimé à 6% du chiffre d'affaires annuel des entreprises, et selon JSB Software Technologies, certaines entreprises américaines perdraient 840 000 francs par jour lorsque leurs employés boursicotent en ligne pendant leur temps de travail. Un employé a été licencié parce que les services informatiques de l'entreprise avaient repéré qu'il consultait régulièrement un site à caractère pornographique, et un cadre d'une société d'assurances a été licencié pour avoir constitué un portefeuille d'actions sur son ordinateur de bureau. La surveillance du courrier électronique expose également à de lourdes sanctions : vingt-trois salariés du quotidien américain *New York Times* viennent d'être licenciés pour faute grave, l'interception de leurs messages électroniques ayant révélé qu'ils s'adressaient par e-mails (sur Internet ou Intranet) des plaisanteries féroces sur leurs supérieurs, des propos grivois ou des images pornographiques. Le règlement intérieur du *New York Times*, élaboré par des juristes spécialisés qui ont établi une charte des messages e-mail et du bon usage d'Internet, spécifie que les « *communications doivent être en harmonie avec les codes éthiques de bonne conduite, de l'honneur et de bonnes manières* » et que les salariés n'ont pas le droit d'utiliser leur ordinateur pour « *créer, propager et exposer des messages offensants ou de nature à troubler l'ordre social intérieur* ».

L'INTERNET

L'Internet est peut-être un fabuleux espace de liberté mais c'est aussi une toile d'araignée où chaque déplacement de l'internaute laisse des traces durables et facilement observables. L'Internet est une construction artificielle dont l'architecture doit être considérée comme un outil de régulation. La plupart des règles qui régissent l'infrastructure de base de l'Internet ont été établies par un organisme très libéral, l'IETF (Internet Engineering Task Force). Ses membres ont conçu une architecture offrant une grande liberté de mouvement mais les entreprises privées, comme Microsoft ou Sun, ont rapidement développé leurs propres règles favorisant le commerce électronique. Par ailleurs, les services de police et de renseignement ont exigé l'identification et le traçage des utilisateurs. En novembre 1999, le FBI a demandé à l'IETF de modifier les protocoles du Net pour faciliter les écoutes. Au nom de la sécurité nationale, de l'ordre public, de la protection de l'enfance, de la propriété intellectuelle ou de la lutte contre les pirates informatiques, les gouvernements façonnent à coups de lois l'architecture du cyberespace. Toutes ces forces interagissent pour produire l'architecture de l'Internet en menaçant les libertés individuelles. A partir de deux exemples, Lawrence Lessig, professeur de droit à Harvard, a clairement montré la relation entre la façon d'organiser l'espace et les objectifs politiques. Les révolutionnaires français ayant bénéficié de l'étroitesse des rues de Paris facilement bloquées par des barricades, Napoléon III demanda à Haussmann de construire de larges boulevards pour rendre le contrôle de la ville impossible aux insurgés. L'urbaniste Robert Moses construisit quant à lui des ponts étroits pour empêcher les bus d'accéder à Long Island. Ainsi, les utilisateurs de transports collectifs, presqu'exclusivement des noirs, ne pouvaient accéder aux plages. Mais, alors que dans le monde physique, la plupart des contraintes architecturales sont visibles, dans le cyberespace, le mécanisme régulateur est caché dans les protocoles de communication et les logiciels qui font fonctionner l'ensemble du réseau. Tant qu'elles restent masquées, les règles administrant le Net sont un danger pour le citoyen.

Les entreprises de commerce électronique ont modifié l'architecture du réseau afin d'étudier le comportement des consommateurs. Ainsi le déplacement des internautes sur la Toile peut être suivi grâce aux numéros d'identification IP mais surtout, des mouchards électroniques (baptisés « cookies ») ont été conçus pour pister les internautes, scruter les pages qui les intéressent et établir des profils de consommation. Chaque fois qu'il se connecte au réseau, l'internaute se voit attribuer un numéro d'identification IP (Internet Protocol). Ce numéro d'immatriculation est indispensable pour visiter les sites web. En effet, quand l'utilisateur tape l'adresse d'un site, il demande à un ordinateur (un « serveur ») de lui envoyer une page d'information. Or le serveur ne peut lui transmettre cette page que s'il connaît ses coordonnées grâce au numéro IP. L'immatriculation de l'internaute, la page web demandée, ainsi que la date et l'heure de l'opération laissent une trace informatique sur le serveur. Il est donc possible de reconstituer le parcours précis de l'internaute en analysant les opérations effectuées par un même numéro IP durant sa phase de connexion. En théorie l'identité de l'utilisateur n'est pas dévoilée, en pratique les fournisseurs d'accès au réseau sont soumis à de nombreuses ingérences policières visant à examiner certaines traces informatiques et à découvrir les véritables identités qui se cachent derrière les numéros IP correspondants. A chaque nouvelle connexion, le numéro IP attribué à un même utilisateur. est différent, un internaute revenant avec une nouvelle immatriculation sur un site déjà visité ne devrait donc pas être reconnu par le serveur. En réalité, lors de la première visite du site, de nombreux serveurs fixent à l'insu de l'internaute un mouchard électronique (baptisé « cookie ») sur son ordinateur. Cet espion reste accroché à l'ordinateur même quand ce dernier n'est plus connecté au réseau, il sert de tatouage électronique qui sera reconnu par le serveur à chaque connexion ultérieure sous des numéros IP différents. Le « cookie » est un petit logiciel espion que les sites marchands installent subrepticement sur le disque dur de l'ordinateur de l'internaute qui vient y faire une visite. L'espion enregistre ensuite tous les déplacements de l'internaute. Chaque clic de la souris est enregistré avec ses identifiants (adresse e-mail, IP, numéro de machine), ses horaires de connexion, ses pérégrinations sur la Toile, les sites visités, les textes, images ou fichiers téléchargés. En combinant l'analyse des traces informatiques et la présence du mouchard, le serveur web peut reconstituer au fil du temps chaque mouvement de l'internaute, chaque transaction, la date et l'heure des connexions, le temps consacré à chaque page du site. Le logiciel de la société new-yorkaise Comet, permettant de remplacer le curseur de son ordinateur par un petit personnage téléchargeable sur près de 60 000 sites web (et déjà utilisé par 16 millions d'internautes), serait en fait un mouchard : il envoie en permanence au serveur de Comet des renseignements précis sur ce que font ses utilisateurs connectés à Internet. La société ne nie pas les faits, mais précise qu'elle ne se sert jamais des numéros de série pour établir l'identité véritable des internautes. La société Alexa (filiale d'Amazon.com) distribue un logiciel d'aide à la navigation pour le grand public. Ce logiciel recueille les données personnelles des clients pour constituer des fichiers qui peuvent être croisés avec les bases de données d'autres sites. Il s'agit là d'une véritable filature électronique visant à définir le « profil biographique » d'un individu au travers de ses centres d'intérêt, de ses fréquentations et de ses goûts.

Des sociétés informatiques ont introduit, à l'insu de leurs clients, des mouchards dans leurs logiciels et leurs processeurs. La société Microsoft a introduit un mouchard dans son logiciel Windows 98. L'internaute qui enregistrait en ligne Windows 98 se voyait attribuer un numéro d'identification qui permettait à Microsoft de répertorier les logiciels installés sur le disque dur, de dévoiler la configuration du PC ainsi que les coordonnées de l'utilisateur. En avril 1999, Bill Gates a été sacré « mouchard numéro 1 » lors de la cérémonie des Big Brother Awards. Chaque processeur Pentium III, lancé par la firme Intel au début de 1999, comportait un numéro d'identification reconnaissable par certains serveurs web. L'objectif annoncé était de sécuriser les transactions électroniques en identifiant de façon infaillible l'ordinateur connecté au serveur. En fait, ce système permettait d'enregistrer et de transférer à l'insu du propriétaire de l'ordinateur les informations relatives à ses déplacements sur la Toile.

Les serveurs informatiques vont devenir la cible de nombreuses régulations. Des outils destinés à faciliter l'identification et la localisation des internautes sont déjà en cours de diffusion. Il s'agit de « certificats numériques », véritables passeports électroniques, placés sur le disque dur et qui peuvent être vérifiés par le serveur. Ce dernier peut bloquer de façon sélective l'accès à certains sites web en fonction de l'âge ou de la nationalité du visiteur. Les sites de Bourse en ligne ou les sites d'enchères, obligent dès à présent leurs visiteurs à se munir de certificats numériques de façon à sécuriser les transactions électroniques. En France, Certinomis, filiale de la Poste et de Sagem, propose de tels « passeports » aux entreprises et aux particuliers. L'internaute doit d'abord se présenter au guichet d'une agence de la poste, avec ses papiers d'identité et ses quittances. En échange, et pour 150 francs par an, Certinomis lui délivre via l'Internet ledit passeport, stocké sur son disque dur ou sur une carte à puce, et en théorie rendu infalsifiable grâce à l'usage de la cryptographie.

La collecte d'informations sur les usagers et leurs habitudes de consommation est la force motrice du développement commercial d'Internet. Certains opérateurs Internet collectent même des informations d'ordre financier sur les foyers américains par le biais de leurs enfants. Des entreprises spécialisées stockent les informations dans des entrepôts de données (datawarehouses) et les traitent avec des logiciels spécialisés, les CRM (customer relationship management). Les « profils de comportement » des usagers sont en général revendus à des sociétés de vente par correspondance. Pour Yves Romazeilles, le web est bien plus indiscret qu'un centre commercial sous vidéo-surveillance : « *Quand j'entre dans un magasin, on ne me demande pas mes papiers. Si un vendeur se propose de me renseigner, je peux répondre que je ne fais que regarder. Et quand je ressors du magasin, le gérant n'en sait pas plus sur moi. Par défaut, je reste anonyme* ». Sur le web, c'est tout le contraire, ajoute-t-il, car l'anonymat tient « *uniquement à la volonté des gérants de sites, ou à un énorme effort de la part de l'internaute* » qui doit éliminer les « cookies » et effacer ses traces avec des logiciels de type Anonymizer.

Les spécialistes du marketing tentent désormais de croiser les bases de données comportementales anonymes avec des fichiers nominatifs. La firme américaine DoubleClick, la plus grosse régie publicitaire du web, dispose d'une technologie de ciblage publicitaire éprouvée, Dart (Dynamic Advertising Reporting and Targeting) qui lui permet d'analyser grâce aux « cookies » les centres d'intérêt des internautes. Doubleclick affiche plus d'un milliard de bandeaux publicitaires par jour sur les sites de ses clients, et peut pister les internautes sur chacun des 13 000 sites affiliés qui diffusent ses bandeaux. Les données recueillies sont censées être anonymes, mais Doubleclick a racheté en 1999 Abacus, l'un des plus grands spécialistes du marketing direct qui tient à jour un fichier nominatif de 88 millions de consommateurs américains procédant à des achats sur catalogue. En février dernier, Doubleclick a entrepris de croiser son fichier anonyme et le fichier nominatif d'Abacus afin de mettre un nom sur chaque profil de consommateur. Le président de Doubleclick a déclaré que la régie s'engageait à « *respecter scrupuleusement les lois qui protègent la vie privée* » ajoutant qu'« *une écrasante majorité de visiteurs des sites ont donné leur accord tacite, puisqu'ils n'ont pas demandé à ne pas être pistés sur le web* »!

La liberté individuelle est donc gravement menacée, pour le moment surtout aux États-Unis, par ces entreprises qui constituent de gigantesques bases de données sur le comportement des internautes afin de leur proposer des produits et des services en ligne. Toutes ces informations sont susceptibles d'êtres vendues à une entreprise de vente par correspondance mais également à un employeur, un banquier, un assureur ou même l'État. Une société de sites spécialisés dans la santé (Health Central) vend des informations sur ses clients malgré la promesse de ne pas le faire, affichée dans sa déclaration. Avant d'embaucher un nouvel employé, un nombre croissant d'entreprises américaines mènent une enquête pour connaître son comportement sur Internet. Dans un livre publié en janvier 2000 et intitulé *Database Nation*, le journaliste américain Simson Garfinkel prédit la fin prochaine outre-Atlantique de toute intimité. Washington et Bruxelles ont négocié récemment la protection des données personnelles, en particulier des informations concernant des ressortissants européens recueillies sur le Net par des compagnies américaines. Il semble bien que la position américaine, faisant toute confiance à l'autorégulation des entreprises, ait prévalu. Pourtant, le directeur de l'Electronic Privacy Information Center (EPIC), Marc Rotemberg, a déclaré au Parlement européen : « *L'expérience des consommateurs, aux États-Unis, est que l'autorégulation a peu fait pour protéger la vie privée. Au contraire, elle entretient une « course vers le fond » dans laquelle les compagnies cherchent à réunir des informations personnelles de façon chaque jour plus envahissante.* »

Les services de police et de renseignement ont également modifié l'architecture du réseau afin d'identifier et de localiser les internautes, le plus souvent au nom de lois dites « de sécurité nationale » qui définissent le terrorisme et le secret d'État en des termes tels qu'ils peuvent couvrir toute action d'opposition.

En Chine, le courrier électronique des dissidents est étroitement surveillé et à l'approche de l'anniversaire du massacre de Tiananmen (4 juin), les connexions informatiques étaient devenues si lentes qu'il était impossible d'ouvrir la page e-mail de Yahoo, l'une des favorites des surfers chinois. Des restrictions draconiennes ont été imposées en début d'année aux utilisateurs de systèmes de cryptage et un bureau de gestion des informations sur l'Internet a été créé sous l'égide du Conseil des affaires d'État. La « divulgation de secrets d'État » est un chef d'inculpation souvent utilisé à l'encontre de militants des droits de l'homme ou de journalistes menant des enquêtes sur des cas de corruption. Il est facile pour un gouvernement de bloquer l'accès aux sites Internet qui sont critiques à l'égard du régime et de verrouiller certaines adresses, mais il est bien plus efficace de libérer l'usage du Réseau et d'enregistrer toutes les connexions et tentatives de connexion aux sites antigouvernementaux afin d'identifier les dissidents.

De la même manière, le gouvernement russe a annoncé son intention de créer un organisme d'État chargé de contrôler l'enregistrement des sites, et de donner à Internet un statut de « mass media » soumis à un régime d'autorisation. La licence du fournisseur d'accès russe Bayard-Slavia-Communications (BSK), dont le siège est à Volgograd, lui a été récemment retirée pour manque de coopération avec le FSB (services secrets). En novembre 1999, BSK avait refusé de livrer au FSB des copies des courriers électroniques de certains de ses clients, car la demande n'était pas accompagnée d'un ordre émanant d'un juge, la Constitution russe garantissant à « *chaque citoyen le secret de ses courriers, conversations téléphoniques et autres communications. Ce droit ne peut être limité qu'en vertu d'un mandat du tribunal* ».

La nouvelle loi indienne sur la cybercriminalité, visant à faire progresser le commerce électronique, autorise les enquêteurs à perquisitionner les domiciles ou les bureaux sans mandat judiciaire. Les parlementaires des deux chambres indiennes ont voté à l'unanimité ce projet de loi draconien qui qualifie de crime l'accès sans autorisation à des systèmes informatiques et prévoit de lourdes peines en cas de piraterie. Le ministre de l'Information et des Technologies a cependant dû renoncer à son amendement le plus sévère qui faisait obligation à tous les gérants de cybercafés de tenir un registre nominatif de leurs usagers et des sites visités. Pour Reporters sans frontières (RSF), la loi que vient d'adopter l'Inde menace la liberté de la presse. Dans une lettre adressée au ministre indien de l'Intérieur, RSF note que ce texte ratifié « *après seulement trois heures de débat* » permet à la police « *de perquisitionner sans mandat judiciaire et de fermer tout cybercafé si elle estime qu'un « crime informatique » est en train de s'y commettre* ». Par ailleurs, RSF déplore également que « *tout individu qui dirige un site « anti-indien », notion floue qui regroupe les sites pornographiques et « subversifs », risque jusqu'à cinq ans de prison* ».

Les États-Unis sont également partisans d'une approche très répressive et veulent supprimer l'anonymat sur le réseau. Un rapport, remis au mois de mars au président Bill Clinton, par un groupe de travail dirigé par le procureur général Janet Reno, affirme que la police « *doit être en mesure de déterminer l'origine des messages électroniques anonymes* ». Les dégâts provoqués par le virus ILOVEYOU, propagé le jeudi 4 mai 2000, constituent pour l'administration américaine un argument majeur contre l'anonymat sur Internet. Ces dégâts ont été surestimés par la société Computer Economics afin d'appuyer la position américaine. La sécurité des communications sur les réseaux informatiques était à l'ordre du jour d'une réunion des pays du G8, ouverte le lundi 15 mai à Paris. Les Américains ont suggéré la création d'une cyberpolice mondiale qui pourrait poursuivre les suspects sans l'obstacle des États et de leurs compétences souveraines. Selon eux, le cyberespace nécessite un régime juridique spécifique permettant aux services de renseignement du monde entier de court-circuiter les institutions judiciaires pour remonter au plus vite jusqu'aux criminels. Ils entendent ainsi donner à une cyberpolice le droit de violer la vie privée de chacun au nom de la défense des intérêts des États.

L'État français considère avec beaucoup d'ambiguïté, nous l'avons vu, la notion de sécurité nationale. Il n'est donc pas surprenant qu'il cède également à la tentation de contrôler Internet.

La loi française sur la liberté de communication (« loi Trautmann ») et l'« amendement Bloche », qui représente la première incursion du Parlement sur le terrain de l'Internet, vise à définir le champ des responsabilités des sociétés qui hébergent sur leurs ordinateurs des pages personnelles d'internautes et des sites privés. Cet amendement porte sur les hébergeurs de sites et non sur les fournisseurs d'accès. Les particuliers devront afficher sur leur site personnel au minimum leur pseudonyme suivi des coordonnées de leur hébergeur, mais ils doivent s'identifier précisément auprès de l'hébergeur. Les prestataires techniques sont tenus de conserver les données concourant à l'identification de leurs clients (journaux de données de connexion, numéros d'appelant, coordonnées commerciales...) et de transmettre ces données à la justice en cas de procédure. Tout particulier désirant s'exprimer sur le web ou dans des forums de discussion doit donc décliner son identité et son adresse auprès de son fournisseur d'hébergement. Cela équivaudrait dans le monde physique à interdire l'affichage de tout texte qui ne serait pas signé de son auteur. Les amendements à la loi sur l'audiovisuel concernant Internet imposent également aux hébergeurs de vérifier l'exactitude des renseignements fournis. Un régime de sanction (50 000 francs d'amende et six mois de prison) sera appliqué à l'hébergeur et à l'internaute si ceux-ci ne défèrent pas à cette obligation d'identification. Selon Meryem Marzouki, responsable de l'association d'utilisateurs IRIS (Inventons un réseau Internet solidaire), le fichage systématique ordonné par la loi transforme les hébergeurs de sites en auxiliaires de police et constitue une menace directe contre la liberté d'expression. Les hébergeurs sont également tenus de procéder à des « diligences appropriées » en cas de contestation du contenu d'un site par un tiers, avant que la justice se prononce. L'association IRIS estime que les intermédiaires techniques n'ont pas à jouer le rôle de médiateurs en matière de liberté d'expression, les plaintes contre X en référé étant prévues pour régler ce type de litiges. En cas de médiation, Meryem Marzouki fait remarquer que « *l'issue risque de dépendre d'un rapport de forces entre l'auteur et le plaignant, lequel peut être une grosse société. Or ce rapport de forces pourrait influer sur l'attitude de l'hébergeur, soucieux de préserver ses intérêts commerciaux* ». Les hébergeurs risquent en effet de céder volontiers aux injonctions d'associations puissantes, au détriment d'individus ou de groupes plus faibles qui seront privés de liberté d'expression.

Le gouvernement français envisage par ailleurs d'établir une structure de « corégulation » chargée de surveiller le contenu de l'Internet. Cette mission pourrait être confiée au Conseil supérieur de l'audiovisuel (CSA). Il s'agit de la troisième tentative en moins de quatre ans d'instaurer un système de contrôle sur la portion française du réseau. En 1996, la loi créant un conseil supérieur de la télématique doté de pouvoirs importants, avait été annulée par le Conseil constitutionnel. En 1997, le projet de charte de l'Internet, rédigé à la demande du gouvernement et prévoyant la création d'un organisme de contrôle, n'avait pas survécu aux attaques venues de toutes parts. Reprenant aujourd'hui ce projet, le gouvernement socialiste a confié à Christian Paul, député (PS) de la Nièvre, une « mission de préfiguration pour la création d'un organisme de corégulation de l'Internet ». Cet élu socialiste est persuadé qu'Internet jouera un rôle important lors des prochaines campagnes électorales : « *Est-ce que tous les coups seront permis, ou faudra-t-il mettre en place des systèmes d'équilibrage et d'identification ?* ». Une petite association, la Coordination permanente des médias libres (CPML) tente de s'y opposer au nom de l'article 11 de la Déclaration des droits de l'homme et du citoyen qui définit « la libre communication des pensées et des opinions » comme « un des droits les plus précieux de l'homme ». La CPLM souligne le danger pour les libertés individuelles d'un organisme de régulation ad hoc : « *Tout contrôle étatique ou para-étatique de l'expression publique est une censure, même si elle ne veut pas dire son nom. Il faut éviter à tout prix la mise en place d'un régime d'exception : si des délits sont commis sur Internet, c'est à la justice d'intervenir* ». Cette association s'insurge notamment contre la campagne menée pour inciter les internautes à déclarer auprès du CSA et du procureur de la République toute création de site web, même s'il s'agit d'une page personnelle.

De nombreux États utilisent l'Internet comme auxiliaire de police. Des bénévoles apportent leur concours à la police et mettent les forces de l'ordre sur la piste des malfaiteurs du Net. Ces limiers virtuels traquent les suspects, notamment les hackers, les propagateurs de virus et les organisateurs de sites pédophiles. Parfois les détectives amateurs enfreignent la loi en se lançant eux-mêmes à la poursuite des cybercriminels. Richard M. Smith, éditeur de logiciels, s'est fait un nom en aidant la police à arrêter l'auteur du virus « Melissa », en février 1999. Il reconnaît avoir périodiquement des entretiens avec les forces de l'ordre à propos de la cybercriminalité, tantôt de son propre chef, tantôt sur l'initiative de la police. Dans l'affaire du virus « ILOVEYOU », Richard M. Smith a travaillé avec deux Suédois, Jonathan James, 19 ans, et Frederik Bjorck, 27 ans, avec qui il avait déjà collaboré dans l'affaire « Melissa ». L'Internet diffuse des portraits robots, des photographies, des indices relevés sur les lieux de crimes et même des promesses de récompense incitant le public à procéder lui-même aux arrestations. La police fédérale américaine (FBI) place des avis de recherche concernant les délinquants les plus recherchés sur le Net dans la rubrique « Wanted ». La police de Los Angeles utilise également l'Internet pour traquer les malfaiteurs mais aussi les personnes recherchées pour abandon de famille. En Europe, le site d'Interpol affiche le signalement de quelque 200 personnes recherchées par les polices d'Europe. La gendarmerie belge et la gendarmerie suisse misent également sur Internet pour tenter de résoudre certaines affaires restées sans réponse. Un site Internet sur le crime, aux couleurs de la police australienne, a été ouvert par un ancien policier, Roy Hampton. Son but est de permettre aux employeurs, aux voisins ou aux parents soupçonneux, de vérifier les bonnes mœurs d'un futur employé ou d'une baby-sitter. En se connectant à ce site il est possible de consulter le casier judiciaire de tout citoyen pour s'assurer qu'il n'a pas été arrêté pour conduite en état d'ivresse, qu'il paie bien la pension alimentaire de son ex-épouse ou qu'il n'est pas pédophile. Les informations fournies par ce site proviennent de différents fichiers de la police et de la justice qui recensent non seulement les personnes jugées coupables par les tribunaux, mais aussi des listes de disparus, d'objets volés, ou des détails de crimes non résolus. Une liste de 270 pédophiles a ainsi été mise en ligne, ainsi que plusieurs sections portant sur des crimes non élucidés dont certains ont été commis à l'étranger, des crimes de guerre ou des actes terroristes. Le moteur de recherche est activé à partir d'un nom, d'un pseudonyme ou d'un type de délit. Plus de 150 000 visiteurs sc sont rués sur le site le premier jour d'ouverture. Ken Schultz, directeur du site, a déclaré : « *Nous n'intéressons pas seulement les particuliers, nous avons aussi beaucoup de demandes d'employeurs et de businessmen…* ». En se connectant au site de l'association « Strop », les Néerlandais peuvent savoir si un pédophile navigue sur le web à moins de 2500 mètres de leur ordinateur. Jan Hofte, qui est à l'origine de ce procédé de repérage, a tenu à souligner : « *Nous ne voulons pas faire de chasse à l'homme mais juste isoler les délinquants sexuels* ». Qui pourra empêcher l'application de cette technique à une gamme plus étendue de personnalités « déviantes ou hors normes », voire à de simples libertins? Aux États-Unis, des communautés affichent sur l'Internet les noms des clients des prostituées juste après leur arrestation. Le gouvernement britannique encourage quant à lui la dénonciation des fraudeurs sur Internet : il vient d'ouvrir un site web destiné à recevoir les dénonciations anonymes de citoyens soupçonnant un parent ou un voisin de toucher des prestations sociales frauduleusement. Le site publie également des informations sur les différents types de fraude et diffuse des spots vidéo de sensibilisation.

Estimant que l'anonymat sur Internet est un droit absolu, de nombreuses associations font valoir que la mémoire du Net porte atteinte à la liberté individuelle. Ils citent comme exemple les compte rendus des procès publiés par les journaux et figurant sur le web du journal. En France, la loi autorise la mention nominative de toute personne majeure impliquée dans une affaire judiciaire. Il suffit de taper le nom de la personne dans un moteur de recherches pour qu'apparaisse le compte rendu du procès. Internet constitue ainsi un casier judiciaire, accessible à tous, qui ne s'efface pas et rend tous les crimes et délits imprescriptibles. Un événement qui fait l'objet d'une publication devient sur le réseau une archive numérique, propice à tous les recoupements, et donc à tous les détournements d'usage. La législation française (article 28 de la loi Informatique et Liberté) reconnaît pourtant à l'individu un droit à l'oubli en limitant dans le temps le stockage des données nominatives sur les ordinateurs. Une étude sur « l'anonymisation » des bases de données, en particulier celles qui concernent les décisions de justice, serait en cours à la CNIL. En Espagne, la diffusion en ligne des données nominatives est régie par une loi très restrictive qui fait notamment de la publication de fichiers sur les condamnations pénales un droit exclusif de l'administration. Aux États-Unis, les fichiers nominatifs ne sont pas protégés et il est possible d'obtenir via le web un profil très détaillé de n'importe quelle personne et de rendre transparente une vie entière. La publication à l'échelle mondiale de certaines données peut avoir des conséquences dramatiques. Par exemple, la publication des listes de personnes naturalisées peut apparaître légitime sur le territoire français mais cette publication fait courir à leurs familles le risque de représailles dans leur pays d'origine.

Des chercheurs en informatique tentent cependant de modifier l'architecture du réseau en mettant au point des systèmes de protection de la vie privée à l'usage des particuliers. Le cryptage sur Internet fait partie de la protection de l'intimité, au même titre que l'anonymat. Philip Zimmerman, informaticien, a développé un logiciel de cryptologie d'une puissance autrefois réservée aux militaires et aux diplomates. Son logiciel « PGP », pour Pretty Good Privacy (« plutôt bonne intimité »), s'est répandu sur Internet dans le monde entier. Le LCS (Laboratory for Computer Science) du Massachussetts Institute of Technology a mis au point un remailer anonyme, autrement dit un serveur de pseudonymes. Sa fonction consiste à effacer tous les éléments permettant d'identifier l'auteur d'un message e-mail avant de le transmettre à destination. Le message transite par une série de remailers, indépendants les uns des autres et qui effacent les indications sur le chemin précédant. Il permet à ses utilisateurs de communiquer sur le réseau en bénéficiant d'une protection de leur identité bien plus efficace que celle offerte par les pseudonymes des services commerciaux. Au nom de la répression des délits et des crimes commis par le biais d'Internet, les fonctionnaires américains de la justice et du FBI réclament les moyens de dévoiler l'identité qui se cache derrière un pseudonyme. Les concepteurs du système prétendent quant à eux qu'un e-mail anonyme permet à son utilisateur d'attaquer un gouvernement oppressif ou une entreprise corrompue, de discuter librement de questions personnelles compromettantes, d'exprimer un point de vue impopulaire ou de critiquer des enseignants sur l'efficacité de leurs méthodes. Pour l'instant l'e-mail anonyme est protégé par la Constitution américaine. Selon Nadine Strossen, représentante de l'Association américaine des droits civiques, « *Vouloir porter atteinte à l'e-mail anonyme au motif qu'il peut permettre de commettre des crimes équivaut à bannir l'automobile au motif que les criminels se rendent parfois en voiture sur le lieu de leur crime*! ». Une société canadienne de Montréal, Zeroknowledge, commercialise un logiciel baptisé « Freedom » qui repose également sur un double système de cryptage et de reroutage. L'internaute ne dévoile jamais sa véritable identité et la connexion avec le serveur final transite par une succession de serveurs intermédiaires dont aucun ne peut reconstituer l'itinéraire depuis son point de départ. Le Canada, contrairement aux États-Unis, n'impose pas de restriction à l'exportation des logiciels de cryptage mais le FBI fait pression sur la société de Montréal pour qu'elle installe la « porte de service » avec la clé policière.

Un nouveau sous-réseau crypté et décentralisé, mis au point par Ian Clarke, informaticien anglais de vingt-trois ans, avec l'aide d'une vingtaine de bénévoles européens et américains, garantit la liberté d'expression. Ce nouveau système s'appelle Freenet. Pour en faire partie, il suffit de disposer d'une connexion stable et de télécharger un logiciel gratuit. 35 000 internautes anonymes ont déjà téléchargé le logiciel de Freenet. Tous les ordinateurs ainsi équipés se mettent automatiquement en relation, pour former un vaste ensemble complètement décentralisé, mouvant et insaisissable. Ce réseau informatique accueille n'importe quel type d'information numérisable et les met librement à la disposition de tous. En outre, le trafic de données Freenet est crypté. « *Nos fichiers ne sont pas stockés en un lieu précis et identifiable. Ils circulent sans arrêt d'un ordinateur à l'autre, et se dupliquent automatiquement en fonction de la demande, dans telle ou telle région du monde. Il n'y a pas de point de passage obligé, pas de chaînon vulnérable. Si un gouvernement ou une entreprise tentent de supprimer une information, ils ne sauront pas où frapper. Tout le monde peut lire les documents, mais il est très difficile d'identifier celui qui les a publiés. L'anonymat est la vraie garantie de la libre expression* », a déclaré Ian Clarke qui considère Freenet comme une arme contre la censure exercée par les gouvernements autoritaires.

Un groupe d'Américains a inauguré le lundi 5 juin 2000 le « premier refuge de données » voué à l'hébergement de sites web désireux d'échapper aux législations nationales. Ce paradis numérique est situé sur la principauté de Sealand, un micro-État fondé par un Britannique excentrique à la fin des années 60. La forteresse est bâtie sur une base offshore, hors des eaux territoriales britanniques et hors de la juridiction anglaise. La société Havenco, juridiquement basée à Anguila (petites Antilles), veut créer un endroit où « *les individus et les entreprises peuvent préserver leur vie privée, et faire du commerce électronique, à l'abri des législations changeantes des États* ». Bill Scannell, porte-parole de Havenco, affirme : « *La législation est très claire : aucun contrôle sur les données* ». En faisant héberger leurs communications sur les ordinateurs fortement sécurisés de Sealand, les entreprises et les individus seraient en théorie à l'abri des incursions policières car la forteresse se veut en dehors de toute juridiction. Les fondateurs d'Havenco se réclament du courant libertarien américain, qui prône le déclin de l'État au nom de la liberté totale de l'individu. Bill Scannell a déclaré : « *Il faut voir l'Internet comme une autoroute. Ce n'est pas parce que des voitures contiennent des choses illégales qu'il faut arrêter toute la circulation. Bien sûr, des gens font des choses illégales sur le Net, mais ce n'est pas notre responsabilité* ».

LES INTERCEPTIONS DE COMMUNICATIONS

Comint, l'acronyme américain pour Communications Intelligence, caractérise l'ensemble des moyens d'interception des communications mis en œuvre par un ou plusieurs États dans un but d'espionnage. Dans le monde du renseignement, le terme Comint a succédé il y a une trentaine d'années à Sigint (Signal Intelligence) qui caractérisait, lui, les moyens d'interception des signaux (radio ou radar) utilisés pour l'espionnage militaire. L'Agence nationale de sécurité des États-Unis (NSA) est le plus puissant organisme d'interception de communications au monde, qui fut conçu au début de la Guerre froide à des fins d'espionnage militaire. Depuis 1947, un pacte secret unissant les gouvernements britannique et américain prévoit en effet la mise sur écoute du monde entier. Baptisé UKUSA par référence aux initiales des deux pays (United Kingdom, USA), il liait le GCHQ britannique (Government Communications Headquarters) à ce qui fut d'abord l'embryon de la NSA, puis à l'agence proprement dite dès sa création en 1952, dans un réseau de renseignement dénommé « Brusa Comint ». C'est au terme du second mandat de Harry Truman, le 4 novembre 1952, que la NSA est née d'une décision secrète de la présidence, la directive n° 6 du Conseil national de sécurité dont le texte demeure secret. Aucune loi n'a officialisé sa création et aucune loi ne visait à contrôler ses agissements. La NSA américaine, basée à Fort George Meade (États-Unis), et le GCHQ britannique, basé à Cheltenham (Grande-Bretagne), préservaient sans contrôle les intérêts des deux pays dans le monde en interceptant les transmissions à l'étranger. Puis trois nouveaux États se sont ralliés au pacte UKUSA : l'Australie avec son Defense Signals Directorate (DSD), le Canada avec son Communications Security Establishment (CSE) et la Nouvelle-Zélande avec son Government Communications Security Bureau (GCSB).

Depuis la fin de la guerre froide (1989) et la chute de l'URSS (1991) la NSA développe ses interceptions au sein du réseau « Échelon » pour, officiellement, surveiller les criminels, les terroristes et les trafiquants de drogue. En réalité le réseau Échelon est devenu peu à peu un moyen de promotion et de répression politique. Il est en fait l'aboutissement de plusieurs programmes américains illégaux. Durant les années 50 et 60, un vaste programme d'interception (projet « Shamrock ») permettait d'obtenir les copies de tous les messages télégraphiques émis ou reçus par les citoyens américains par le biais de Western Union, RCA ou ITT et l'ordinateur Harvest recherchait des expéditeurs ou des destinataires surveillés par les autorités. En 1967, la NSA a permis la capture de « Che » Guevara grâce à l'interception de ses communications radio par un satellite espion de la NSA. L'opération baptisée « Directing Finding » a permis une localisation précise permettant la capture près du village de La Higuera. Entre 1967 et 1973, Le projet « Minaret » visait à établir des listes de surveillance de personnes soupçonnées d'activité subversive, telles que Martin Luther King, Malcolm X, Jane Fonda ou Joan Baez. 6 000 étrangers et 1700 organisations furent mis sur écoute. L'opération « Chaos » fut conçue pour espionner les organisations qui militaient contre la guerre au Vietnam, identifier les activistes pacifistes et contrôler les manifestations. Des milliers de citoyens américains furent ainsi abusivement surveillés pour des raisons d'affiliation politique. De la même manière, le dictionnaire des mots-clés d'Échelon vise Amnesty International, Greenpeace, Christian Aid ou certains ministères comme celui de l'Environnement. Margaret Thatcher a utilisé le système Échelon en 1983 pour mettre sur écoute deux de ses ministres soupçonnés de déloyauté, et en 1989 pour mettre sur écoute le journal *The Observer* qui avait mis en cause son fils Mark dans une affaire de pots-de-vin liée à une vente d'armes à l'Arabie saoudite. De même, Henry Kissinger n'a pas hésité à utiliser les services de la NSA pour intercepter les messages du secrétaire d'État de l'époque qu'il voulait discréditer. Échelon a également permis la surveillance des faits et gestes de Lady Diana après son divorce et son départ de la famille royale d'Angleterre. La NSA surveille certainement des terroristes, des criminels et des trafiquants de drogue mais elle surveille aussi des organisations pacifistes, des écologistes hostiles aux OGM, des concurrents commerciaux des grandes firmes américaines, des défenseurs des droits de l'homme, des dénonciateurs des corruptions gouvernementales, des dissidents ou des simples citoyens qui sont au mauvais endroit au mauvais moment. Les notions de terrorisme, d'ordre public et de sécurité publique sont très floues. Selon *Le Monde du renseignement*, des unités spéciales des services de renseignements de l'armée américaine ont été réquisitionnés pour créer un réseau chargé d'effectuer des missions de surveillance renforcée. Les associations anti-mondialisme constituent une cible privilégiée. Pour donner un habillage légal à cet espionnage, ces associations, parmi lesquelles Greenpeace, Act up et Global Justice, le mouvement qui a coordonné la manifestation anti-FMI du 17 avril à Washington, ont été classées dans la catégorie des « organisations terroristes » (rappelons que l'UCK qui était classée par le département d'État américain « organisation terroriste » a reçu quant à elle l'appui des forces américaines). Un tel système, qui échappe au contrôle des élus, bafoue la Constitution et les libertés individuelles et il les bafoue grâce à l'argent du contribuable.

La NSA est actuellement sous les ordres du général Michaël Hayden et son quartier général se situe à Fort George Meade dans le Maryland. Elle emploie 38 000 personnes au profit de cinq États anglophones : les États-Unis, le Royaume-Uni, le Canada, l'Australie et la Nouvelle-Zélande. A la suite des problèmes informatiques du début de l'an 2 0000, les crédits de la NSA ont été portés par Bill Clinton à 8 milliards de dollars. Les stations d'interception sont sous le contrôle exclusif des États-Unis. Les deux installations terrestres principales sont à Menwith Hill en Angleterre et à Pine Gap en Australie centrale. Le centre d'écoute de Menwith Hill, dans le Yorkshire, surveille le continent européen. Grâce au système Échelon, la NSA intercepte et analyse toutes les communications de la planète, qu'elles transitent par satellites ou câbles sous-marins, téléphones mobiles ou courrier électronique, réseaux cellulaires ou à fibres optiques, télécopies ou bandes de fréquence radio, qu'elles soient d'ordre diplomatique, militaire, économique ou privé. Échelon dispose de 120 satellites espions qui captent en permanence les moindres communications privées transitant par les satellites de communications et de sous-marins connectant des systèmes d'interception sur les câbles installés au fond des océans pour relier les continents. La totalité des liaisons transatlantiques est donc espionnée, qu'il s'agisse des satellites en orbite géostationnaire ou des câbles sous-marins. Échelon serait capable d'intercepter quotidiennement deux milliards de communications privées et plus de 9 000 appels téléphoniques Londres-Paris peuvent être captés et enregistrés simultanément. Les transmissions par fibres optiques sont également surveillées même si la fibre optique est le vecteur de télécommunication le moins facile à espionner car il est aisé de détecter des mouchards implantés au niveau des répéteurs. Échelon constitue ainsi chaque jour un butin informatique équivalent à 1 000 milliards de bits. La NSA serait capable de traiter toutes les trois heures l'équivalent en information de la bibliothèque du Congrès, la plus grande du monde. 25 000 conversations feraient quotidiennement l'objet d'une analyse approfondie au quartier général de la NSA. Une cinquantaine de puissants ordinateurs, du type Super-Cray, traitent et analysent ces informations grâce à un logiciel spécial, dénommé « Oratory », qui recherche les communications incluant un mot-clé du dictionnaire Échelon. Ces mots-clés permettent aux ordinateurs de la NSA de gagner du temps dans la traque des messages qui auraient un rapport avec le commerce des armes, le trafic de la drogue, des actes de terrorisme ou des proches du Président des États-Unis. Dans le cadre du système Échelon, La NSA a mis au point un programme de reconnaissance optique des caractères mais également un programme de reconnaissance vocale identifiant les schémas vocaux des individus surveillés. Un système électronique automatique, baptisé « Semantic Forest », est chargé quant à lui de surveiller les communications sur Internet dans le monde entier. Des techniques permettant le captage et l'analyse du rayonnement électromagnétique émis par les systèmes informatiques sont développées par la NSA.

La NSA s'efforce de trouver la parade à l'utilisation croissante du cryptage. Pour cette raison, les États-Unis imposent des restrictions draconiennes à l'exportation des logiciels de cryptage et exigent que ces derniers soient pourvus d'une « porte de service » avec une clé à l'intention des services de renseignement. Les grands noms de l'informatique comme Microsoft, Netscape et IBM (via sa filiale Lotus) sont accusés de collaborer avec la NSA en fournissant à l'exportation vers l'Europe des versions moins fiables de leurs logiciels de cryptage, afin de permettre aux ordinateurs d'Échelon de décoder plus facilement les messages chiffrés par les Européens. Ce procédé porte le nom de « workfactor reduction » ou réduction du temps de traitement. Par ailleurs, les modules de cryptage de ces logiciels intègrent des backdoors (« portes de service ») à l'usage de la NSA. Ainsi, même si ces logiciels disposent dans leur version européenne de procédés de cryptage aussi fiables que ceux des Américains, la NSA peut déchiffrer aisément les messages. Dans son édition du 17 février 2000, la lettre d'information spécialisée *Le Monde du renseignement* déclare avoir pris connaissance d'un rapport confidentiel commandé par la Délégation aux affaires stratégiques (DAS) du ministère de la Défense français. Ce document de 100 pages, intitulé « Sécurité des systèmes d'information : dépendance et vulnérabilité » et rédigé par l'amiral Jean Marguin en compagnie de deux experts, est lourd de soupçons concernant le numéro un mondial du logiciel. Il évoque « *la présence de personnels de la NSA dans les équipes de développement de Bill Gates* » et invite à se méfier des systèmes de cryptographie mis en œuvre dans MS-Dos et dans Windows. Le rapport rappelle également la découverte l'été dernier, par le chercheur canadien Andrew Fernandez, d'une ligne contenant les initiales NSA dans le code de Windows. Les auteurs du rapport retiennent trois hypothèses plausibles : « *Soit il s'agit d'un moyen pour la NSA de diminuer les capacités de chiffrement des produits Microsoft destinés à l'export; soit cette ligne permet à la NSA de déchiffrer plus rapidement les messages cryptés qu'elle intercepte; soit enfin il s'agirait d'une clé utilisée par la NSA pour charger ses propres applications quand elle acquiert des ordinateurs fonctionnant sous Windows* ». Les auteurs du rapport révèlent encore qu'« *il semblerait que la création de Microsoft ait été largement encouragée, entre autres financièrement, par la NSA et qu'IBM se soit vu imposer le MS-Dos comme système d'exploitation par la même administration* ».

En 1978, le Congrès américain vota une loi qui permit la création d'un tribunal (Foreign Intelligence Surveillance Court) chargé d'étudier le bien-fondé des demandes de mise sous surveillance électronique. En fait ce tribunal autorise toutes les demandes de surveillance émanant des agences de renseignement. Alors qu'il devrait protéger les citoyens américains contre toute écoute abusive, il laisse la NSA entièrement libre de ses choix. Il existe en outre une connivence entre la NSA et de grandes sociétés américaines dont certaines ont mis au point la technologie du système Échelon (IBM, General Electric, RCA, Microsoft, Sun Microsystems, Oracle, Lockheed Martin, Space System, TRW, Raytheon, Bendix). Pour accroître la compétitivité de ces firmes privilégiées, la NSA espionne leurs concurrents étrangers. Aux États-Unis, les renseignements économiques relèvent de la sécurité nationale, au même titre que les renseignements militaires. Il existe au secrétariat américain au commerce un Office of Intelligence Liaison (OIL), qui reçoit les dossiers de la NSA et communique les analyses qu'ils contiennent à de grands groupes américains, tels que Boeing, Lockheed, Loral, TRW ou Raytheon. Or ce sont ces groupes qui ont conçu les satellites espions Orion/Mentor et Trumpet, voués à écouter les téléphones fixes et mobiles. L'espionnage industriel pratiqué par les États-Unis coûterait aux sociétés européennes des milliards de dollars chaque année. Ainsi, en 1994, le réseau Échelon a permis aux américains de ravir aux sociétés françaises Thomson-CSF et Alcatel un marché de radars pour la surveillance de la forêt amazonienne (au Brésil) au profit du groupe américain Raytheon. En 1995, la firme Airbus perdit un important contrat de 35 milliards de francs avec l'Arabie Saoudite parce que son concurrent américain, McDonnell Douglas, avait pu présenter une offre plus attrayante grâce aux informations du réseau Échelon.

C'est ce manque à gagner qui a déclenché récemment l'examen attentif du système Échelon par l'Union Européenne, et non l'atteinte aux libertés individuelles des citoyens européens. Nos élus devraient pourtant s'indigner que des communications privées, interceptées sur notre continent par la NSA, transitent par la station britannique de Menwith Hill avant d'être transférées par satellite vers Fort Meade dans le Maryland ! Le Parlement européen a commandé, à quelques mois d'intervalle, deux rapports sur le réseau Échelon. Le premier, remis fin 1999, est baptisé « Interception Capabilities 2000 ». Le second est l'œuvre de Duncan Campbell, journaliste écossais indépendant, spécialiste des questions d'espionnage. Après avoir pris connaissance de ces rapports, 171 parlementaires européens sur 626 ont signé une demande de création de commission d'enquête sur le réseau Échelon. A la suite du rapport du Parlement de Bruxelles accusant la NSA d'espionnage au détriment des Européens, les autorités américaines ont justifié les missions du réseau Échelon. Le directeur de la CIA, George Tenet, a déclaré sans vergogne au Congrès : « *Il existe des pays qui utilisent leurs services de renseignement pour promouvoir leurs activités économiques. C'est une chose à laquelle les Américains ne se livrent pas* ». Pour sa part, la NSA, redoutant une éventuelle commission d'enquête, a adressé une lettre aux membres du Congrès, affirmant qu'elle n'avait d'autre but que de sécuriser les communications des citoyens américains. Le Parlement européen fut ensuite partagé sur l'opportunité de la création d'une commission d'enquête visant un système d'interception mis en place par les États-Unis avec le soutien actif du Royaume-Uni. Il apparaissait en effet clairement que Londres espionnait ses partenaires européens pour le compte de l'Amérique, principal rival commercial de l'Union européenne. Lorsque au début de l'an 2000 les ordinateurs de la NSA ont été paralysés pendant trois jours par une défaillance attribuée à des pirates informatiques, ce sont les Britanniques qui ont pris le relais pour assurer le fonctionnement d'un système qui viole à la fois les droits fondamentaux et la législation des États européens. Le jeudi 30 mars 2000, au Parlement européen, monsieur Erkki Liikanen, commissaire européen chargé des entreprises et de la société de l'information, bien décidé à enterrer la commission d'enquête, a évoqué « l'affaire » sans jamais citer le mot « Échelon », se bornant à constater que le type d'activités évoquées « *tombe au-delà des compétences de la loi communautaire* », et ajoutant : « *c'est la nature même des activités d'espionnage que ceux qui n'y sont pas mêlés ne peuvent ni confirmer ni démentir leur existence. Mais, il est évident que de telles capacités technologiques d'intercepter des communications électroniques existent. Et il n'y a pas de preuve pour dire qu'elles ne sont pas utilisées* ». Le Parti populaire européen, par la voix de madame Eva Klamt, a rejeté toute idée de commission d'enquête pour ne pas « *faire du Parlement européen un théâtre à la James Bond* ». Quant à monsieur Jonathan Faull, porte-parole de la Commission européenne, il a déclaré que la Commission européenne était « préoccupée » mais seulement dans la « limite de ses compétences » et qu'elle « examinait les réponses » données par le département d'État américain et les autorités britanniques qui, à l'évidence, ont dû le satisfaire.

En dépit de la gravité des faits relatés dans le rapport de Duncan Campbell, et malgré la pression exercée par certains députés européens, l'affaire a été enterrée par le Parlement de Strasbourg. La conférence des présidents du Parlement européen, réunie le jeudi 13 avril 2000 à Strasbourg, a décidé de ne pas créer une commission d'enquête sur le réseau d'espionnage Échelon. Les principaux groupes que sont le PSE (socialistes), le PPE (droite) et les libéraux ont voté contre. Les Britanniques, qui sont les principaux acteurs des écoutes électroniques avec les États-Unis, ont fait barrage. Quant aux autres États de l'Union, ils n'ont pu qu'afficher leur embarras, sachant que leurs gouvernements respectifs avaient souvent collaboré avec la NSA ou profité des informations du réseau Échelon. Arthur Paecht, député français du Var et rapporteur de la mission d'information sur les écoutes électroniques de la Commission de la défense nationale et des forces armées de l'Assemblée nationale, a déclaré : « *Nous savons pertinemment que dans le contexte de pacte défensif militaire, il y a eu certainement des rapports entre nos services de renseigne-*

ments et ceux des cinq pays réunis au sein du pacte Échelon ». Par 340 voix contre 210, le Parlement européen a définitivement rejeté le mercredi 5 juillet 2000 toute commission d'enquête sur le réseau Échelon. Les députés britanniques ont lourdement pesé dans cette décision.

Les États-Unis ont également justifié Échelon au nom de la lutte contre la corruption et du libre-échange. En guise de réponse à l'indignation des parlementaires européens concernant Échelon, l'ancien patron de la CIA, James Woolsey, a déclaré cyniquement dans les colonnes du *Wall Street Journal* : « *Oui, mes amis du continent européen : nous vous avons espionnés parce que vous décrochez des contrats commerciaux internationaux à l'aide de pots de vin* ». James Woolsey insista lourdement sur le fait que si les entreprises européennes étaient moins corrompues, elles seraient moins surveillées. Ainsi, Thomson-CSF « *aurait offert des pots de vin à des membres du comité officiel de sélection brésilien* », et en ce qui concerne Airbus, « *des agents (du consortium européen) versaient des dessous de table à un responsable saoudien* ».

En dépit des réticences policières françaises à l'égard des logiciels de cryptage, la seule parade réelle à Échelon pour les industriels est le recours à la cryptographie. Les données circulant sur Internet risquent, selon la CNIL, d'être interceptées sans cadre légal. La CNIL souligne que « *l'interaction informatisée à l'échelle mondiale rend malaisée l'application de certains principes classiques de protection des données* ». Elle souligne également le problème des « *conditions légales de cryptage des messages transmis sur les réseaux* ». Grâce à la cryptologie, il est désormais possible de déjouer les interceptions sur Internet en cryptant les messages informatiques par l'entremise de logiciels spécialisés. En France, le Service central de sécurité des systèmes d'information (SCSSI), dépendant de Matignon et que dirige le général Jean-Louis Desvignes, est chargé de délivrer les autorisations d'utilisation de ces logiciels, sous conditions. Des « tiers de confiance » autoriseront l'utilisation dans l'Hexagone de logiciels de cryptologie résistant, en principe, aux attaques des pirates informatiques. Ces tiers de confiance – en fait, des industriels spécialistes de l'informatique militaire – vendront à leurs clients des logiciels de cryptologie et le code secret y donnant accès. L'appellation « tiers de confiance » signifie qu'ils seront tenus de remettre aux autorités – sur demande de la justice – le code secret de leur client, ce qui permettra de déchiffrer les communications électroniques cryptées dont l'interception aurait été décidée. La législation interdit de fait le droit de dissimuler ses communications à la surveillance de l'administration. Tout système de cryptologie étant considéré comme arme de guerre, il est possible de crypter ses communications mais uniquement avec des logiciels agrées par l'administration, à savoir par le SCSSI (Service central de la sécurité des systèmes d'information), dépendant du Secrétariat général de la défense nationale. Les « tiers de confiance » qui tiennent la clé de leurs logiciels à la disposition de la justice sont à la fois vendeurs et auxiliaires de police.

Pour l'instant, en France, seuls les services d'urgence (Samu et pompiers), les zones sensibles des centrales nucléaires, certaines cabines de pilotage (TGV, tramway, métro) et le centre de transactions financières des opérations de Bourse procèdent à l'enregistrement systématique de leurs communications téléphoniques. En dehors de ces enregistrements, seules les écoutes administratives et judiciaires sont légales en France.

Les écoutes du gouvernement dites « préventives » ont été légalisées en 1991 pour « rechercher des renseignements » sur les atteintes à la sécurité de l'État, le terrorisme, la reconstitution de ligues dissoutes, le crime organisé, ainsi que pour la sauvegarde du potentiel scientifique et économique. Autorisées par le Premier ministre après avis de la Commission nationale de contrôle des interceptions de sécurité, elles sont effectuées par le Groupement interministériel de contrôle (GIC), installé dans les sous-sols de l'Hôtel national des Invalides à Paris et dont les activités sont couvertes par le secret défense. C'est le 28 mars 1960 que le Premier ministre, Michel Debré, créa le GIC. La loi du 10 juillet 1991 (articles 14, 15 et 17) attribue à la Commission nationale des interceptions de sécurité (CNCIS), présidée à sa création par Paul Bouchet, une mission de contrôle des écoutes administratives, qui lui sont obligatoirement soumises pour avis par le Premier ministre. Ce dernier n'est cependant pas tenu de suivre son avis. C'est le cabinet du Premier ministre qui signe à Matignon les autorisations de branchement que les spécialistes nomment « cartons ». Les écoutes des postes fixes sont effectuées par le GIC dans les sous-sols des Invalides où 1540 magnétophones fonctionnent en permanence pour les services du ministère de l'Intérieur (PJ, RG, DST), de la Défense (DPSD, DGSE, Gendarmerie) et du Budget (Douanes). Plusieurs services du ministère de la Défense disposent donc d'un contingent de lignes dans le cadre des écoutes administratives. C'est le « bureau réservé » du ministre de la Défense qui instruit les demandes et les transmet à Matignon. Les Renseignements Généraux et la DST ont régulièrement recours aux services du GIC, en particulier dans les affaires de terrorisme et de trafics internationaux de stupéfiants. Pour ses enquêtes, la Police judiciaire a le choix entre les écoutes administratives et les écoutes judiciaires. En 1996, 1180 écoutes administratives simultanées étaient autorisées en France, 232 écoutes de lignes pour le ministère de la défense (DGSE, DPSD, Gendarmerie), 928 pour le ministère de l'Intérieur (DST, RG, PJ) et 20 pour le ministère des Finances (Douanes), avec possibilité de dépassement. En 1999, le nombre total de demandes d'interceptions de sécurité s'établissait à 4 687, dont 81% pour la prévention du terrorisme et de la criminalité organisée. Les interceptions de communications sur les postes mobiles sont effectuées par les opérateurs (Itinéris, SFR, Bouygues) qui ont l'obligation d'intégrer dans leurs systèmes les moyens techniques permettant de procéder aux interceptions légales. En 1998, il y eut ainsi 316 écoutes de mobiles. Entre janvier et décembre 1998, la part des mobiles dans les contrôles soumis à la Commission nationale des interceptions de sécurité (CNCIS) est passée de 12% à 27,5%. Fin mars 2000, elle approchait du tiers des demandes d'écoutes. La CNCIS se plaint du « *coût élevé des interceptions de mobiles, qui sont de l'ordre de 4 000 à 4 500 francs, contre 2 000 francs pour un téléphone fixe* », qui grève le budget de 30 millions de francs par an du Groupe interministériel de contrôle. Le 24 avril à Montrouge (Hauts-de-Seine), un bâtiment de France Télécom Mobiles (FTM), a été cambriolé. Au cours de ce cambriolage, 360 formulaires de demandes d'écoutes téléphoniques administratives (« cartons »), émanant des différents services de renseignements policiers et militaires, ont été dérobés. Sur les 360 documents volés, environ 260 portaient sur des interceptions révolues, qui auraient dû avoir été détruites par les deux cadres de FTM affectés à la gestion des écoutes administratives et habilités au secret défense. A cette occasion, le secrétaire d'État à l'Industrie, Christian Pierret, a révélé que France-Télécom Mobile n'a « *pas détruit selon la règle les cartons d'écoutes périmées et n'a pas pris la mesure de la protection de la confidentialité de ces procédures. Des observations sévères vont lui être adressées* ». Monsieur Mandelkern, président de la Commission nationale de contrôle des interceptions de sécurité a déclaré qu'il s'agissait d'une « *mésaventure tout à fait fâcheuse* » et que « *les précautions souhaitables n'avaient pas été prises* » par des cadres habilités au secret défense.

Parmi les écoutes légales, les écoutes judiciaires, ordonnées par les juges d'instruction (et seulement eux) sont les plus nombreuses : plus de 11 000 en 1995. Elles sont autorisées dès que la peine maximale encourue est supérieure à deux ans. La ligne de partage entre écoutes administratives et judiciaires n'est pas toujours respectée, la police judiciaire ayant le choix entre les écoutes judiciaires et les écoutes administratives. Les tensions occasionnelles entre opérateurs et magistrats instructeurs, qui se plaignent des retards à exécuter leurs réquisitions, conduisent parfois à un transfert des demandes vers la procédure administrative.

Des dérives basées sur la notion très floue de terrorisme ont été commises en France par la cellule antiterroriste de l'Élysée sous la présidence de François Mitterrand. La cellule antiterroriste utilisait les moyens de la DGSE (ministère de la Défense) au sein du Groupement des interceptions de communication. C'est l'ex-Groupement des contrôles radioélectriques (GCR), devenu la direction technique à la direction générale de la sécurité extérieure (DGSE) qui dispose des moyens d'écoute. Du mois de janvier 1983 au mois de mars 1986, cette cellule a mis sur écoute des journalistes, des avocats et des particuliers comme l'actrice Carole Bouquet. Ces « écoutes administratives » ont été ordonnées par François Mitterrand et ses proches collaborateurs, arguant de vagues prétextes tels que la « sécurité du président de la République » ou le « trafic d'armes ». Des atteintes intolérables à la vie privée de citoyens ont été ordonnées par le premier personnage de l'État, en dehors de tout contrôle parlementaire, pour protéger des secrets d'alcôve. Le parquet a ouvert, le 19 mars 1993, une information judiciaire pour « atteinte à l'intimité de la vie privée, attentat à la liberté et à la Constitution, forfaiture ». L'enquête du juge Valat a été sans cesse entravée par le recours au fameux « secret défense ». Le premier à l'invoquer fut le président de la Commission nationale de contrôle des interceptions de sécurité (CNCIS), Paul Bouchet, qui refusa de communiquer au juge les conclusions de son enquête. Tout citoyen français qui, apprenant qu'il faisait l'objet d'une écoute administrative, saisissait la CNCIS pour en connaître le motif, recevait de Monsieur Paul Bouchet le texte laconique et définitif suivant : « *La Commission nationale de contrôle des interceptions de sécurité a procédé à la vérification demandée. Cette vérification n'a fait apparaître aucune interception qui serait contraire aux dispositions légales. Je vous informe que la loi du 11 juillet 1991 a strictement défini la réponse que la Commission peut apporter aux personnes qui la saisissent aux fins de contrôle. L'article 17 précise expressément que « lorsque la Commission a exercé son contrôle à la suite d'une réclamation, il est notifié à l'auteur de la réclamation qu'il a été procédé aux vérifications nécessaires* ». » Nous voyons comment nos élus ont protégé nos libertés individuelles! L'ancien directeur adjoint du cabinet de François Mitterrand et l'ancien responsable de la cellule antiterroriste de l'Élysée se sont également retranchés derrière le secret défense mais le juge Valat les a mis tous deux en examen pour « atteinte à l'intimité de la vie privée » et « conservation en mémoire informatisée de données nominatives ». Dans un ouvrage publié aux Editions Fayard en 1999 et intitulé *L'œil du pouvoir*, l'ancien directeur du cabinet de François Mitterrand, monsieur Gilles Ménage, a reproduit des transcriptions d'écoutes téléphoniques effectuées en 1985 au domicile d'Edwy Plenel, collaborateur du quotidien *Le Monde*. Dans un jugement rendu mardi 9 mai 2000, la 17e chambre du tribunal correctionnel de Paris a condamné, en marge du dossier principal « des écoutes de l'Élysée », Gilles Ménage en vertu de l'article 226-2 du code pénal sur l'atteinte à la vie privée. Il apparaît que l'ensemble de l'appareil d'État a participé à la violation de la Constitution française, et ce d'autant plus facilement qu'il n'existe pas de structure parlementaire ayant le pouvoir de contrôler les activités des services secrets et l'utilisation qu'ils font de l'argent public. Notre Constitution stipule pourtant qu'aucune action du gouvernement ne doit échapper au contrôle du Parlement. La Commission de la défense à l'Assemblée nationale a rendu publique, le mercredi 24 novembre 1999, une proposition de loi instituant « une instance parlementaire » sur les questions de renseignement. La Commission sénatoriale des affaires étrangères et de la défense avait déposé un texte de loi en ce sens au mois de septembre 1997 mais elle l'avait retiré peu après. En attendant, le Directeur du renseignement militaire (DRM) vient d'opposer une fin de non-recevoir à la demande d'audit formulée par le rapporteur de la Commission de la défense à l'Assemblée nationale. Monsieur Michel Roussin, ancien ministre et ancien fonctionnaire du SDECE, déclarait récemment qu'il était « *inconcevable que des parlementaires puissent avoir un droit de regard sur l'utilisation des fonds secrets* ». Bernanos avait prévu de telles dérives de la part des fonctionnaires mais également des intellectuels : « *Au petit bourgeois français refusant de laisser prendre ses empreintes digitales, l'intellectuel de profession, toujours complice du pouvoir, même quand il paraît le combattre, ripostait avec dédain que ce préjugé contre la Science risquait de mettre obstacle à une admirable réforme des méthodes d'identification. En ce temps-là, le procédé de M. Bertillon n'était en effet redoutable qu'au criminel, et il en est de même encore maintenant. C'est le mot de criminel dont le sens s'est prodigieusement élargi, jusqu'à désigner tout citoyen peu favorable au Régime, au Système, au Parti, ou à l'homme qui les incarne* ».

Entre les écoutes administratives et judiciaires, seules légales, et les écoutes sauvages, les conversations de 120 000 personnes seraient surveillées chaque année en France. Paul Bouchet, premier président de la CNCIS, s'était donné pour principale mission de « *combattre les écoutes sauvages* », plutôt que de combattre les écoutes administratives abusives. Les écoutes sauvages regroupent des branchements téléphoniques mais également la pose de micros clandestins responsables de la majorité des 100 000 écoutes sauvages annuelles. Un micro-émetteur de la taille d'une tête d'épingle permet en effet de surprendre les conversations dans un rayon de plusieurs centaines de mètres. Les agents du Service X de la DGSE, héritier du Service 7 du SDECE, sont spécialisés dans les visites domiciliaires permettant les installations clandestines de micros. Mais il est d'ores et déjà possible, à l'aide de microphones paraboliques ou laser, de capter des paroles prononcées à 1 kilomètre de distance ou de décrypter des conversations par l'analyse des vibrations de vitres normalement imperceptibles. Un robot insecte mis au point par des chercheurs de l'université de Berkeley aux États-Unis est un espion discret possédant quatre ailes au lieu de deux et pesant 43 mg. Il peut voler dans une pièce, se fixer au mur ou au plafond et enregistrer tout ce qui se passe alentour. Le gouvernement américain a investi 2,5 millions de dollars dans ce projet afin d'incorporer cette nouvelle créature dans ses services de renseignement.

Les systèmes de dérivation installés secrètement sur une ligne téléphonique (« bretelle » ou « construction ») à partir d'un sous-répartiteur d'immeuble ou dans la rue sont aujourd'hui obsolètes. Des systèmes d'écoute sophistiqués sont sortis du cadre du GIC et des opérateurs de téléphonie mobile pour équiper de nombreuses sociétés dont certaines entretiennent des rapports privilégiés avec l'État. L'organisme de contrôle des entreprises de télécommunication du Salvador vient de condamner France-Télécom pour avoir procédé à des écoutes téléphoniques illégales au profit des services secrets salvadoriens. France-Télécom est en effet l'actionnaire majoritaire de la compagnie téléphonique du Salvador (CTE-Telecom). Les interceptions de communications concernaient des associations, des syndicats, des banques, des journalistes mais également le procureur de la République ainsi que des particuliers. Bien que les faits soient niés par le président de CTE-Telecom, le français Dominique Saint-Jean, l'entreprise a été condamnée pour « violation du secret des communications » et « graves violations des garanties constitutionnelles ». De nombreuses officines privées, qui emploient d'anciens policiers ou gendarmes disposant de complicités à l'intérieur de l'administration, disposent de moyens d'écoute aussi performants que ceux de l'État. La Compagnie des signaux, spécialisée dans l'électronique et l'informatique de sécurité, est un bon exemple de la collusion entre le renseignement public et privé. Elle a abandonné les ventes d'armes en 1998 pour renaître sous le nom de Communications et Systèmes (CS), société spécialisée dans les écoutes. Cette annexe des services secrets français emploie, entre autres, l'ex-général de l'armement Claude Mouton (vice-président de CS), monsieur Raymond Nart, inspecteur général honoraire de la police nationale et retraité de la DST, ainsi que Jean-Louis

Hérail, ancien magistrat du parquet financier de Paris. La Compagnie des signaux a exporté du matériel sophistiqué d'interception téléphonique par satellite vers l'Angola pour un contrat baptisé « Menta » s'élevant à 100 millions de francs. L'Angola s'est doté en secret de matériel d'interception pour anéantir la rébellion des indépendantistes de l'Unita. La vente, la possession et l'utilisation des matériels d'interception disponibles dans le commerce ne font donc pas l'objet du contrôle qui s'imposerait.

En Grande-Bretagne, 20 % des centres d'appels téléphoniques commerciaux sont sur écoute. Pour surveiller le travail de leurs employés, les entreprises britanniques enregistrent leurs conversations téléphoniques avec les clients. La firme britannique Eyretel, spécialiste des logiciels d'analyse des conversations, tente de convaincre les centres d'appels téléphoniques spécialisés dans la vente par téléphone de s'équiper de son dispositif d'enregistrement numérique dénommé « Quality Call ». Ce dispositif, relié à la fois au central téléphonique, à la base de données des clients et aux micro-ordinateurs des opérateurs, entend ce qui se dit sur 256 lignes téléphoniques simultanément et peut engranger 1650 heures de conversation. Il permet de contrôler l'efficacité des opérateurs car ces derniers sont tenus de suivre scrupuleusement le menu qui se déroule à l'écran. Il est en effet capable d'enregistrer ce qui s'affiche sur l'écran de l'ordinateur en même temps que les mouvements de la souris et les propos de l'agent. Les employés sont notés grâce à ce procédé et le nom de l'agent le plus performant est affiché sur un écran en temps réel. En France, des employées de la maison de couture Azzaro, victimes d'écoutes clandestines, ont porté plainte contre leur PDG pour « *atteinte à l'intimité de la vie privée par captation, sans consentement, de paroles prononcées à titre privé* ». Au cours du procès qui s'est tenu au tribunal correctionnel de Paris le jeudi 10 février dernier, il a été établi que des micros espions et des caméras avec micro incorporé aboutissaient à un système d'écoute et de vidéo-surveillance installé dans la chambre de Michele Azzaro, PDG de l'illustre maison de couture de la rue du Faubourg Saint-Honoré.

LA VIDÉO-SURVEILLANCE

Au nom de la sécurité routière, des caméras surveillent la circulation sur les voies publiques et scrutent tout ce qui peut encombrer ces dernières, des manifestations par exemple. Ces « réseaux de surveillance avec télévision en circuit fermé » (CCTV), comme celui mis en place à Londres par la compagnie américaine Software and Systems, sont capables, durant un défilé ou une manifestation, de scruter les foules et de comparer les visages aux images mémorisées dans de puissants ordinateurs. D'autres réseaux, comme le système britannique « Talon », peuvent reconnaître, de jour comme de nuit, les plaques minéralogiques et il est désormais possible d'enregistrer, un par un, l'intégralité des véhicules qui entrent ou quittent le périphérique de n'importe quelle grande ville. En Chine, des systèmes sophistiqués de contrôle de la circulation, installés sur la place Tiananmen, ont permis de filmer les contestataires au cours de la manifestation des étudiants en 1989. Les images enregistrées à cette occasion ont été diffusées par la télévision chinoise, avec promesse d'une récompense pour toute personne mettant un nom sur les visages. Ce dispositif a abouti à l'identification de la quasi-totalité des opposants. Les compagnies occidentales qui ont mis au point ces technologies continuent d'exporter des systèmes de contrôle de la circulation au Tibet, et particulièrement à Lhassa qui ne connaît aucun problème d'encombrement! Grâce à des logiciels intelligents qui analysent les images vidéo en les comparant à des images répertoriées, les rues de nos villes pourraient être surveillées à l'avenir par des caméras capables d'identifier et de localiser les criminels. Un premier pas dans cette voie vient d'être franchi par la Régie des transports de Marseille qui a installé un dispositif de vidéo-surveillance dans ses autobus afin de dissuader les délinquants d'agresser les conducteurs. A la suite de l'assassinat de plusieurs chauffeurs de taxis à Manhattan, le maire de New York, Rudolph Giuliani, a promis aux chauffeurs de taxis d'équiper leurs véhicules de caméras de surveillance filmant les passagers. Le maire socialiste de Strasbourg, Roland Ries, vient de faire voter un crédit de 12 millions de francs pour installer des caméras de vidéo-surveillance dans les transports en commun. Cette réalisation est annoncée comme une première étape de la généralisation des caméras dans l'espace public strasbourgeois, y compris dans les établissements scolaires. La ville de Lyon a décidé, fin avril 2000, de s'équiper d'un vaste réseau de vidéo-surveillance pour sécuriser le quartier de la Duchère et le centre ville. Le projet n'a rencontré aucune opposition, pas plus qu'il n'a suscité de véritable débat. D'ici à 2001, soixante caméras, pouvant tourner sur elles-mêmes de 360 degrés et zoomer à 100 mètres, surveilleront vingt-quatre heures sur vingt-quatre les faits et gestes des passants du plateau de la Duchère et de la presqu'île. Elles s'ajouteront à la vingtaine de caméras installées, à l'occasion de la Coupe du monde de football, au stade de Gerland. Une extension est envisagée au cas où le dispositif donnerait satisfaction. Une société démocratique peut donc aller très loin dans la violation de la vie privée de ses citoyens au nom de la lutte contre la délinquance. Au Royaume-Uni, 85 % des municipalités sont équipées de réseaux de vidéo-surveillance urbaine et l'on estime à un million le nombre de caméras disséminées, parfois de manière invisible, dans les rues, les squares, les places publiques, les zones piétonnières et au bord de certaines plages. L'universitaire britannique Clive Norris a calculé qu'« *En moyenne, un londonien moyen qui remplit une journée moyenne est filmé au moins trois cents fois par une trentaine de réseaux vidéo différents* ». Le ministre de l'intérieur de Tony Blair, Jack Straw, est tellement convaincu de l'utilité de la vidéo-surveillance qu'il promet son extension, dans les trois prochaines années, à l'ensemble du pays, que ce soit dans les autobus, les résidences collectives privées, les gares ou les parkings publics. Le terroriste David Copeland a déposé, les 17, 24 et 30 avril 1999, des engins explosifs dans différents lieux publics londoniens. Dès son premier attentat dans une rue de Brixton, le samedi 17 avril, il a été repéré sur une bande-vidéo récupérée par Scotland Yard auprès de la municipalité. L'image a ensuite été diffusée dans tous les médias écrits et télévisés du Royaume avec une promesse de 300 000 francs de récompense pour « toute information permettant d'arrêter » le suspect. La dénonciation d'un compagnon de travail a permis de l'arrêter. C'est également une caméra de surveillance qui permit, en 1993, d'arrêter les deux enfants de dix ans qui avaient assassiné le petit James Bulger à Liverpool. « Crime Watch », l'une des émissions favorites des Britanniques, diffusa la bande-vidéo des deux petits criminels accompagnés de leur victime.

La presse vient de révéler qu'une caméra des Renseignements généraux (RG) a filmé de façon continue le siège du Parti socialiste bordelais. Au premier étage de la résidence Saint-Marc, faisant face au siège girondin du PS, rue du Jardin public à Bordeaux, une informatrice des RG a filmé avec assiduité durant le premier semestre 1999 les locaux du Parti. Suite à la plainte du PS, l'enquête interne des RG n'a révélé qu'« *un filmage occasionnel opéré dans le cadre normal de la mission de prévention des troubles à l'ordre public qui est confiée aux RG* » et le ministre de l'Intérieur a déclaré que « *les RG étaient chargés de protéger le siège du PS contre une éventuelle occupation* ». Selon eux, il ne s'agissait que de filmer ponctuellement des militants de l'association « Agir contre le chômage », manifestant devant le siège du PS avec l'intention éventuelle d'occuper les locaux. Le fait que la police enregistre sur cassettes vidéo une manifestation de chômeurs est plutôt inquiétant pour les libertés individuelles, mais derrière cet alibi semble se profiler une authentique affaire de surveillance politique. Rappelons qu'en 1994, un policier des RG avait enregistré illégalement les propos d'une réunion à huis clos du Conseil national du PS à la Cité des sciences et de l'industrie, porte de la Villette à Paris. A la suite du scandale déclenché par cette affaire, les RG avaient dû abandonner leur mission de suivi des partis politiques.

A partir de leur expérience militaire, Américains et Français envisagent de confier aux drones des missions de surveillance et de sécurité urbaines. Les drones, petits avions de reconnaissance sans pilote, faciles à commercialiser, ont été utilisés durant la guerre aérienne contre la Yougoslavie pour collecter un grand nombre d'images au cours de leurs trajectoires au-dessus des lignes ennemies. Mis à disposition des forces de sécurité, ils pourraient surveiller les quartiers sensibles, les déplacements d'individus suspects ou les rassemblements de population lors de survols d'apparence insignifiante.

Sur le lieu de travail, les employeurs utilisent de plus en plus fréquemment des caméras pour surveiller le personnel. C'est ainsi que l'usine Thomson Daimler Aerospace de la Ferté-saint-Aubin (Loiret) a placé une caméra de surveillance, braquée sur le local syndical, dans un lampadaire du parking de l'entreprise. La caméra, guidée depuis le poste de garde, possède un objectif suffisamment puissant pour déchiffrer les documents posés sur les tables du local de la CGT et de la CFDT. La déléguée CGT qui a dénoncé cette vidéo-surveillance est menacée de licenciement. Cette caméra est située dans une zone hors production ne relevant pas du secret défense et n'a d'autre but que de contrôler les allées et venues des salariés se rendant au local syndical. Au Japon, certaines entreprises disposent de toilettes qui procèdent automatiquement à des tests de détection de drogue et qui filment ensuite les personnes soupçonnées de se droguer à l'intérieur même des toilettes. Dans les hôpitaux américains, certaines chambres sont placées sous la surveillance d'une caméra en cas de suspicion de syndrome de Munchausen par procuration. Il s'agit d'une forme de maltraitance extrême qui peut aboutir à l'infanticide, la vidéo-surveillance visant dans ce cas à surprendre les mères criminelles et à produire les images en justice. Utilisée dans les hôpitaux américains depuis 1990, la vidéo-surveillance est pour l'instant interdite en France. Sur les terrains de sport, la surveillance par caméra des match de foot et de rugby est réclamée par certains pour confirmer ou infirmer les décisions d'arbitrage et confondre les auteurs des brutalités sur les stades.

En ce qui regarde les lieux privés, le mal est tout aussi pernicieux. Aux États-Unis, certains n'hésitent pas à dissimuler dans leur appartement des caméras pour enregistrer à leur insu les baby-sitters qu'ils emploient pour la soirée. Sur l'écran de leur ordinateur professionnel, ils peuvent également surveiller leur domicile via Internet grâce à une caméra raccordée à un PC. La vidéo-surveillance des lieux communs des immeubles (hall d'entrée, parking sous-terrain...) est aujourd'hui admise dans notre pays. Les images recueillies par ces caméras ancillaires aboutissent directement sur le téléviseur de chaque appartement, à partir d'un canal présélectionné. Ces regards indiscrets permettent à chaque résident de surveiller les allées et venues de ses voisins, et qui plus est de les enregistrer sur cassette vidéo. Il en est même qui passent leur soirée à regarder le canal de vidéo-surveillance comme un programme conventionnel. Après le robot insecte venu des États-Unis, le *New York Times* du 16 janvier dernier vient d'annoncer que « *L'espionnage par satellite est désormais à la portée des particuliers* ». Une entreprise du Colorado propose en effet aux particuliers des clichés pris par satellite de leur épouse ou de leurs voisins, au prix de 6 500 francs la photographie. De tels procédés ne peuvent que favoriser le voyeurisme et la délation optique.

Le voyeurisme est à la base d'un nouveau concept d'émission TV, inspiré de programmes du web montrant la vie intime d'individus anonymes, qui fait fureur en Europe et aux États-Unis. Il consiste à scruter, 24 heures sur 24, les faits et gestes d'individus cloîtrés dans une maison truffée de caméras et de micros. Ainsi, « Big Brother », une émission TV créée par la société de production néerlandaise Endemol, a connu il y a quelques mois un grand succès. Chaque jour les spectateurs purent suivre la vie de la maisonnée en continu sur Internet, ou le soir sous forme de résumé télévisé. Cette entreprise voyeuriste a déclenché l'enthousiasme de Pascale Breugnot, directrice d'Ego Productions : « *Pour moi, il y a un vrai fait de société, et une nouvelle façon d'utiliser la télévision. Les anonymes qui participent à « Big Brother » ont accepté l'idée qu'être filmé, montrer son intimité, peut créer du plaisir. J'y vois une nouvelle façon de communiquer avec les autres. C'est aussi une autre façon de considérer l'intimité* ». Mais la télévision va encore plus loin dans le viol de l'intimité. Une télévision californienne encourage la délation au nom de la vertu et dénonce au jour le jour les clients des prostituées. A Stockton (Californie), un programme du canal 42 du réseau câblé local, baptisé « Vice TV », diffuse régulièrement les images d'arrestations des prostituées et de leurs clients, en précisant l'état civil complet des intéressés. La conseillère municipale qui est à l'origine de Vice TV, Ann Johnston, déclare : « *Nous voulons seulement que les prostituées quittent la ville* ». L'émission est « légale » en Californie car elle ne dévoile les images des prostituées et de leurs clients qu'après le jugement. La police de Stockton a multiplié par quatre le nombre de ses interventions pour prostitution afin de pouvoir alimenter l'émission en nouvelles photos. L'officier de police Anderson a déclaré : « *Ils* (les clients des prostituées) *nous supplient de ne pas les montrer à la télé. Une femme a imploré l'autre jour qu'on épargne son mari, à cause des enfants et des remarques à l'école. C'est triste mais on ne peut faire aucun traitement de faveur* ». Le canal 42 vient de lancer la diffusion de « Télé graffiti », qui dénonce les taggers de la ville, et envisage de produire prochainement « Télé délabrement » pour désigner les propriétaires négligents qui laissent à l'abandon les maisons du centre ville. Après Kansas City (Missouri) en 1997, quatre autres villes américaines ont adopté le concept d'une chaîne de délation des prostituées et de leurs clients : Miami (Floride), Spokane (Washington), Des Moines (Iowa) et Saint Paul (Minnesota). D'autres communautés exposent les clients du plus vieux commerce du monde dans les journaux ou sur l'Internet, parfois juste après l'arrestation.

Au début du siècle, le petit bourgeois français refusait de laisser prendre ses empreintes digitales comme un vulgaire forçat. Il y a trente ans, nos compatriotes refusaient unanimement de servir de gibier aux chasseurs de l'administration. En 1996 et 1997, le peuple français et son Conseil constitutionnel rejetaient tout système de contrôle du réseau Internet. Quelle malédiction s'est donc abattue sur notre pays pour que les pirates informatiques soient aujourd'hui les seuls à combattre avec quelque succès pour la défense des libertés individuelles ! Comment acceptons-nous de vivre sans révolte dans une maison de redressement informatique, truffée de caméras et de micros, inaugurée par nos élus et protégée par la CNIL ! Et comment ne pas ressasser le message douloureusement prémonitoire de Bernanos : « *L'idée qu'un citoyen, qui n'a jamais eu affaire à la Justice de son pays, devrait rester parfaitement libre de dissimuler son identité à qui il lui plaît, pour des motifs dont il est seul juge, ou simplement pour son plaisir, que toute indiscrétion d'un policier sur ce chapitre ne saurait être tolérée sans les raisons les plus graves, cette idée ne vient plus à l'esprit de personne. Le jour n'est pas loin peut-être où il nous semblera aussi naturel de laisser notre clef dans la serrure, afin que la police puisse entrer chez nous nuit et jour, que d'ouvrir notre portefeuille à toute réquisition. Et lorsque l'État jugera plus pratique, afin d'épargner le temps de ses innombrables contrôleurs, de nous imposer une marque extérieure, pourquoi hésiterions-nous à nous laisser marquer au fer, à la joue ou à la fesse, comme le bétail ?* ».

Juin 2000 – août 2000.

UN MONDE À BOUT DE SOUFFLE

« *Nous n'héritons pas de la terre de nos ancêtres, nous l'empruntons à nos enfants* ». Par cette phrase, également attribuée à un chef indien, Antoine de Saint-Exupéry engage clairement notre responsabilité sur les conditions de vie des générations futures. Malgré cette mise en garde et pour la première fois dans l'histoire de l'univers, l'homme met en péril l'avenir de l'humanité en saccageant l'air, l'eau et la terre. La perturbation globale de l'atmosphère et du climat, engendrée par la pollution, menace la vie sur terre à très court terme et l'air, ressource universelle, est devenu une vulgaire marchandise. Dans la mise en garde publiée à l'occasion de la journée mondiale de l'environnement, le lundi 5 juin 2000, l'ONU a estimé que « *des surprises écologiques désagréables pointaient à l'horizon* ».

LA POLLUTION ATMOSPHÉRIQUE

La pollution atmosphérique est liée aux gaz émis par les moteurs des véhicules, par les centrales thermiques, par l'activité industrielle et agricole, par les moyens de chauffage individuels et collectifs, ainsi que par la décomposition et l'incinération des déchets. L'utilisation des énergies fossiles est responsable de la majeure partie de ces émissions. Les gaz qui polluent l'air respirable sont essentiellement représentés par le monoxyde et le dioxyde d'azote, l'ozone, le dioxyde de soufre, le monoxyde de carbone, les fumées noires et les particules en suspension. L'ozone, dont la présence est bénéfique en haute atmosphère, est toxique pour l'homme qui le respire en basse atmosphère. Il résulte de la transformation chimique de certains polluants primaires (oxydes d'azote, solvants et hydrocarbures) en présence du rayonnement ultraviolet du soleil. Ce gaz bloque en outre la respiration des végétaux par le biais d'une inhibition du processus d'ouverture de leurs stomates. L'inhalation de particules de diamètre apparent inférieur à 10 microns (PM 10) est également à l'origine d'effets sur la santé à court et long terme. De leur côté, les polluants atmosphériques se combinent dans l'atmosphère avec de l'hydrogène et retombent sous forme de pluies acides. Une étude réalisée pour l'OMS et rendue publique en juin 1999 à Londres, soutenait qu'en 1996, 31 692 décès prématurés pouvaient être attribués en France à la pollution atmosphérique. Les pesticides polluent également l'air. Il était bien établi jusqu'alors qu'une partie des pesticides utilisés dans l'agriculture se retrouvaient dans l'eau, mais la communauté scientifique constate aujourd'hui que ces mêmes produits sont aussi présents dans l'air qu'on respire. Entre 25% et 75% des pesticides répandus chaque année en France se dispersent dans l'atmosphère. Or, s'il existe des normes concernant la pollution des eaux par les pesticides, aucun texte ne fixe de limite à leur présence dans l'air. Certaines mesures montrent pourtant que, par endroits, le taux de pesticides dans l'air est jusqu'à cent fois supérieur à celui autorisé pour l'eau potable. Des taux de pesticides très largement supérieurs aux normes autorisées ont été relevés dans l'air de la région Nord-Pas-de-Calais. Certaines zones urbaines, comme la métropole lilloise, seraient plus touchées par la pollution que les zones rurales. Les risques pour la santé sont bien connus, l'absorption répétée de pesticides pouvant entraîner des cancers, des affections neurologiques et des troubles de la reproduction.

La pollution perturbe notablement le régime des pluies. Les longues traînées de pollution flottant au-dessus et sous le vent des villes et des usines correspondent aux régions où les précipitations diminuent voire s'interrompent complètement. Ce phénomène a été observé aussi bien au Canada, en Australie qu'en Turquie. Les particules microscopiques émises par les usines et les automobiles, lorsqu'elles s'accumulent en trop grand nombre dans l'air, sont susceptibles d'enrayer le phénomène de condensation nécessaire à la pluie, c'est-à-dire la transformation de la vapeur d'eau des nuages en gouttelettes puis en gouttes. Dans un nuage pollué, les micro-gouttelettes sont très nombreuses mais incapables de grossir suffisamment pour se transformer en pluie. Les feux de forêt, qui modifient le climat global en dégageant de grandes quantités de dioxyde de carbone, perturbent également les phénomènes météorologiques locaux en empêchant la pluie de tomber. En dégageant beaucoup de cendres et de poussières, les feux de végétation forment autant de noyaux de condensation autour desquels se forment des micro-gouttelettes incapables de déclencher des précipitations. Pour l'instant, l'impact de l'homme sur les précipitations globales n'est pas évalué.

Le sous-continent indien est actuellement l'une des régions les plus polluées du monde. L'urbanisation, avec ses usines et ses moyens de transport polluants, provoque une dégradation atmosphérique massive, de même que la pratique anarchique des brûlis. L'océan indien se couvre périodiquement d'une imposante couche de pollution produite par les activités des deux milliards d'habitants du sous-continent indien qui est en passe de devenir le plus important émetteur d'aérosols de la planète. Robert Sadourny, directeur de recherche au Laboratoire de météorologie dynamique (École normale supérieure de Paris, CNRS), précise que « *Ce nuage brunâtre, composé d'aérosols soufrés, d'oxyde de carbone, d'ozone, d'oxydes d'azote, de suie et de poussières diverses, s'étend sur une surface équivalant à celle des États-Unis. Il recouvre la plus grande partie de l'océan Indien, ainsi que la mer d'Arabie et la baie du Bengale. Son épaisseur dans l'atmosphère varie entre 2 et 3 kilomètres. A notre connaissance, c'est la plus grosse pollution de la planète* ». Le taux d'aérosols soufrés pourrait être multiplié par dix d'ici à 2050.

PLUS HAUT DANS L'ATMOSPHÈRE

La composition gazeuse de la troposphère n'échappe pas à la pollution. Depuis les origines, un couvercle protecteur de gaz naturels, situé dans la troposphère, piège le rayonnement de la chaleur solaire réfracté par la terre et le renvoie vers notre planète, assurant ainsi une température propice à la vie de l'ordre de 15° C. Sans ce phénomène bénéfique, appelé « effet de serre », la température moyenne sur terre descendrait à – 18° C. Mais un dangereux effet de serre additionnel est dû à des gaz tels que le dioxyde de carbone, le méthane et la vapeur d'eau, produits par de nombreuses activités humaines. Le dioxyde de carbone, qui est le plus souvent mis en cause, provient principalement de l'utilisation des énergies fossiles (charbon, pétrole et gaz) pour la production d'électricité, le transport routier, l'industrie et le chauffage des bâtiments. Les sillages de condensation, qui se forment dans le ciel après le passage des avions à réaction, contribuent également à l'effet de serre en limitant la diffusion du rayonnement de la chaleur planétaire vers l'espace. Depuis la révolution industrielle du XIXe siècle, la croissance économique a pour corollaire un rejet croissant de gaz à effet de serre dans l'atmosphère. L'augmentation récente de l'émission de CO_2 est attestée par Hervé Le Treut, directeur de recherches au laboratoire de météorologie dynamique : « *Grâce à l'étude des glaces de l'Antarctique, on connaît bien l'évolution passée de la composition chimique de l'atmosphère, et ce sur 400 000 ans. Pour le dioxyde de carbone, on est passé de 280-290 parties par million à 370 ppm en quelques années ».*

Les émissions de gaz carbonique de l'Union européenne proviennent aujourd'hui pour 26 % de la production d'électricité, pour 26 % des transports et pour le solde, de l'industrie, de l'agriculture et du chauffage des bâtiments. La production d'électricité entraîne un rejet de dioxyde de carbone variable selon le combustible utilisé : quand il est de 100 avec le charbon, ce rejet n'est que de 50 avec le gaz et de zéro avec le nucléaire (qui pose le problème actuellement insoluble des déchets radioactifs). Les moyens de transport participent à l'effet de serre de façon croissante avec le développement du transport routier du fret et la prolifération de véhicules individuels puissants et climatisés. L'émission de dioxyde de carbone est étroitement corrélée à la consommation en essence du véhicule, qui dépend, entre autres paramètres, de la vitesse. L'industrie est également une grande pourvoyeuse de dioxyde de carbone et d'autres gaz à effet de serre rejetés par les cheminées des usines. L'agriculture irriguée est responsable quant à elle de la majeure partie des émissions de méthane et de vapeur d'eau. L'évaporation de milliers de tonnes d'eau consécutive à l'arrosage intensif des cultures provoque un accroissement de la concentration de l'air en vapeur d'eau. L'usage des engrais entraîne pour sa part l'émission d'oxyde nitreux, un puissant gaz à effet de serre. Par ailleurs les flatulences des millions de vaches et de moutons élevés dans le monde sont principalement constituées de méthane, un gaz à effet de serre 21 fois plus puissant que le dioxyde de carbone. Les rejets digestifs des ruminants représentent aujourd'hui 15 % de la production mondiale de ce dangereux gaz, également produit par des activités comme le stockage des déchets dans les décharges. Le chauffage des bâtiments produit de grandes quantités de dioxyde de carbone. Des chercheurs américains et européens viennent par ailleurs de détecter dans la haute atmosphère la présence d'un gaz jusqu'ici inconnu, le trifluorométhylsulfure, dont la capacité d'absorption du rayonnement solaire est de 18 000 à 20 000 fois plus importante que celle du gaz carbonique. Sa durée de vie dans la haute atmosphère est de trois mille cinq cents ans. Ce gaz, sans doute d'origine humaine, proviendrait de la fabrication d'un fluide isolant utilisé dans l'industrie électrique ou d'un gaz issu de la métallurgie de l'aluminium.

Une hausse moyenne de la température terrestre de 2 à 5 degrés est donc à prévoir au cours de ce siècle, avec pour conséquences de graves perturbations du régime des pluies, une fonte de la calotte glaciaire, une élévation du niveau des mers et un arrêt des courants océaniques. L'effet du réchauffement climatique se traduit par une rupture des équilibres naturels, avec en particulier un accroissement de l'évaporation et une désorganisation du cycle hydrologique. Cette rupture d'équilibre est susceptible d'engendrer une exacerbation des catastrophes dites naturelles et une précipitation des événements météorologiques extrêmes, tels que tempêtes, cyclones, tornades, inondations ou bien canicules et sécheresses. L'effet de serre pourrait entraîner la disparition de la calotte glaciaire du pôle Nord au cours des prochaines décennies. On observe déjà un recul impressionnant des glaciers et de la banquise, les glaces du pôle Nord fondant à un rythme beaucoup plus élevé que prévu. Leur épaisseur moyenne a en effet diminué de 40% en 40 ans, passant de 3,1 mètres à 1,8 mètre. Or il ne s'agit pas d'une fluctuation naturelle du climat polaire mais bien d'un réchauffement global dû à l'effet de serre. La disparition totale des glaces du pôle bouleverserait le climat de tout l'hémisphère Nord. En Suisse, les grands glaciers des Alpes Bernoises reculent également de façon inquiétante et on a enregistré récemment au Canada le plus important détachement d'iceberg de la banquise de mémoire humaine. Les Inuits canadiens voient la glace devenir fragile sous leurs pieds. Au Groenland, les populations changent leurs habitudes vestimentaires du fait des hausses de température. Les États insulaires s'inquiètent régulièrement dans les réunions internationales d'une montée annoncée du niveau des mers et du risque de submersion des côtes. L'augmentation de la température planétaire est également susceptible de ralentir, voire d'interrompre, la circulation des courants océaniques. Cette circulation thermohaline, entretenue par les différences de température et de salinité des eaux, joue un rôle climatique considérable en transportant et en redistribuant la chaleur à travers le globe. Elle pourrait disparaître pour une concentration atmosphérique de dioxyde de carbone quatre fois supérieure à celle d'aujourd'hui. L'affaiblissement ou l'arrêt du Gulf stream perturberait ainsi la douceur des climats littoraux de l'Europe du nord-ouest. Le réchauffement des mers participe en outre à la disparition de nombreuses espèces animales aquatiques et au dépérissement des récifs coralliens.

DES ESPRITS LIBRES POUR DES MARCHÉS LIBRES

A l'instar de Fred Singer, professeur émérite des sciences de l'environnement à l'université de Virginie, des scientifiques américains refusent de considérer le réchauffement planétaire comme prouvé. Selon Fred Singer, la théorie du réchauffement climatique ne repose pas sur une base scientifique solide. Les activités humaines et l'augmentation des gaz à effet de serre n'expliquent pas l'élévation du niveau des mers qui a débuté il y a quinze mille ans lors du pic de la dernière période glaciaire. L'augmentation de la quantité de CO_2 est susceptible d'être bénéfique pour l'agriculture et la foresterie car les plantes poussent d'autant plus rapidement qu'elles sont exposées à des taux de CO_2 élevés. Selon certains experts, l'amélioration du rendement des récoltes au cours du siècle dernier serait même en partie due à la présence accrue de ce gaz dans l'atmosphère. Et même si le réchauffement climatique était prouvé, l'accroissement de l'évaporation des océans entraînerait des pluies abondantes favorables à l'agriculture. Il n'est cependant pas superflu de préciser que l'organisme que dirige Fred Singer (Science and Environmental Policy Project) est lié à des groupes comme l'Institut américain du pétrole. Dans l'hebdomadaire scientifique britannique *Nature* du 8 juin 2000, Hans von Storch et Nico Stehr soutiennent également que la pollution ne met pas en jeu la vie sur la planète. Ces deux scientifiques mettent en doute les prévisions alarmistes de certains de leurs confrères : « *Nous ne sommes pas convaincus que le changement (climatique) présent et futur aura un impact significatif sur la société, ni sur l'écosystème du globe* ».

D'une façon générale, ces scientifiques prétendent que leurs confrères qui défendent la théorie du réchauffement climatique sont financés par les gouvernements et qu'ils ont donc tout intérêt à surévaluer la gravité et l'urgence du problème climatique pour obtenir une aide financière. Les scénarios apocalyptiques feraient ainsi vivre les « scientifiques activistes » qui les conçoivent. Ils font également valoir que les prédictions catastrophistes faites au cours des trente dernières années étaient toutes fausses. Le mensuel *Reason* soulignait récemment que les annonciateurs de l'apocalypse se sont toujours trompés. Lors de la première Journée de la Terre, le 22 avril 1970, les écologistes prévoyaient en effet que 75% de toutes les espèces animales seraient éteintes en l'an 2000. L'écologiste Kenneth Watt déclarait alors : « *Il nous reste au maximum environ cinq ans pour faire quelque chose* », et George Wald, biologiste à Harvard, affirmait : « *La civilisation disparaîtra d'ici quinze ou trente ans si l'on ne prend pas immédiatement des mesures pour faire face aux problèmes qui se posent à l'humanité* ». Un éditorial du *New York Times* prédisait le pire : « *L'homme doit mettre fin à la pollution et préserver ses ressources, non seulement pour améliorer ses conditions de vie, mais aussi pour sauver l'espèce humaine d'une intolérable dégradation et d'une éventuelle extinction* ». Concernant l'évolution climatique, les alarmistes ignoraient en 1970 si la température allait monter ou au contraire descendre. Ainsi, l'hebdomadaire *Newsweek* du 26 janvier 1970 donnait le point de vue de certains :

« *Les théoriciens de l'effet de serre prétendent que la planète est menacée par une augmentation de la température moyenne, qui, si elle atteignait 4 ou 5 degrés, pourrait faire fondre les calottes polaires, relever le niveau de la mer de 90 mètres et provoquer des raz de marée sur toute la planète* », tout en développant une opinion contraire : « *Cette théorie prévoit que la couverture nuageuse qui entoure la Terre ne cessera de s'épaissir à mesure que les cheminées industrielles et les avions à réaction rejetteront des poussières, de la fumée et de la vapeur d'eau dans l'atmosphère. Ainsi privée de la chaleur du soleil, la planète refroidira, la vapeur d'eau retombera et gèlera, et ce sera le début d'une nouvelle ère glaciaire* ».

Pour les scientifiques optimistes, l'accroissement de la richesse et de l'innovation technologique serait le meilleur garant de la préservation de l'environnement, en minimisant la pollution et les autres nuisances. Dans le mensuel *Reason* de Los Angeles, le « magazine des esprits libres et des marchés libres », Ronald Bailey écrivait récemment : « *il est manifeste que plus le pays est riche, plus son eau est propre, son air est pur et ses forêts protégées. En outre, les habitants des pays riches souffrent moins de la faim, vivent plus longtemps, présentent des taux de fécondité moins élevés et préservent donc davantage les espaces naturels. Les individus pauvres n'ont, eux, pas tellement les moyens de veiller à l'état du milieu naturel* ».

LA LUTTE VIRTUELLE CONTRE L'EFFET DE SERRE

La communauté internationale a cependant adopté en décembre 1997 à Kyoto un protocole qui vise à réduire en 2010 les émissions de gaz à effet de serre de 5% par rapport à leur niveau de 1990, alors que la tendance spontanée de nos économies eût été d'accroître ces émissions de plus de 20%. L'Assemblée nationale française a adopté, mercredi 5 avril 2000, le projet de loi autorisant l'approbation du protocole de Kyoto. Pour l'instant, seules les petites nations insulaires ont ratifié ce protocole. En fait, les pays développés ne cessent d'augmenter leurs émissions. Ils refusent d'honorer leurs engagements de réduction et tentent de les transférer sur les pays en développement. En 1997, les États-Unis, qui sont à l'origine du quart des émissions de dioxyde de carbone dans le monde, dépassaient déjà de près de 10% leur niveau de 1990, de même que le Canada et le Japon. En France, les experts estiment que la croissance économique conduira en 2010 à des émissions de 175 millions de tonnes d'équivalent carbone par an, bien au-dessus des 144 millions de 1990. La concentration de gaz carbonique dans l'atmosphère risque de doubler en 2030 par rapport à l'ère pré-industrielle et de tripler en 2100.

Sur les 6 milliards de tonnes de dioxyde de carbone produits chaque année sur la planète, seulement la moitié est rejetée dans l'atmosphère. Le reste est absorbé par les « pompes à carbone » représentées par les forêts, les océans et les continents. Les forêts emmagasinent environ le tiers du dioxyde de carbone émis par les activités humaines, constituant de ce fait un « important puits à carbone ». Les scientifiques ont longtemps cru que le puits à carbone forestier grandirait parallèlement à l'augmentation des rejets de gaz carbonique dans l'atmosphère, et les experts assuraient que les forêts pourraient stocker quelque 290 milliards de tonnes de carbone au XXIe siècle. Il apparaît aujourd'hui qu'un phénomène de saturation de la capacité d'absorption forestière soit à craindre. Les forêts constitueraient en fait des réservoirs temporaires, incapables de compenser de façon pérenne les émissions de carbone et d'ici à 2050, elles pourraient même restituer une grande partie du dioxyde de carbone stocké. Les États-Unis prétendent cependant qu'il est possible de réduire la pollution par le dioxyde de carbone en plantant des forêts. Ils évoquent le recours au puits à carbone forestier et avancent des projets de reboisement pour justifier leur refus de réduire leurs émissions de gaz provenant de l'utilisation des combustibles fossiles. Ils utilisent à cette fin un paragraphe du Protocole de Kyoto indiquant que « *les variations nettes des émissions de gaz à effet de serre et de leur absorption par les puits sont utilisées par les pays pour remplir leur engagement* ». Or, nous avons vu qu'une telle politique repose sur une illusion dangereuse. Les forêts constituent des réservoirs temporaires permettant de gagner un temps précieux qu'il faut mettre à profit pour réduire les émissions industrielles mais, en aucun cas, elles ne compenseront de façon pérenne ces émissions. Le cycle du carbone ayant une période d'équilibre très longue, les conséquences de nos erreurs se feront sentir pendant des siècles.

Les scientifiques envisagent d'autres moyens de réduire le dioxyde de carbone dans la haute atmosphère. Michael Markels, ingénieur chimiste américain de 74 ans, propose de « *de nourrir notre monde et de lutter contre l'effet de serre* » en déversant des centaines de tonnes de fer dans la mer pour favoriser le développement du phytoplancton, le plancton végétal qui est la base de la chaîne alimentaire des océans. L'activation de la croissance du phytoplancton permettrait donc d'accroître les réserves de poissons, mais cet enrichissement des réserves halieutiques, selon Michael Markels, serait conjugué à une réduction du gaz carbonique qui est absorbé par le phytoplancton. Il a déclaré : « *Avec ma méthode, on peut créer un nouvel écosystème et capturer au fond des mers la quasi-totalité du dioxyde de carbone qui pollue l'atmosphère* ». L'océanographe Sally Chisholm, du Massachusetts Institute of Technology est terrorisée par ce projet : « *Si Markels parvient à ses fins, on risque une catastrophe écologique géante. Nous ignorons totalement comment peut réagir l'écosystème. (...) L'abus des engrais a déjà dévasté nos campagnes, pollué nos rivières et certaines côtes. Voulons-nous vraiment la même chose pour nos océans ?* ». Des scientifiques japonais envisagent également de se débarrasser du CO_2 produit par les centrales électriques au charbon ou au gaz en le séquestrant dans les océans qui contiennent déjà 40 000 milliards de tonnes de carbone sous forme dissoute. Ces chercheurs envisagent de dissoudre le gaz carbonique en le déversant dans les océans sous forme de glaçons ou de liquide. L'extraction du CO_2 de la fumée des centrales thermiques, sa liquéfaction et son transport alourdiraient de 30% à 50% la facture d'électricité des abonnés.

Les États-Unis sont également de farouches partisans des « permis négociables de polluer » qui permettent aux entreprises rejetant trop de gaz à effet de serre d'acheter à celles qui polluent le moins des permis d'émission. Chaque pays se verra attribuer un quota de rejets de gaz à effet de serre. Tout pays dépassant le quota qui lui a été alloué pourra acheter un « droit d'émission » à un pays se maintenant en dessous du niveau imposé. De façon globale, les quotas seront ainsi respectés et la pollution collective ne dépassera pas le plafond fixé. Cette méthode scandaleuse permettra surtout aux pays les plus riches de s'exonérer de tout effort pour réduire leurs émissions toxiques en payant les plus pauvres au prix d'un ralentissement de leur croissance. Les pays ayant les coûts de réduction des émissions de gaz carbonique les plus faibles seront tentés de vendre des permis d'émission à ceux qui ont les coûts les plus importants. Les pays d'Europe centrale et de l'Est ont vu récemment leurs émissions décroître fortement du fait de la crise économique. L'effondrement économique de la Russie et de l'Ukraine a fait chuter les émissions de gaz carbonique de près de 37% entre 1990 et 1997. Ces pays disposent donc d'ores et déjà d'une masse virtuelle très importante de droits d'émission à vendre. Si ces tonnes de CO_2 se retrouvaient brutalement sur le marché, les prix chuteraient à un niveau tel que les pays fortement demandeurs pourraient s'exonérer de tout effort sur leur territoire. Par ailleurs, les pays riches qui refusent de tenir leurs engagements, pressent sans vergogne les pays en développement d'adopter des mesures de restriction énergétique qui les priveront des moyens de leur développement. La Chine, qui a augmenté de plus de 30% ses émissions de dioxyde de carbone entre 1990 et 1997, fait valoir à juste titre que « *les pays en développement ont des émissions de survie, alors que les pays industrialisés ont des émissions de luxe* ».

Le premier ministre, Lionel Jospin, a annoncé mercredi 19 janvier que la France allait mettre en place un marché des permis de polluer offrant aux entreprises « *la faculté de participer à des échanges de crédit d'émission, garants de l'efficacité économique du dispositif, en contrepartie d'objectifs de réduction des émissions* ». Monsieur Michel Moussel, président de la mission interministérielle française de l'effet de serre a déclaré : « *En fait, nous avons découvert que la contrepartie à des objectifs chiffrés de réduction des émissions était un dispositif de flexibilité qui soit économiquement viable* ». La France s'est donc ralliée à la position américaine concernant ce « mécanisme de flexibilité » qui n'est rien d'autre qu'un permis de saccager la planète. Il s'agit d'un changement de position radical qui, selon Dominique Voynet, ministre de l'aménagement du territoire et de l'environnement, n'a pas fait l'objet du moindre débat collectif. Peu de temps après, la Commission européenne a lancé le processus devant conduire à l'établissement en 2005 d'un « marché des droits à polluer » dans l'Union. La Commission européenne a présenté le « marché des droits à polluer » comme l'un des deux piliers de la lutte contre le changement climatique, l'autre pilier étant représenté par des « politiques et mesures » assez floues, au premier rang desquelles se situent les taxes sur l'énergie. A cette occasion, la commissaire à l'environnement a osé présenter à Bruxelles un Livre vert sur ce « système d'échange de droits d'émission de gaz à effet de serre », en soulignant ses avantages économiques. Les préventions européennes contre un tel système, qui étaient très fortes en décembre 1997 lors de l'adoption du protocole de Kyoto, ont donc disparu comme neige au soleil. Ainsi, l'électricien allemand HEW vient de vendre à son homologue canadien TransAlta un droit d'émission correspondant à 3 000 tonnes de gaz carbonique annuelles pendant huit ans. Une firme américaine, NatSource, s'est spécialisée dans le négoce de permis d'émission de gaz à effet de serre. Neil Cohn, de NatSource, a déclaré que le prix du gaz carbonique se situe « *dans une fourchette de 75 cents à 3 dollars la tonne sur le marché* », ajoutant que les transactions « *ont porté sur cent millions de tonnes au cours des dix-huit derniers mois* », soit l'équivalent de la production française annuelle de CO_2. L'annonce du calendrier de fermeture des centrales nucléaires en Allemagne devrait compromettre la politique de HEW, car 80% de sa production électrique provient de l'atome. Les centrales au gaz produisant du dioxyde de carbone, l'industriel risque fort de devoir acheter désormais des permis d'émission au lieu d'en vendre.

Le gouvernement français envisage d'appliquer une taxe sur l'énergie sous la forme d'une extension de la TGAP (taxe générale des activités polluantes), incluant une taxe sur l'électricité et l'augmentation de la fiscalité sur l'essence. Cette « écotaxe » ou « pollutaxe » sera fonction des rejets de carbone des énergies utilisées. Celle-ci pourrait atteindre 500 francs par tonne de carbone rejetée dans l'atmosphère. Elle pourrait être étendue à d'autres secteurs comme certains domaines agricoles et le secteur des lessives. Les industriels ne cachent pas leur hostilité à cette fiscalité car ils estiment que le progrès technique et la promotion de la recherche seront beaucoup plus efficaces pour préserver l'environnement. Mais le débat sur l'écotaxe fait oublier les aides que l'État apporte aux pollueurs, de nombreuses subventions publiques pouvant être interprétées comme des subventions à la pollution. Dans le domaine de l'agriculture par exemple, les aides de l'État augmentent certes la production agricole mais elles augmentent aussi la consommation d'engrais. Pour l'année 1999, l'écotaxe a rapporté 2 milliards de francs mais les aides à la pollution se sont élevées dans le même temps à plus de 50 milliards de francs en induisant une émission de 30 millions de tonnes de dioxyde de carbone. La reforestation, les permis de polluer et les écotaxes ne sont donc que poudre aux yeux et dioxyde de carbone à la troposphère.

Les pays industrialisés sacrifient cyniquement la protection de l'environnement à la croissance économique dont la force motrice est issue des combustibles fossiles. Il est hypocrite de se réjouir d'un taux de croissance élevé ou du niveau record de la production automobile et de prétendre dans le même temps lutter contre le changement climatique. Il est impossible de favoriser la protection de l'environnement sans remettre en cause la croissance. Les mesures visant à réduire les émissions françaises de gaz à effet de serre sont présentées comme un subtil compromis entre devoir écologique et impératif économique, monsieur Jospin affirmant que « *notre compétitivité doit être sauvegardée, en même temps que notre engagement dans le maintien des grands équilibres écologiques* ». En dépit des préoccupations affichées sur le réchauffement de la planète, les États renâclent à financer le groupe d'experts intergouvernemental sur l'évolution du climat. Son président, Robert Watson, tire la sonnette d'alarme car les demandes de rapports pour appuyer les négociations se multiplient, mais les deniers ne suivent pas. Malgré une bonne volonté affichée, la dernière contribution de la France remonte au budget 1994-1995. Cette hypocrisie est d'autant mieux acceptée que les pays riches supportent bien les conséquences des dérèglements climatiques et les catastrophes naturelles. Un des ouragans les plus dévastateurs, l'ouragan

Andrew, qui a frappé les États-Unis en 1992, a coûté seulement 0,5% du produit intérieur brut américain. Les troubles climatiques et la marée noire qui ont récemment affecté la France n'ont pas eu d'incidence économique néfaste. Le Premier ministre et le ministre de l'économie et des finances se sont félicités de ce que « *la croissance n'aura pas à souffrir de l'impact de ces intempéries et de cette catastrophe* » alors que le président de la Fédération française des sociétés d'assurances se réjouissait que « *ce sinistre était plutôt positif pour le produit intérieur brut* ». En suscitant un surcroît d'activité pour la réparation des dégâts, la dégradation environnementale est source de croissance. Dans un pays développé, les dégâts écologiques comptent peu au plan économique et le bilan des catastrophes est positif en terme de croissance globale. C'est pourquoi, les pays industrialisés, au premier rang desquels les États-Unis, ne s'engagent pas réellement dans la lutte contre le changement climatique car ils savent de mieux en mieux se préparer à ces désastres et limiter les pertes en vies humaines. Peter Huber, du Manhattan Institute, écrivait dans le *Wall Street Journal* du 19 août 1999 que « *le capitalisme occidental est devenu très robuste et résistant* », n'hésitant pas à ajouter que « *la richesse et la puissance que la technologie nous procure s'avèrent la meilleure défense que nous ayons contre les catastrophes naturelles* ».

Il en est, bien évidemment, tout autrement dans les pays déshérités et dans les pays en développement où les effets du changement climatique ont et auront un impact effroyable. Les pays de l'hémisphère sud, en particulier ceux qui sont situés au niveau de la mer, sont les plus menacés par le réchauffement et la fragilisation des populations sera d'autant plus sévère que leur économie est vulnérable. Les sécheresses, les inondations, les cyclones, les canicules provoqueront des migrations massives et une recrudescence des famines et des épidémies au sein de populations démunies. Le cyclone qui a frappé l'Orissa, en Inde, au mois de novembre 1999 a provoqué plus de dix mille morts. Le mois suivant, les inondations au Venezuela ont tué plus de vingt mille personnes. Deux mois plus tard, les inondations catastrophiques au Mozambique, un des États les plus pauvres du monde, ont jeté dans un dénuement absolu plus d'un million de personnes et ravagé l'économie de ce pays. Ces catastrophes n'ont quasiment aucun retentissement sur l'économie mondiale car ces pays sont exclus des principaux circuits commerciaux.

LE FUTUR ENTRE LA VIE ET LA MORT

Selon les estimations, les réserves d'hydrocarbures « classiques », représentées par le pétrole et le gaz, devraient assurer la fourniture d'énergie durant quarante à soixante ans. Mais le seul moyen d'épargner au monde un changement climatique catastrophique est de réduire dès à présent l'utilisation du pétrole et du charbon au profit du gaz car le nucléaire fait peser sur l'humanité des menaces plus graves encore que celles des énergies fossiles très polluantes.

Le nucléaire qui n'émet pas de gaz à effet de serre aurait pu être une solution pour lutter contre le réchauffement climatique à la condition de maîtriser la filière des déchets, ce qui n'est pas le cas. Il est en effet qualifié d'énergie propre dans la mesure où il produit de l'électricité sans relâcher de gaz carbonique dans l'atmosphère. A l'échelle mondiale, le nucléaire permettrait d'éviter le rejet de 2,1 milliards de tonnes de CO_2 par an, dont 800 millions en Europe occidentale. La France, qui possède 58 réacteurs et tire près de 80% de son électricité de l'atome, est actuellement la première puissance nucléaire civile en Europe. Les sénateurs français ont exhorté récemment la France et l'Allemagne à construire le prototype du réacteur EPR (European Pressurized Water Reactor) afin de préparer le remplacement des centrales actuelles à partir de 2020. Cependant, le secrétaire d'État à l'Industrie, Christian Pierret, vient de déclarer que la part de l'atome dans la production d'électricité devrait passer de 80% à 50%. L'Allemagne, qui tire du nucléaire plus de 30% de son courant électrique, vient de s'engager à fermer progressivement ses 19 réacteurs actuellement en service et à développer des centrales au gaz. La décision allemande annonce très certainement l'abandon du réacteur EPR conçu par le français Framatome et l'Allemand Siemens. Les centrales au gaz émettant, contrairement aux centrales nucléaires, du dioxyde de carbone, la France et l'Allemagne devront probablement acheter des « droits à polluer » à des pays qui émettent moins de dioxyde de carbone pour remplir leurs engagements de Kyoto.

Le tarissement du courant nucléaire sera compensé principalement par le développement des centrales à gaz, car le gaz est actuellement la seule alternative sérieuse au nucléaire. Il sera de plus en plus utilisé dans les années à venir, au détriment du nucléaire et du charbon, pour des raisons environnementales mais également économiques. La libéralisation du marché de l'électricité en Europe conduit en effet les industriels à produire de l'électricité au moindre coût. Or le coût d'investissement dans une centrale à gaz est le quart du coût d'investissement dans une centrale nucléaire. Son prix est cependant indexé sur celui du pétrole et il entraînerait pour la France une dépendance vis à vis de la production russe et algérienne. L'énergie du futur pourrait être représentée par d'énormes quantités de méthane entreposées dans les profondeurs marines sous forme d'hydrates de gaz. Les premières estimations de ces gigantesques gisements de méthane concluent qu'ils représenteraient l'équivalent des réserves mondiales de gaz, de pétrole et de charbon réunies. L'US Geological Survey évalue les gisements situés sur les côtes des États-Unis à quelque 200 000 trillions (milliards de milliards) de mètres cubes, alors que les réserves de gaz américaines sont estimées à 1 400 trillions de mètres cubes. Leur exploitation exigerait cependant des technologies nouvelles très sophistiquées. Le groupe Elf a déjà lancé un projet de recherche, nommé Hydrates Ressources, destiné à évaluer les ressources mondiales en hydrates. Dominique Grauls, responsable de ce projet, a déclaré : « *Notre objectif est de nous positionner pour préparer l'avenir d'ici vingt ans. Les hydrates pourraient alors prendre le relais* ». Le dégazage d'énormes quantités de méthane à partir de ces hydrates aurait provoqué des périodes de réchauffement climatique pendant le quaternaire et il y a 55 millions d'années. Selon Richard Norris et Ursula Röhl, l'augmentation de température de 5 à 7 degrés, observée à la fin du paléocène il y a 55 millions d'années, aurait été directement liée au dégagement de deux mille milliards de tonnes de méthane à partir de l'océan.

Les énergies fossiles devraient être également remplacées, dans la mesure du possible, par des énergies renouvelables telles que les énergies solaire, éolienne, thermique ou photovoltaïque. Un projet de directive européenne fixe à 12% la part minimale des énergies renouvelables mais la France n'a pas encore franchi la barre du 1%. Il s'agit de solutions intéressantes mais qui demeurent pour l'instant marginales. La plus grosse éolienne atteint 1,5 mégawatt de puissance contre 900 pour une centrale nucléaire et l'énergie éolienne ne fournit que 2% de l'électricité produite sur notre territoire. D'autres formes d'énergie peu polluantes sont également à l'étude comme la pile à combustible qui ne réclame pour fonctionner que de l'hydrogène et de l'oxygène et qui produit de l'eau pour seul déchet. Lorsque la pile à combustible utilise un autre carburant comme le méthanol ou le gaz naturel, ses émissions de dioxyde de carbone sont réduites. Les applications possibles vont de la production de masse d'énergie à la motorisation des transports, en passant par le développement de micropiles pour les ordinateurs ou les téléphones mobiles. EDF et Gaz de France se sont associés pour installer à Chelles (Seine-et-Marne), une pile expérimentale alimentée au gaz naturel qui produit de l'électricité pour quelque 200 foyers grâce à une réaction électrochimique qui combine l'hydrogène à l'oxygène pour former de l'eau.

Toutes ces mesures seront insuffisantes à court terme si nous ne modifions pas de toute urgence nos comportements de gaspillage d'énergie dans de nombreux aspects de la vie quotidienne, particulièrement en ce qui concerne les moyens de transport et le chauffage des logements. Il est urgent de limiter le transport routier en orientant le fret sur le rail, de promouvoir les transports collectifs au détriment des véhicules individuels et de favoriser le covoiturage. En 2008, les nouveaux véhicules individuels ne devront pas émettre plus de 140 grammes de CO_2 au kilomètre, contre environ 180 grammes aujourd'hui, mais cela sera insuffisant si la limitation de la vitesse des véhicules n'est pas adoptée. Des végétaux ligneux pourraient également fournir les carburants de l'avenir mais le coût de ces biocarburants, tels que l'éthanol-ETBE produit à partir de betteraves ou de blé ou les esters d'huiles végétales comme l'ester méthylique de colza ou de tournesol, est deux à quatre fois supérieur à celui des carburants fossiles. Il faut par ailleurs l'établissement de normes européennes pour développer cette voie. Il est cependant inquiétant de noter que, au moment même où les députés français approuvaient le protocole de Kyoto, les partisans du transport routier contestaient vigoureusement le rééquilibrage et la priorité que le gouvernement tentait d'imposer en faveur du rail. D'autres mesures devraient être prises de toute urgence telles que l'économie d'énergie dans les bâtiments publics avec renforcement des normes de l'isolation thermique, le développement de nouvelles techniques agricoles avec limitation de l'usage des engrais, le renforcement du tri des déchets au détriment de l'incinération, et meilleure gestion des décharges avec récupération du méthane issu de la décomposition des déchets.

Des chercheurs américains envisagent la conception de plantes génétiquement modifiées capables de résister à l'action asphyxiante de l'ozone. Des chercheurs écossais proposent quant à eux de modifier la composition chimique des flatulences des ruminants afin de réduire leur taux de méthane. Le projet écossais consiste à introduire dans l'alimentation des animaux d'élevage une bactérie, *Brevibacillus parabrevis*, qui transforme dans le tube digestif le méthane en dioxyde de carbone dont l'effet de serre est moindre. Cette technique, déjà testée sur des moutons, permettrait de réduire d'environ 16% les émissions de méthane dans les étables. Les biotechnologies s'engagent ainsi sur une voie insensée conduisant à modifier des êtres vivants pour les adapter aux dérèglements de l'activité humaine, que ce soit des plantes transgéniques capables de respirer en présence de hautes concentrations d'ozone, des ruminants dont les flatulences sont appauvries en méthane ou bien des porcs transgéniques produisant un lisier pauvre en phosphore et en azote. La logique qui prévaut est la logique cynique et mercantile de ces fabricants de mines antipersonnel qui commercialisent conjointement des prothèses de jambes.

TOUJOURS PLUS HAUT

Il ne faut pas croire que seules les couches les plus proches de la terre sont souillées par les activités humaines. Ces dernières perturbent aussi gravement la composition gazeuse de la haute atmosphère en détruisant la couche d'ozone stratosphérique. Ce bouclier de gaz naturel absorbe normalement la majorité des radiations ultraviolettes du soleil et protège la vie sur terre de l'action délétère du rayonnement solaire. Les gaz destructeurs d'ozone, tels les chlorofluorocarbones utilisés comme gaz propulseurs dans les bombes aérosols, sont responsables de l'augmentation du rayonnement ultraviolet pénétrant l'atmosphère qui favorise les cancers de la peau. L'homme n'hésite plus aujourd'hui à disséminer ses déchets dans les plus hautes couches de l'atmosphère. Au 19 janvier, les autorités militaires américaines (US Space Command) recensaient dans l'espace plus de 6 000 « débris spatiaux » de taille significative et environ 2600 satellites hors service. Pour réduire les frais liés au « désorbitage » des satellites hors service, certains opérateurs choisissent de les parquer sur des « orbites cimetières » où l'espace ne sert à rien. Il s'agit d'une pratique courante pour les satellites géostationnaires positionnés à 36000 kilomètres d'altitude. Le consortium américain Iridium, pionnier des systèmes de téléphone par satellite, doit « désorbiter » ses relais téléphoniques pour cause de faillite. Les 88 satellites actuellement en orbite basse à 780 kilomètres vont être précipités dans les hautes couches de l'atmosphère où ils se désintégreront.

Les conséquences possibles du saccage atmosphérique sont cyniquement assumées par les décideurs économiques qui tirent bénéfice à la fois d'une croissance qui produit beaucoup de déchets et du surcroît d'activité lié aux conséquences de la pollution. Les yeux rivés sur le taux de croissance du produit intérieur brut, ils nous mènent droit à l'asphyxie. L'effort fait aujourd'hui pour extraire l'humanité de cette poubelle est dérisoire si on le compare aux efforts consentis pour les recherches en matière d'armement ou de cosmétiques. Pour René Dumont, le problème n'est plus aujourd'hui de savoir si nous héritons de la terre de nos parents ou si nous l'empruntons à nos enfants, « *le problème est simple : il se situe entre la vie et la mort pour nos descendants* ».

Août 2000.

QU'AVEZ-VOUS FAIT POUR L'ALGÉRIE ?
LETTRE OUVERTE AU PRÉSIDENT DE LA RÉPUBLIQUE

Monsieur le Président, au lendemain des atrocités épouvantables de Raïs, vous avez exprimé votre « sympathie à l'égard du peuple algérien » et monsieur Jacques Rummelhardt, porte-parole du Quai d'Orsay, a déclaré : « *les problèmes que traverse l'Algérie sont des problèmes algériens qui doivent être réglés par les Algériens, pour les Algériens* ». Ce genre de déclarations constitue purement et simplement un crime de lèse-humanité. Nous savions que la politique était une forme de prostitution de l'esprit, nous avons aujourd'hui la certitude qu'elle est également la forme accomplie de la prostitution de l'âme.

Monsieur le Président, les femmes et les enfants égorgés, et ceux qui vont l'être, n'ont que faire de votre sympathie. Ils ont besoin de la protection de la France, cette protection que nous n'accordons plus qu'au gré de nos intérêts économiques et des injonctions de nos maîtres américains. Le porte-parole du Quai d'Orsay pourrait-il nous expliquer pourquoi les problèmes que traversa l'ex-Yougoslavie ne furent pas des problèmes yougoslaves qui devaient être réglés par les Yougoslaves, pour les Yougoslaves ? Et de même pour le Rwanda et le Zaïre. Si le porte-parole du Quai d'Orsay demeure court sur ce sujet, peut-être nos intellectuels, prompts à défendre la veuve et l'orphelin médiatiques, sortiront-ils de leur silence abject face au martyre du peuple algérien ?

Alors que des villages entiers sont soumis à des tortures moyenâgeuses, nos hommes politiques nous expliquent qu'il s'agit d'un problème de politique intérieure et que toute intervention serait ressentie par le gouvernement algérien comme une ingérence. Ces pauvres gens ne disposent d'aucune protection de la part de leur armée qui sait pourtant garantir la sécurité de la nomenklatura et de ceux qui profitent des fructueux contrats pétroliers. En désespoir de cause, ils ont demandé des armes pour se défendre eux-mêmes mais ces armes leur ont été refusées. Pourquoi la communauté internationale, qui affiche tant de fermeté à l'encontre de certains États, n'exerce-t-elle aucune pression sur le gouvernement algérien pour faire cesser cette ignominie ?

Tout citoyen révolté par l'inhumanité de nos hommes politiques devrait, à l'avenir, déposer dans les urnes, quel que soit le scrutin, un bulletin portant l'inscription : « *Qu'avez-vous fait pour le peuple algérien* ? ». Ne donnons plus nos voix à des hommes indignes !

Monsieur le Président, vous avez récemment et à plusieurs reprises rendu un hommage appuyé au Pape, en rappelant que la France est la fille aînée de l'Église et en émaillant vos discours de quelques velléités spirituelles et autres principes de fraternité virtuelle. Nous vous offrons ces phrases de Ernst Jünger à méditer auprès de ce saint homme : « *On ne peut se contenter de connaître à l'étage supérieur le vrai et le bon, tandis que dans les caves on écorche vifs vos frères humains. On ne le peut même pas lorsqu'on occupe en esprit une position bien défendue, voire supérieure, pour cette simple raison que les tourments inconcevables de millions d'esclaves crient vengeance au ciel. Le fumet atroce des écorcheries continue à empester l'air. Ce sont des faits qu'on n'élude pas à force de jongleries* ».

Monsieur le Président, vos déclarations et celles de vos ministres ne sont que de pitoyables jongleries, indignes de la France et révoltantes face à une telle détresse humaine.

Lundi 8 septembre 1997.

LETTRE OUVERTE AUX HOMMES QUI CLIQUETTENT

Les faits divers nous conduisent à méditer sur l'authenticité des élans altruistes régulièrement exhaussés par nos médias. Le vendredi 6 juillet 1994, peu après 20 heures, en gare de Maisons-Laffite, un jeune homme de 22 ans d'origine zaïroise a été lâchement assassiné de neuf coups de couteau dont un en plein cœur, dans le RER en présence de 50 voyageurs. Aucun homme présent dans la rame n'est intervenu et tout le monde a détourné le regard au moment ou le coup fatal a été porté. Si quelques hommes s'étaient interposés, ce drame aurait pu être évité. Malgré les nombreux appels à témoins, seule une mère de famille est venue faire une déposition à la Cour d'assises. Le 21 août 1998, un jeune père de famille corse fut abattu de onze balles dans le dos à Lucciana, au cours d'une fête de village réunissant environ deux cents personnes. Aucun témoin ne s'est présenté malgré les multiples convocations de la police.

Nos journaux regorgent de tels faits divers où la lâcheté des assassins n'a d'égale que la lâcheté des témoins. Nietzsche affirmait que les trois quarts du mal commis sur la terre arrivent par lâcheté, sous-estimant probablement cette part de responsabilité. Pierre Desproges ne s'y trompait pas lorsqu'il vitupérait nos concitoyens en ces termes : « *Quand vous voyez trois loubards tabasser une vieille à Strasbourg-Saint-Denis, vous regardez ailleurs* ». Ailleurs, souvent bien loin mais pas n'importe où, là où on leur dit de regarder, au Koweït, en Bosnie ou au Kosovo.

Pourquoi ceux qui ne défendent pas les petites vieilles dans le métro sont-ils aussi prompts à porter virtuellement secours aux Koweïtiens, aux Bosniaques ou aux Kosovars, dans des régions qu'ils ne savent le plus souvent même pas situer sur la carte? Pourquoi ces tonitruants redresseurs de torts planétaires ne font-ils entendre que le cliquetis de leurs dents face aux violences quotidiennes? Leur altruisme souffrirait-il de presbytie? Malvoyants lorsque les exactions se déroulent sous leurs yeux, ils font preuve d'une acuité visuelle exceptionnelle pour des crimes perpétrés hors des frontières nationales (le dispositif aérien de surveillance du Kosovo est baptisé « œil d'aigle »!).

En fait, cette transmutation des lâchetés citoyennes en générosité populaire relève de l'alchimie médiatique dont le creuset déborde d'hypocrisies et de mensonges. Nos médias mobilisent les masses velléitaires occidentales au service de la violence hégémonique américaine (les temps ont bien changé depuis la guerre du Vietnam où tout ce qu'il y avait d'esprit critique condamnait l'impérialisme américain). Ils sont devenus la caution solidaire des nouveaux maîtres du monde, l'alibi de leurs pillages planétaires, de leurs forfaitures et de leurs coups de force. De contorsions hypocrites en acrobaties mensongères, ils nous font prendre des servitudes américaines pour des libertés européennes, des lâchetés morales pour des devoirs, et des capitulations pour des résistances.

Ainsi il y a de mauvais Kurdes qui troublent l'ordre turc et de bons Kurdes qui troublent l'ordre irakien. Sur le territoire de l'ex-Yougoslavie, il y eut de mauvais sécessionnistes (les Serbes de Krajina) tout comme il y a aujourd'hui de bons indépendantistes (les Albanais du Kosovo). Selon le cas, la défense de l'intangibilité des frontières internationalement reconnues fait place au droit des peuples à disposer d'eux-mêmes. Il fallait punir les Serbes suspectés d'avoir bombardé le marché de Sarajevo mais surtout pas les Israéliens convaincus du bombardement du camp de réfugiés de Cana. On mobilise l'armada de l'OTAN pour éviter une prétendue catastrophe humanitaire au Kosovo tandis qu'on ferme les yeux sur la véritable catastrophe humanitaire au Soudan. La communauté internationale érige des tribunaux pour juger des crimes contre l'humanité alors que cette même communauté internationale vient de tuer plus de 600 000 enfants irakiens par un embargo criminel et qu'elle persiste dans ses ignobles infanticides. Quand les Américains ou leurs alliés font un hold-up sanglant quelque part dans le monde, les médias leur servent de cagoules.

« *Voici la seule page qui ne ment pas* » me dit un ami Serbe en désignant sur son journal la rubrique des avis mortuaires. A Rome, les esclaves étaient surnommés *tintinaculi viri*, « les hommes qui cliquettent », car ils faisaient entendre en marchant le bruit de leurs chaînes. Les *tintinaculi viri* de notre époque sont les journalistes. Ce n'est pas en marchant qu'ils font entendre le bruit de leurs chaînes mais en écrivant. C'est ainsi qu'ils ouvrent la voie aux nouveaux maîtres du monde. Nos soi-disant philosophes, amis des servitudes dorées, ont grandement collaboré à cette colonisation de l'âme, cette occupation de l'intelligence, cette soumission de l'esprit critique. Ils méritent à l'envi le sobriquet de « campeador d'escaliers » lorsque, dans leur quête frénétique de faire-valoir, ils volent au secours des justes causes médiatiques sur les vents favorables de l'opinion publique. Mais, à trop regarder où les foules regardent, ils tournent le dos à ce qui se déroule toujours sans témoin.

NOUVELLE RUÉE AMÉRICAINE VERS L'OR NOIR IRAKIEN

Sous prétexte de l'expulsion par les autorités irakiennes d'une demi-douzaine d'agents américains qui prenaient l'UNSCOM pour une annexe de la NSA, les États-Unis sont prêts à en découdre avec Saddam Hussein et tentent à nouveau d'entraîner la France dans une nouvelle croisade. Leurs arguments se voudraient irréfutables ! Si les Irakiens chassent les experts américains c'est, à n'en pas douter, que ces derniers s'apprêtaient à dévoiler un arsenal capable de déclencher l'apocalypse bactériologique et d'anéantir sous un déluge neurotoxique notre planète et les galaxies avoisinantes. La désinformation belliciste de 1990 refait surface et nos spécialistes du « jamais plus ceci » et du « jamais plus cela » restent muets devant ces mensonges récurrents qui justifient la mise sous tutelle américaine des plus importants gisements pétroliers du monde et la poursuite de sanctions meurtrières à l'encontre du peuple irakien. Merci de nous donner l'opportunité de leur rafraîchir la conscience.

En 1990, les États-Unis décidés à prendre le contrôle des gisements irakiens, ont saisi l'occasion de la tension entre l'Irak et le Koweït pour pousser Saddam Hussein à la faute. Le 25 juillet 1990, une semaine avant l'invasion du Koweït, madame April Glaspie, ambassadrice américaine, assurait Saddam Hussein que les États-Unis n'avaient pas d'opinion sur le désaccord frontalier avec le Koweït et n'étaient pas concernés par ce litige. Le président irakien tomba dans le piège et envahit le Koweït, persuadé que les États-Unis n'interviendraient pas. A partir de ce moment, l'administration américaine mit tout en œuvre pour forcer Saddam Hussein à la fuite en avant et pour le ferrer dans une logique de guerre. Toutes les occasions d'un règlement négocié de la crise, toutes les initiatives qui auraient pu permettre le retrait irakien du Koweït furent minées par les américains. N'hésitant pas à mettre un peuple entier au ban de l'humanité, ces derniers lancèrent dès 1990 une campagne de diabolisation pour convaincre leurs électeurs de la nécessité de la guerre. Les chaînes de télévision diffusèrent le témoignage bouleversant d'une infirmière de l'hôpital de Koweït affirmant avoir vu des nouveau-nés arrachés de leur couveuse par l'armée irakienne. Ce témoignage fut utilisé à plusieurs reprises par le président des États-Unis pour justifier l'intervention militaire contre l'Irak. Or nous savons aujourd'hui qu'il s'agissait d'un faux témoignage monté de toutes pièces par l'agence de relations publiques américaine Hill and Knowlton, et que l'infirmière larmoyante n'était autre que la fille de l'ambassadeur du Koweït à Washington. Le président des États-Unis, qui ne pouvait l'ignorer, diffusait donc sciemment des mensonges grossiers pour manipuler son électorat et justifier une guerre décidée à l'avance.

Saddam Hussein fut ensuite comparé à Hitler, ce qui permit au président des États-Unis de se présenter comme le champion d'une coalition antifasciste chargée d'éradiquer cette résurgence nazie. Il est intéressant de noter que toutes les réincarnations de Hitler désignées aujourd'hui à la vindicte publique par les grandes agences de presse ont en commun d'entraver les élans hégémoniques de Bill Clinton ou de Benyamin Netanyahou, qu'il s'agisse de Saddam Hussein, de Slobodan Milošević voire de Yitzhak Rabin, traité de « fasciste, nazi et Pétain juif » par les partisans de Netanyahou avant d'être assassiné.

La guerre de libération du Koweït ne fut que le prétexte pour la mainmise américaine sur le pétrole irakien et les mensonges les plus grossiers ont été ensuite avancés pour justifier les sanctions économiques et militaires. Alors que le programme nucléaire irakien en était au stade de projets rudimentaires, seuls les « experts » américains prétendaient le contraire et David Kay, homme lige de la CIA, osa affirmer : « *Il faut le dire : je n'avais jamais vu un programme aussi sophistiqué ailleurs dans le monde, ni en Europe, ni aux États-Unis* ». Début octobre 1994, au moment où il était question de fixer un calendrier pour la levée progressive des sanctions contre l'Irak, Madeleine Albright exhiba au Conseil de sécurité des photographies prises par les satellites d'observation américains, attestant selon elle que des mouvements de troupes irakiennes menaçaient à nouveau le Koweït. Il s'agissait en fait du déplacement ordinaire de deux divisions et de quelques chars enterrés en position défensive. Pour madame Albright, célèbre depuis pour ses interprétations providentielles de clichés satellites, il n'en fallait pas plus pour justifier une intervention militaire contre l'Irak et interdire tout allégement des sanctions économiques. Anthony Lake déclara dans *Foreign Affairs* : « *La suspicion de la communauté internationale à l'égard de Saddam Hussein est suffisamment forte pour que les sanctions soient reconduites tous les soixante jours avec très peu de débats...* ». Les États-Unis ont ainsi réussi à imposer un embargo par tacite reconduction qui affame 18 millions d'êtres humains pour le contrôle du marché du pétrole. Peu importe aux grandes démocraties occidentales si ce blocus entraîne malnutrition, réduction de l'espérance de vie, surmortalité infantile, inflation démesurée et manque de soins élémentaires. Combien de temps doit-il durer? Dix ans? Vingt ans? Qui peut le dire? Il aura déjà fallu six ans pour obtenir l'accord « pétrole contre nourriture » qui n'a pas allégé les souffrances du peuple irakien et Saddam Hussein est aujourd'hui convaincu que, quoi qu'il fasse, les sanctions seront maintenues. L'histoire de notre siècle nous a pourtant montré qu'il était dangereux d'acculer au désespoir un peuple vaincu. Cette politique à courte vue, cette politique de maquignons pousse le vaincu à la radicalisation et aux entreprises désespérées.

A nouveau aujourd'hui, les politiques américains préparent leur électorat à la guerre. Les Irakiens disposeraient d'une arme secrète terrible, d'un avion sans pilote capable de répandre des nuages d'anthrax, ils s'apprêteraient à acheter à la République Tchèque des systèmes de radars ultramodernes permettant la destruction des bombardiers furtifs américains et on aurait surpris des terroristes irakiens s'enfuyant avec des valises bourrées de toxine botulinique. Républicains et démocrates américains rivalisent de grandiloquence belliciste. Et pour cause, ils savent que 54% de l'électorat sont favorables à des frappes militaires si les « experts » américains sont exclus des missions d'inspection (fait acquis) et que ce taux passerait à 84% en cas d'agression irakienne contre les intérêts américains. Le problème qui se pose actuellement à Bill Clinton est donc extrêmement simple : passer de 54% à 84% d'ardeur belliqueuse. Comme ce fut le cas en 1990, l'objectif de la diplomatie américaine n'est pas d'éviter la guerre mais de la justifier. Le déclenchement des hostilités n'exige même pas une nouvelle résolution du Conseil de sécurité, il suffit d'une « violation flagrante » des termes du cessez-le-feu de la guerre du Golfe. La « violation flagrante » pourrait bien reposer sur un faux témoignage bouleversant rapporté par Hill and Knowlton ou sur l'interprétation d'une photographie satellite par Madeleine Albright.

Non, monsieur Clinton, Saddam Hussein ne défie pas « le monde civilisé » pas plus qu'il ne met en danger la « sécurité du XXIe siècle ». Non, madame Albright, ce n'est pas « Saddam contre le monde ». Saddam

Hussein menace seulement les bourrelets de graisse de cette vieille ganache d'oncle Sam.

Décembre 1997.

LA MENACE IRAKIENNE CONTRE LA SÉCURITÉ DU XXIe SIÈCLE

Sept ans après l'opération « Tempête du désert », l'Irak ne menaçait personne et ne présentait plus aucun danger militaire pour ses voisins dont certains, qu'il s'agisse de l'Iran, de l'Inde ou du Pakistan, possèdent un potentiel de destruction massive sans cesse accru. L'Agence internationale de l'énergie atomique (AIEA) confirmait que l'Irak n'avait plus de capacités nucléaires, pas plus que de lanceurs pour d'éventuelles armes chimiques ou biologiques dont on sait qu'elles peuvent être partout et nulle part. Le peuple irakien, dépossédé des produits de première nécessité par un blocus économique féroce, était abandonné à la malnutrition et à la maladie.

Sur la base d'un rapport de la Commission spéciale des Nations Unies (UNSCOM) chargée du désarmement de l'Irak et présidée par l'Australien Richard Butler, les États-Unis et la Grande-Bretagne ont pourtant déclenché des raids meurtriers sur ce pays exsangue sans l'aval du Conseil de sécurité. Il est aujourd'hui bien établi que l'UNSCOM, sous la houlette de Richard Butler, n'était rien d'autre qu'une officine de la CIA et de la NSA (Agence de sécurité nationale des États-Unis) travaillant en étroite collaboration avec les services secrets israéliens pour collecter des informations sur la sécurité nationale irakienne dans le but de renverser le régime de Saddam Hussein. L'UNSCOM a fourni au Pentagone des renseignements mis à profit par l'armée américaine pour détruire le système de sécurité du président irakien. Un organe subsidiaire du Conseil de sécurité des Nations Unies, créé pour désarmer l'Irak, a donc été dévoyé et utilisé par l'administration américaine pour servir ses propres intérêts hégémoniques et favoriser une insurrection.

Richard Butler, qui a délibérément dramatisé certains incidents pour servir de prétexte aux frappes anglo-américaines décidées dès le mois d'octobre, a rédigé seul les conclusions de ce rapport dont Bill Clinton a eu la primeur, deux jours avant qu'il ne soit adressé à Kofi Annan. Richard Butler a également outrepassé ses prérogatives en ordonnant l'évacuation des inspecteurs de l'UNSCOM sans en référer au Conseil de sécurité dont il était censé dépendre. Le Conseil de sécurité, seul habilité à autoriser le recours à la force, a été tenu à l'écart de la décision offensive et ses membres en ont été réduits à suivre le déroulement des opérations sur la chaîne de télévision américaine CNN.

Richard Butler s'est donc comporté en vulgaire commis de l'administration américaine et en agent provocateur du Pentagone, certainement pas en diplomate de l'ONU. L'UNSCOM a violé son mandat onusien de la même façon que les États-Unis ont violé la charte de l'ONU. Le silence inquiétant du Conseil de sécurité sur cette affaire suggère que ses résolutions ne sont que des amorces et des étoupilles prépositionnées dans le monde au bon vouloir des États-Unis qui décident seuls de la charge de poudre et des conditions de la mise à feu. La violence de l'opération « Renard du désert », contre un pays durement éprouvé et humilié, est à l'évidence disproportionnée par rapport à la menace alléguée par les espions américains. En soixante-dix heures de bombardements intensifs, 415 missiles de croisière ont été tirés et plusieurs centaines de raids aériens planifiés, faisant plus de 1 200 morts et un nombre insupportable de « dégâts collatéraux » dans un quartier populaire, un hôpital, une maternité et un port commercial.

Les véritables raisons de cette expédition punitive sont à chercher ailleurs que dans des sites de stockage d'armes de destruction massive. Les États-Unis veulent avant tout garantir leur hégémonie militaire dans une région qui contient les deux tiers des réserves mondiales de pétrole. Tout en assurant les intérêts des compagnies pétrolières anglo-américaines, ils permettent à leur puissant lobby militaro-industriel de justifier l'accroissement et l'utilisation de son potentiel militaire. L'arsenal irakien, répétons-le, a été grossièrement surestimé par les « experts-espions » américains pour légitimer l'opération « Tempête du désert » et l'opération « Renard du désert ». Ce type d'intoxication a déjà fait ses preuves. De 1954 à 1974, la CIA a produit des rapports mensongers surévaluant la puissance aérienne soviétique dans le but de convaincre la Maison Blanche de la nécessité de se lancer dans une production massive de bombardiers B-52. C'est également un rapport falsifié, multipliant par dix les pertes prévisibles de soldats américains au combat, qui conduisit à l'utilisation en 1945 de l'arme atomique contre les villes de

Hiroshima et de Nagasaki alors que le Japon était sur le point de capituler.

Les États-Unis veulent renverser le régime irakien pour établir un protectorat américain. Après avoir échoué dans sa tentative de soulèvement de la population kurde contre le pouvoir de Bagdad, la CIA finance et arme les opposants chiites du sud de l'Irak. Au cours de l'opération « Renard du désert », les frappes concentrées sur la garde prétorienne de Saddam Hussein et sur les unités basées dans le sud de l'Irak poursuivaient à l'évidence cet objectif insurrectionnel.

Les gouvernements de Londres et de Bonn s'étant alignés sur les positions de Washington, il semble bien que l'identité européenne de défense ne soit qu'un leurre. Sous couvert des Nations Unies et de l'OTAN, les États-Unis renforcent leur hégémonie militaire dans le monde tout en sapant et en minant l'identité européenne de défense. Réformée ou non, l'OTAN restera une machine de guerre américaine qui échappe au contrôle de l'ONU. Après l'appui inconditionnel et actif du gouvernement travailliste aux frappes américaines, l'Allemagne et son chancelier, Gerhard Schröder, se sont déclarés solidaires des États-Unis et de la Grande-Bretagne. Les hommes politiques français leur ont emboîté le pas : Hubert Védrine a imputé à Saddam Hussein la « responsabilité première » et Jacques Chirac a constaté que « *une fois de plus, la responsabilité incombe clairement* » au président irakien, avant de compatir hypocritement au sort de « *la population irakienne qui souffre et va souffrir* ». Denis Halliday, ex-cadre des Nations Unies en Irak, accuse les États-Unis et la Grande-Bretagne d'avoir un comportement « génocidaire » en imposant à la population irakienne un embargo de huit ans, « *commettant ainsi une violation majeure des lois et pratiques internationales. C'est une situation épouvantable (...). Un embargo qui tue des milliers de personnes est totalement incompatible avec la formule « pétrole contre nourriture »* ». Il juge également « inique » l'exigence du versement, aux pays ou individus lésés par l'intervention au Koweït, de 30% des revenus retirés par l'Irak de la vente de son pétrole.

Dans les rangs de l'alignement rose et dans la plus pure dialectique socialiste (« responsables mais pas coupables »), Lionel Jospin a déclaré que les frappes aériennes contre l'Irak étaient « inévitables » mais pas pour autant « nécessaires »!

Février 1999.

EUROPE ORIENTALE

RÉFLEXIONS SUR LE CONCEPT DE SUBSTANTIALITÉ D'UNE AUTONOMIE

Le traité de Sèvres conclu le 1er août 1920 entre la Turquie et les vainqueurs de la Grande guerre reconnaissait le droit à l'autonomie des minorités non turques de l'empire ottoman; il prévoyait en particulier la création d'un État kurde et d'une grande Arménie. 1 500 000 Arméniens avaient été massacrés par le gouvernement jeune-turc en 1915 au cours du premier génocide du siècle. Quant au peuple kurde, réparti sur la Turquie, l'Irak, l'Iran et la Syrie, possédant une langue écrite et une civilisation vieille de quelque trois mille ans, il aspirait naturellement à s'affranchir de l'ethnocentrisme turc. Mais un nouveau traité signé à Lausanne le 24 juillet 1923 annulait l'engagement précédent en garantissant l'intégrité territoriale de la Turquie.

De Sèvres à Lausanne, il y eut certes les victoires militaires de Mustafa Kemal dit Atatürk sur les Kurdes, les Arméniens et les Grecs d'Anatolie, mais il y eut aussi les convoitises britanniques sur les gisements pétroliers du nord de l'Irak, convoitises qui auraient été contrariées par la création d'un État kurde souverain dans la région de Kirkük. La France et la Grande-Bretagne ont donc dessiné à Lausanne une carte du Proche-orient conforme à leurs intérêts en abandonnant Kurdes et Arméniens qu'elles avaient soutenus provisoirement contre le nationalisme turc.

En cette fin de siècle, toute velléité d'autonomie du Kurdistan, souvent exprimée de façon violente par le Parti des travailleurs du Kurdistan (PKK), est férocement châtiée dans le sud-est anatolien. Toute incitation au séparatisme est un crime passible de la peine de mort en Turquie. La stratégie de la terre brûlée, planifiée par Ankara, a conduit au ravage de 4 000 villages kurdes et à l'exode de près de 3 millions de personnes. Un terrorisme d'État impitoyable, mobilisant 750 000 soldats épaulés par des milices et des escadrons de la mort, est directement responsable de l'élimination physique de 30 000 Kurdes. Dans un pays où les droits de l'homme sont tenus pour moins que rien, l'accès au Kurdistan est strictement interdit aux médias indépendants et aux organisations non gouvernementales. Depuis 1984, le tiers du budget national de la Turquie est consacré à la lutte contre le PKK qui voit ses militants méthodiquement assassinés, embastillés ou torturés. L'armée turque multiplie les incursions dans le nord de l'Irak pour détruire les bases du PKK. Le chef des rebelles kurdes, Abdullah Öcalan, a été enlevé le 15 février dernier au Kenya pour être transféré par les forces spéciales turques dans l'île-prison d'Imrali où il doit être traduit devant un tribunal d'exception contrôlé par l'armée. Ses avocats sont d'ores et déjà menacés de mort ainsi que leurs familles. En tant que « chef d'une organisation subversive visant à diviser le territoire turc », Abdullah Öcalan est passible de la peine capitale.

Hors de ses frontières par contre, la Turquie sait organiser et entretenir les menées séparatistes qui servent ses intérêts. C'est ainsi que l'armée turque occupe depuis 1974 le nord de l'île de Chypre pour imposer l'indépendance de quelques dizaines de milliers de turcs chypriotes au sein d'une République turque de Chypre du nord proclamée unilatéralement au son du canon. La Turquie a également soutenu et soutient aujourd'hui encore les projets indépendantistes des communautés musulmanes de l'ex-Yougoslavie. Dès novembre 1991, Ankara proposait à l'OTAN de former et de conseiller l'armée bosniaque du président intégriste Alija Izetbegović. Sous l'œil bienveillant des États-Unis, le gouvernement turc a multiplié les livraisons d'armes clandestines à la Bosnie. Lorsque le 22 juillet 1994 Alija Izetbegović signa l'accord militaire portant sur le contrôle de la poche de Bihać par le 5e corps bosno-musulman, le président turc Demirel se tenait à ses côtés. Sur le dossier du Kosovo, Ankara épaule Tirana pour soutenir les revendications sécessionnistes des Kosovars, revendications incarnées sur le terrain par l'Armée de libération du Kosovo (UCK) dont les méthodes ressemblent trait pour trait à celles du PKK.

La Turquie agit impunément de la sorte car elle bénéficie de l'appui des États-Unis et d'une communauté internationale inféodée à la puissance hégémonique américaine. Alliée des États-Unis au sein de l'OTAN, la Turquie constitue la pierre angulaire de la stratégie américaine au Proche-Orient et dans les Balkans. Américains et Britanniques utilisent la base aérienne d'Incirlik pour lancer leurs raids contre l'Irak. Sous l'égide des États-Unis, une alliance militaire est solidement établie entre la Turquie et Israël depuis 1996. Les services secrets turcs (MIT), Israéliens (MOSSAD) et américains (CIA) collaborent étroitement. C'est ainsi que le MOSSAD effectue des missions de renseignement au profit d'Ankara dans l'île de Chypre et qu'il a contribué à l'enlèvement d'Abdullah Öcalan. Les États-Unis furent les maîtres d'œuvre de la capture du chef des rebelles kurdes. Ils ont exercé des contraintes très fermes sur les pays susceptibles d'héberger Öcalan afin de les dissuader de donner asile ou droit de passage au chef de la révolte nationale kurde. Les services secrets américains ont informé leurs homologues turcs du MIT de la présence d'Öcalan à l'ambassade de Grèce de Nairobi puis Washington a fait pression sur le Président kenyan pour que Öcalan soit livré aux forces spéciales turques. Les nombreux agents de la CIA et du MOSSAD en poste à Nairobi ont mis sur écoute le téléphone portable du chef du PKK pour tramer son rapt.

Parce que la Turquie est un allié stratégique des États-Unis et un partenaire commercial que l'Union européenne tient à ménager, les différents États de notre continent ont cédé aux exigences de Washington. L'Union européenne qui brandit à tout propos la déclaration des droits de l'homme, la terre d'asile où les socialistes sont au pouvoir dans onze pays, a donc livré Öcalan à ses bourreaux. Il faut savoir que l'Allemagne est, après les États-Unis, le principal fournisseur d'armes d'Ankara et que la France négocie la vente à l'armée turque de chars et d'hélicoptères de combat pour un montant de dix milliards de dollars. Est-ce pure coïncidence si le gouvernement français vient de refuser d'inscrire à l'ordre du jour du Sénat la proposition de loi reconnaissant le génocide arménien de 1915 ? Lorsque l'Assemblée nationale avait adopté ce texte à l'unanimité en première lecture le 29 mai 1998, Ankara avait aussitôt exclu le consortium franco-allemand Eurocopter de l'appel d'offre lancé pour équiper l'armée turque de 145 nouveaux hélicoptères de combat. Eu égard à la docilité française, le gouvernement turc vient de réinscrire le groupe franco-allemand sur la liste des fournisseurs éventuels et l'hélicoptère Tigre, s'il est retenu, servira bien sûr à mitrailler les Kurdes. Avec sa renarderie habituelle, Jacques Chirac s'est dit « convaincu » qu'Öcalan serait jugé dans le respect de l'État de droit.

Dans les Balkans comme au Proche-Orient, la notion d'autonomie est rien moins que fluctuante selon qu'elle s'applique à des peuples servant ou non les intérêts américains. Les premiers ont droit à une « autonomie substantielle », synonyme d'indépendance à court terme, les seconds doivent se contenter d'une « autonomie virtuelle ou contingente », c'est-à-dire qu'ils ont le choix entre la valise ou le cercueil. Alors que les États-Unis aident la Turquie à étouffer l'irrédentisme kurde, ils attisent en Serbie le foyer d'insurrection albanais du Kosovo. Alors que le PKK est une organisation placée sur la liste des groupes terroristes dangereux devant être anéantis par les États-Unis, l'UCK est officiellement conviée aux négociations de Rambouillet et une délégation de cette armée de libération du Kosovo est attendue à Washington. Faut-il rappeler que les méthodes de l'UCK ne diffèrent en rien de celles du PKK, tandis que la répression serbe est sans commune mesure avec le terrorisme d'État planifié par Ankara? Alors que Abdullah Öcalan est capturé comme une bête féroce avec l'aide des services secrets américains, Hashim Thaqi, le plus intransigeant des chefs militaires de l'UCK, est invité à s'entretenir en tête à tête avec le général Wesley Clark, commandant en chef des forces de l'OTAN. Et l'été dernier, le négociateur américain Richard Holbrooke était photographié aux côtés de terroristes de l'UCK en armes. L'objectif des États-Unis est clair : balkaniser l'Europe pour saper les fondements de l'Union européenne qui représente son rival le plus dangereux à l'aube du troisième millénaire. Pour parvenir à ses fins, Washington fortifie Ankara et ruine Belgrade.

Assurée dans ses frontières par le traité de Lausanne, impunie pour l'occupation du nord de Chypre, la Turquie étend à présent sa zone d'influence en Europe orientale grâce aux diktats américains de Dayton et de Rambouillet, et ce au détriment de la présence orthodoxe serbe. La Turquie est le cheval de Troie avancé par les États-Unis sur les rivages de l'Europe.

Mai 1999.

AU NOM DE LA LOI

Dans la nuit du 24 au 25 mars 1999, l'Organisation du traité de l'Atlantique nord (OTAN) a déclenché contre un État européen souverain une offensive aérienne massive qui allait durer 78 jours et engendrer une catastrophe humaine, écologique et économique. L'opération « Force alliée », première guerre menée à l'initiative de dix-neuf pays démocratiques unis au sein d'une alliance offensive, prétendait imposer par la force des armes le droit, la morale et la justice. Cette coalition occidentale a mené, au nom du droit international et des lois censées régir le nouvel ordre mondial, une expédition brutale contrevenant à toutes les règles du droit. L'analyse du processus décisionnel des actions de l'OTAN dévoile la façon dont les États-Unis, au mépris des lois démocratiques et au nom de lois d'exception, ont acquis le monopole de la décision en éliminant les organisations supranationales et les États qui refusent d'avaliser leurs objectifs.

Il est aujourd'hui bien établi que les États-Unis, en la personne de Madeleine Albright, ont délibérément sabordé les accords de Rambouillet en voulant imposer à Belgrade un régime de souveraineté limité. Deux propositions étaient sur la table des négociations à la veille de l'agression de l'OTAN. La première était formulée dans la Résolution du 23 mars de l'Assemblée nationale serbe. Elle fixait pour objectif de « *parvenir à un accord politique sur une autonomie substantielle pour le Kosovo, garantissant l'égalité totale de tous les citoyens et de toutes les communautés ethniques, et respectant la souveraineté et l'intégrité territoriale de la République de Serbie et de la République fédérale de Yougoslavie* ». Elle évoquait en outre la possibilité d'une présence internationale pour veiller à l'application de l'accord politique sur l'autonomie. Alors que la délégation serbe avait signé cet accord politique, madame Albright, en cheville avec l'UCK, décida d'imposer à Belgrade un accord militaire dont les clauses prévoyaient l'installation d'une véritable force d'occupation en Serbie. Cette deuxième proposition, présentée comme un accord de paix, n'était rien d'autre qu'un ultimatum de dernière minute rendant inéluctable le refus serbe. Cet accord militaire octroyait aux personnels de l'OTAN une immunité totale pour tous les délits qui auraient pu être commis sur le territoire serbe, sans égard pour les lois et les autorités serbes, ainsi qu'un droit de passage libre et sans restriction non seulement au Kosovo mais également sur tout le territoire de la République fédérale de Yougoslavie, y compris l'espace aérien et les eaux territoriales associées. L'article 6a de l'annexe B du diktat américain indiquait en effet que « *l'OTAN doit être à l'abri de toute procédure légale, qu'elle soit civile, administrative ou pénale* », et l'article 6b que « *Les personnels de l'OTAN, en toute circonstance et de manière permanente, doivent bénéficier d'une immunité vis-à-vis de la juridiction des parties contractantes, pour tous les délits civils, administratifs, pénaux ou disciplinaires qui pourraient être commis par eux en République fédérale de Yougoslavie* ». L'article 8 de la même annexe B stipulait quant à lui que « *les personnels de l'OTAN doivent bénéficier, avec leurs véhicules, leurs navires, leurs avions et leurs équipements, d'un droit d'accès permanent et d'un droit de passage libre et sans restriction à travers la république, y compris son espace aérien et ses eaux territoriales. Cela doit inclure, sans s'y limiter, le droit de bivouac, de manœuvre, de cantonnement et d'utilisation de tout terrain ou équipement nécessaire pour la logistique, l'entraînement et les opérations* ». C'est la non-ratification de ce volet militaire par les autorités yougoslaves qui a justifié le déclenchement des bombardements. Quel État de droit aurait toléré que des forces étrangères puissent circuler sur l'ensemble de son territoire national sans avoir de compte à rendre de leurs actes ? Il est intéressant de noter que, lors de l'accord de paix du 3 juin 1999, l'OTAN victorieuse abandonna les exigences de l'annexe B qui ne furent édictées que pour saper les négociations de Rambouillet. En voulant imposer à la Serbie des clauses qu'elle savait d'avance inacceptables, Madeleine Albright a pris la responsabilité du déclenchement prémédité de cette guerre. Il est donc mensonger de prétendre que toutes les solutions diplomatiques pour éviter le recours à la force ont été épuisées. Bien entendu cette fourberie n'a pas été dévoilée par la presse qui s'est montrée bien peu curieuse à ce sujet. L'annexe B a été cachée non seulement au peuple français mais également à ses représentants parlementaires. Cela n'a pas empêché *Le Monde* d'affirmer dans son éditorial du jeudi 25 mars 99 que « *le président de la RFY, Slobodan Milošević, refuse l'honnête solution qui lui a été proposée à Rambouillet* ».

Pour déclencher les hostilités, les démocraties occidentales ont ensuite exclu purement et simplement toutes les instances représentant les peuples. La guerre contre la Serbie a été décidée en violation de la charte des Nations unies qui stipule que le recours à la force nécessite un mandat formel du Conseil de sécurité. La guerre contre la Serbie ne correspondait pas à l'exercice du « *droit naturel de légitime défense, individuelle ou collective* », seule possibilité autorisée par l'article 51 de la Charte des Nations unies pour recourir à l'usage de la force. Le Conseil de sécurité de l'ONU a été tenu à l'écart de cette opération. Or, en application de l'article 51, les mesures prises dans le cadre de l'exercice du droit de légitime défense doivent être « immédiatement portées » à sa connaissance. Washington a donc foulé aux pieds cette charte, sachant que deux membres permanents du Conseil de sécurité (la Chine et la Russie) exerceraient leur droit de veto. Nathalie Duclos, maître de conférences en science politique, se réjouissait de cette éviction de deux « pays non démocratiques » dans le quotidien *Le Monde* du mardi 30 mars 1999 : « *L'intervention de l'OTAN arrive donc à point, alors que le Conseil de sécurité de l'ONU l'aurait bloquée. En raison de la présence en son sein de pays non démocratiques comme la Chine et la Russie, ce Conseil manque de crédit pour mener à bien des missions de paix dans le monde. Il est donc bienvenu que l'OTAN se substitue à l'ONU afin d'assurer la stabilité régionale et d'empêcher un génocide* ». Les « Alliés » ont toutefois tenté de donner un habillage juridique à leur décision guerrière, arguant que la résolution 1199 du Conseil de sécurité donnait une base légale à l'agression de l'OTAN. La résolution 1199 du 23 septembre 1998 énonçait les obligations imposées à Belgrade dans la crise du Kosovo et stipulait dans son article 16 que le Conseil de sécurité « *décide, au cas où les mesures concrètes exigées ne seraient pas prises, d'examiner une action ultérieure et des mesures additionnelles pour maintenir ou rétablir la paix* ». Faut-il rappeler à ces illusionnistes du droit international que le chapitre VII de la charte des Nations unies établit l'absolue nécessité d'un mandat formel du Conseil de sécurité pour recourir à la force et qu'en aucun cas la guerre ne saurait être considérée comme une « mesure additionnelle » d'une quelconque résolution ? Washington a par ailleurs prévenu monsieur Kofi Annan que toute ingérence de l'ONU dans cette guerre serait inacceptable et que la présence militaire au Kosovo ne serait jamais sous le contrôle des Nations unies. L'OTAN a fermement assigné à l'ONU les seules tâches humanitaires !

En décidant l'offensive contre la Serbie, l'OTAN s'est affranchie de sa mission fondamentale qui est une mission défensive définie par l'article 5 du Traité : assurer la sécurité de ses membres face à une agression extérieure (des troupes du Pacte de Varsovie). Or la Serbie est un État souverain qui ne menaçait aucun membre de l'Alliance. Triturant les textes et forçant les mots, les mêmes juristes nous ont alors expliqué que, dans l'attente du nouveau concept stratégique de l'OTAN, la guerre contre la Serbie constituait une « intervention hors article 5 » visant à gérer les crises sur le continent européen. A l'occasion du cinquantième anniversaire de l'Alliance, Jacques Chirac s'est réjoui prématurément d'une victoire diplomatique française qui allait, selon lui, restaurer la prééminence du Conseil de sécurité des Nations unies au sein de l'OTAN. En réalité, force est de constater que le document définissant le nouveau concept stratégique de l'OTAN ne place pas l'Alliance sous l'autorité incontournable du Conseil de sécurité. Nous avons appris ensuite que la décision des opérations contre la Serbie se prenait hors du Conseil atlantique, organe politique permanent de l'Alliance composé des dix-neuf ambassadeurs des pays membres et seul habilité à délivrer un mandat formel et légal pour les opérations. La guerre fut en fait gérée par un « Directoire informel » de quatre États (États-Unis, Grande-Bretagne, France et Allemagne) qui statuaient sur les propositions du général américain Wesley Clark. En pratique Washington et Londres décidaient, Paris et Bonn avaient la primeur des décisions. Dans un entretien accordé au quotidien *Le Monde* paru le mercredi 28 juin 2000, à l'occasion de son départ à la retraite, le général Wesley Clark déclara : « *En gros, les Français ont accepté toutes les cibles que je demandais* ». Ainsi, de l'exclusion du Conseil de sécurité de l'ONU à la constitution du directoire fantoche de l'OTAN, les États hostiles ou seulement réticents à l'agression contre la Serbie ont été évincés et privés de leur droit de contrôle. C'est le « Directoire informel » qui a décidé, sur proposition du général Wesley Clark, « l'élargissement » de la phase 2 à des objectifs civils. La transformation de la « phase 2 » en « phase 2 élargie » permettait de ne pas avoir à demander aux autres membres de l'Alliance l'autorisation de s'en prendre à des objectifs classés à l'origine en « phase 3 ». C'est ainsi que les studios de la télévision nationale serbe (RTS) ont été bombardés dans la nuit du 22 au 23 avril. A cette occasion, l'OTAN a tué en quelques secondes autant de journalistes que toutes les dictatures du monde au cours de l'année 1998. Le ministre italien des Affaires étrangères, Lamberto Dini, a aussitôt condamné ce bombardement en précisant que « *la question de la télévision ne faisait pas partie des plans* » alors que Jacques Chirac déclarait qu'il était « *tout à fait d'accord avec les cibles visées* ». L'appartenance ou non au « Directoire » se lisait dans les déclarations. Ainsi le bombardement de la télévision serbe a été décidé par un « Directoire informel » de l'OTAN, dans le cadre de la « phase 2 élargie » d'une « intervention hors article 5 » de l'Alliance fondée sur une « mesure additionnelle » de la résolution 1199!

Le droit national a été bafoué de la même manière. Les gouvernements démocratiques sont des gouvernements où le peuple est censé exercer la souveraineté. La décision de recourir à la guerre exige une expression parlementaire de la volonté nationale. L'article 35 de la Constitution est sans équivoque : « *La déclaration de guerre est autorisée par le Parlement* ». Le préambule de la Constitution stipule par ailleurs que « *la République française, fidèle à ses traditions, se conforme aux règles du droit public international. Elle n'entreprendra aucune guerre dans des vues de conquête et n'emploiera jamais ses forces contre la liberté d'aucun peuple* ». Pourtant, le 24 mars 1999, le gouvernement de Lionel Jospin a engagé l'armée française sans avoir consulté le Parlement, au mépris de l'article 35 de la Constitution de la Ve république. Le mardi 27 avril, soit plus d'un mois après le début de l'agression, Lionel Jospin évitait de prononcer le mot de « guerre » et parlait de « crise » et de « logique de coercition » pour masquer le viol de la Constitution. Le Quai d'Orsay a attendu le 4 juin 1999 pour transmettre aux membres de la Commission des Affaires étrangères à l'Assemblée une copie des projets d'accord de Rambouillet, soit trois mois et demi après la fin du sommet et deux mois après le début des bombardements, les députés de cette commission ayant dû réitérer plusieurs fois leur demande avant d'obtenir le texte qui servit à ruiner les accords de paix. En Grande-Bretagne, ces dispositions ne furent communiquées à la Chambre des communes que le 1er avril, le premier jour des vacances parlementaires et une semaine après le début des bombardements. Tels sont les agissements de gouvernements où le peuple est censé exercer la souveraineté! Et si des militaires français ont participé de près ou de loin à cette agression, il s'agit bien sûr de fonctionnaires du ministère de la Défense engagés dans une « logique de coercition » (euphémisme jospinien) ne nécessitant pas l'application de l'article 35 de la Constitution de la Ve République. Voilà sur quoi repose l'action des soldats français en termes de droit national et de droit international.

Les dirigeants de l'OTAN ont perpétré des violations flagrantes des Conventions de Genève et bafoué les lois de la guerre. Le Protocole I, annexe des Conventions de Genève de 1949, a été ratifié par la plupart des États membres de l'OTAN. Le principe de base de ce Protocole est le « principe de distinction » entre les objectifs militaires et les objectifs civils. Dans son article 57, alinéa 2, il interdit les attaques jugées « *excessives en relation avec l'avantage militaire concret et direct attendu* » du fait de pertes de vies civiles ou de dommages à des objectifs civils. Les pays de l'OTAN ont également violé l'article 51-b qui interdit « *les attaques dont on peut attendre qu'elles causent incidemment des pertes en vies humaines dans la population civile, des blessures aux personnes civiles, des dommages aux biens de caractère civil, qui seraient excessifs par rapport à l'avantage militaire concret et direct attendu* ». L'article 3 des statuts du Tribunal pénal international sur « Les violations des lois et des coutumes de la guerre » interdit quant à lui « *les dévastations sans exigence militaire et l'attaque ou bombardement de villes, villages, habitations ou bâtiments non défendus* ». Et le statut de la Cour pénale internationale, établie à Rome, qualifie de crime de guerre le fait de « *lancer des attaques délibérées contre des biens civils qui ne sont pas des objectifs militaires* ». L'OTAN a délibérément bombardé des cibles civiles afin que la population serbe incite son président à retirer les troupes du Kosovo. Le général américain Michaël Short, qui commandait les raids aériens au-dessus du Kosovo, réclamait des frappes toujours plus sévères contre la population serbe pour faire plier Slobodan Milošević. Amnesty International a relevé neuf attaques spécifiques ayant entraîné le massacre de civils en violation du droit de la guerre, en particulier le bombardement des locaux de la Radio-Télévision serbe à Belgrade, les attaques des ponts comme celui de Grdelica, et les massacres de populations déplacées à Djakovica et Koriša. Dans la nuit du 22 au 23 avril 1999, l'OTAN a bombardé les studios de la Radio-Télévision serbe (RTS) situés en plein cœur de Belgrade, tuant seize journalistes à leur poste de travail. Contrairement aux règles internationales imposant un avertissement « *en temps utile et par des moyens efficaces* » avant des attaques à risque pour les populations civiles, aucun avertissement de l'OTAN ne laissa entendre que des frappes sur les locaux civils de la RTS étaient imminentes. La raison était que l'Alliance ne voulait pas mettre ses pilotes en danger par une alerte spécifique. Si les journalistes serbes ne furent pas avertis, les journalistes occidentaux l'ont bien été. Début avril, Monsieur Eason Jordan, président de CNN International, reçut un appel officiel de l'OTAN demandant aux équipes de CNN de rester à l'écart de la RTS car une attaque se préparait. Puis les avions de l'OTAN ont privé Belgrade et ses hôpitaux d'électricité en larguant des bombes au graphite sur la centrale d'Obrenovac. Ces munitions (CBU-94) ont créé des courts-circuits en dispersant des particules de carbone cristallisé sur les transformateurs et les relais électriques. Le 12 avril 1999, un des missiles de l'OTAN visant les ponts a détruit un train de voyageurs sur le pont de Grdelica, au sud de la Serbie, faisant 10 morts et 16 blessés. Les États-Unis et la Grande-Bretagne n'ont pas hésité à larguer des bombes à fragmentation (CBU-87) à proximité de zones urbaines. Un an après la guerre, des bombes à fragmentation larguées par l'OTAN tuaient encore des enfants au Kosovo. Plusieurs mois après la fin des opérations le colonel Dwight Davis, commandant les troupes canadiennes de l'OTAN, admettait que le tiers des bombes dites « intelligentes » lancées par les chasseurs canadiens sur la Yougoslavie avaient manqué leur cible, tuant « probablement » des civils. Plusieurs centaines de civils yougoslaves ont ainsi été assassinés. L'Alliance a donc considéré comme « objectifs militaires légitimes » le moral de la population civile serbe et sa volonté de combattre. A l'avenir, cette définition très large des objectifs militaires légitimes autorisera tout type de frappes. Sur la base de l'article 51-b de la convention de Genève (Protocole 1) et de l'article 3 des statuts du Tribunal international sur « Les violations des lois et des coutumes de la guerre », des juristes internationaux ont donc accusé l'OTAN d'avoir perpétré de graves violations du droit international à l'encontre des populations civiles yougoslaves. Ils ont adressé peu après la fin de la guerre un dossier détaillé au TPI mais madame Del Ponte, procureur général du TPI, a aussitôt déclaré que le Tribunal avait des tâches plus urgentes que de poursuivre les dirigeants occidentaux qui étaient ses meilleurs soutiens! Quelques mois plus tard, Amnesty International a également accusé l'Alliance et ses responsables d'avoir délibérément attaqué des objectifs civils. Dans un communiqué rendu public le mercredi 7 juin 2000, Amnesty International estimait que « *Les États membres de l'OTAN doivent traduire en justice chacun de leurs ressortissants suspectés d'être responsables de violations graves de la législation humanitaire internationale. (...) Le bombardement du siège de la radio et de la télévision publiques serbes (le 23 avril 1999), qui avait causé la mort de seize civils, était une attaque délibérée d'une cible civile et en cela constitue un crime de guerre* ». Carla Del Ponte avait déclaré quelques jours auparavant, le vendredi 2 juin, à New York : « *Je suis très satisfaite que l'OTAN n'ait jamais délibérément pris pour cible des civils ou des objectifs militaires non autorisés* ». Le procureur adjoint du TPI, Graham Blewitt déclarait quant à lui que madame Del Ponte a « *estimé qu'il n'y avait pas de base suffisante pour entamer des poursuites contre l'OTAN ou le personnel de l'OTAN* » à propos des bombardements. Le secrétaire général de l'OTAN, George Robertson, s'appuyant sur les déclarations de madame Carla del Ponte et de son adjoint, a jugé « sans fondements » les accusations d'Amnesty et affirmé en guise de réponse à l'association : « *L'OTAN a scrupuleusement respecté le droit international, y compris le droit humanitaire de la guerre, pendant toute la durée du conflit* ». Puis madame Del Ponte concluait en disant que le TPI allait désormais se concentrer sur « *sa tâche réelle qui est l'arrestation et le jugement des responsables yougoslaves ayant commis des crimes contre l'humanité* ».

Exposée à des bombardements décidés sans le soutien d'une résolution du Conseil de sécurité, la République Fédérale de Yougoslavie a déposé une plainte contre les agresseurs de l'OTAN auprès de la Cour Internationale de Justice (CIJ) de La Haye. Les États-Unis ont aussitôt répliqué que cette plainte était absurde et qu'ils ne reconnaissaient pas la compétence de cette Cour. En revanche les décisions du Tribunal Pénal International pour l'ex-Yougoslavie (TPIY), juridiction d'exception sous tutelle américaine, sont imposées par la force des armes aux Serbes comme en témoignent les exécutions sommaires sur mandat du TPI de plusieurs Serbes de Bosnie inscrits sur des listes de suspects tenues secrètes. Alors que le fait d'être inculpé par le TPI ne prouve en rien la culpabilité des personnes désignées, des unités militaires non identifiées n'hésitent pas à ouvrir le feu sur ceux qui devraient pouvoir bénéficier de la présomption d'innocence. Le président Slobodan Milošević, chef suprême de l'armée yougoslave, a été inculpé pour « crimes contre l'humanité et crimes de guerre » le jeudi 27 mai par le TPI pour l'ex-Yougoslavie. Jacques Chirac estimait, dès le jeudi 27 mai dans une allocution radiotélévisée que cet « événement majeur » confirmait « la légitimité de notre combat ». Un autre événement majeur, le plan « fer à cheval », servit à légitimer « a posteriori » les frappes de l'OTAN. Une récompense de 5 millions de dollars fut offerte dès le mois de mai 1999 pour toute information permettant la capture du président de la République fédérale de Yougoslavie et les États-Unis firent placarder 10 000 affiches à travers toute la Bosnie pour encourager les délateurs. A la demande du TPI, le président Slobodan Milošević fait désormais partie des personnes recherchées dont la fiche signalétique est diffusée sur le site Internet d'Interpol, son avis de recherche figurant dans la rubrique « Wanted ». Le fait de mettre hors la loi un chef d'État en exercice et de le représenter comme un bandit de grand chemin poursuivi par des chasseurs de primes constitue un nouvelle façon de saboter les processus diplomatiques. La communauté internationale a donc été remplacée par un Directoire et la Cour Internationale de Justice par un tribunal d'exception, manipulés tous deux par les États-Unis.

Les accords de paix de juin 1999 et la Résolution 1244 du Conseil de sécurité ont été également bafoués par l'OTAN. La Résolution 1244 instituait une « *présence internationale de sécurité avec une participation substantielle de l'OTAN* ». En fait, l'OTAN s'est imposée de façon exclusive au Kosovo. La présence internationale devait rétablir le caractère multiethnique de la province. En fait, les Kosovars albanais ont expulsé violemment la majorité des Serbes et des Tsiganes vivant au Kosovo. L'accord de paix se référait aux « *principes de souveraineté et d'intégrité territoriale de la République fédérale de Yougoslavie* ». En fait, le protectorat de l'OTAN, qui a permis l'éviction des autorités serbes, la prescription de nouvelles lois, le déploiement de drapeaux albanais et l'instauration du mark allemand comme monnaie officielle, prépare la transition vers l'indépendance. Le 5 mai 1999, Paul Garde écrivait dans le quotidien *Le Monde* : « *Pour que les réfugiés albanais puissent revenir chez eux, il faut donc que soit éliminée du Kosovo toute trace de présence militaire ou de pouvoir policier et administratif serbe. Il faut que disparaisse toute espèce de subordination du Kosovo à la Serbie. Il faut que soient mises en place une autre armée, une autre police, une autre administration, un autre pouvoir politique, que ce pouvoir se donne les moyens de s'exercer efficacement, et qu'il n'ait aucun compte à rendre à la Serbie. (…) Le statut ainsi créé s'appellerait-il « indépendance », ou « protectorat », ou encore, pour satisfaire à certains scrupules diplomatiques, « autonomie substantielle » ? Ce n'est pas le nom qui importe, c'est la réalité politique ci-dessus définie* ». Le dimanche 15 août 1999, Bernard Kouchner présentait ses excuses aux Albanais du Kosovo pour avoir donné à penser que les lois en vigueur au Kosovo étaient celles de la Yougoslavie, ajoutant : « *C'est un nouveau Kosovo qui commence; on a changé la loi (…) La loi du Kosovo n'est ni serbe ni yougoslave* ». Cédant à la pression de l'UCK, il renia donc l'accord qu'il avait signé le 25 juillet stipulant que « *les lois appliquées au Kosovo avant le 24 mars 1999 restent en vigueur si elles ne contredisent pas les standards reconnus en matière de droits de l'homme* ». Le lundi 13 décembre 1999 à Priština, Bernard Kouchner annonça la création d'un nouveau code pénal pour le Kosovo au motif que demander aux juges kosovars d'appliquer la loi yougoslave équivaudrait « *à demander à Nelson Mandela d'appliquer les lois de l'apartheid* ». Le proconsul de l'ONU promulgua le vendredi 3 septembre 1999 une disposition faisant du mark allemand la monnaie officielle du Kosovo, tout en décourageant l'utilisation du dinar yougoslave dans la province serbe, qui s'est ainsi détachée un peu plus du reste de la Serbie. L'adoption du mark comme monnaie officielle et les barrières administratives et financières que la nouvelle législation a mis à l'utilisation de la monnaie yougoslave au Kosovo a porté une atteinte supplémentaire à la souveraineté de Belgrade, que l'ONU s'était pourtant engagée à respecter dans la résolution 1244. Cette décision a été prise unilatéralement par Bernard Kouchner, les autorités de Belgrade « seules compétentes en matière de politique monétaire » sur le territoire de la Yougoslavie n'ayant pas été consultées ni même informées. La Minuk a également mis en place des droits de douane avec la Macédoine et l'Albanie échappant totalement au contrôle de Belgrade. Contrairement aux accords, l'UCK n'a pas été dissoute. Le rapporteur spécial de l'ONU pour les droits de l'homme, monsieur Jiri Dienstbier, ancien ministre tchèque des Affaires étrangères, a déclaré le mercredi 29 mars 2000 devant la Commission des droits de l'homme de l'ONU que « *l'administration réelle au Kosovo est celle dirigée par les gens de l'UCK* », ajoutant que l'affirmation selon laquelle l'UCK est dissoute « *est un non-sens total car ses hommes sont aux commandes dans les villages* ». Dans son bilan de la situation au Kosovo, monsieur Jiri Dienstbier a souligné : « *Le chaos règne au Kosovo, des structures parallèles de pouvoir existent dans des régions ou des villages (...), résultat de la politique erronée de la communauté internationale qui a bombardé la Yougoslavie sans savoir quoi faire après* ». La province est désormais livrée au trafic d'héroïne, au proxénétisme et au racket. Par ailleurs, des groupes armés issus de l'UCK (sous le nom d'UCPMB) mènent des actions terroristes dans la partie orientale du Kosovo et le sud-est de la Serbie. Jacques Rupnik, directeur de recherche à la Fondation nationale des sciences politiques (Centre d'études des relations internationales) écrivait dans le quotidien *Libération* du mardi 21 mars 2000 : « *La première chose qui frappe tout visiteur du Kosovo aujourd'hui, c'est la totale irréalité de la résolution 1244 de l'ONU qui fixe le cadre juridique de la présence internationale (Unmik et Kfor) dans un Kosovo maintenu au sein de la Yougoslavie. (...) Aucun Albanais n'acceptera de se considérer citoyen d'un pareil État (...) La réalité du Kosovo aujourd'hui, c'est que la séparation de fait est déjà réalisée : les autorités serbes se sont retirées, la monnaie officielle est le deutschemark, les drapeaux sont albanais. Au-delà des rivalités entre Thaci et Rugova, la LDK et l'ex-UCK, toutes les forces politiques albanaises du Kosovo ont trois objectifs prioritaires communs : d'abord l'indépendance, ensuite l'indépendance, et enfin l'indépendance* ».

Les commandements divins ont été également bafoués et la trêve de Dieu n'a pas été respectée à l'occasion de la plus solennelle des fêtes chrétiennes. Le général Klaus Naumann, chef du comité militaire de l'OTAN, déclara « inhumaine » pour les Albanais du Kosovo une trêve pascale des bombardements de l'Alliance. Nous vîmes le président des États-Unis, William Clinton, un rameau d'olivier à la main, annoncer qu'il n'y aurait pas de trêve dans les bombardements à l'occasion des fêtes de Pâques. Pendant ce temps, Hillary Clinton, en visite au Maroc avec sa fille Chelsea, priait pour le succès des frappes de l'OTAN. Il y eut pourtant récurrence d'évocations bibliques à propos de cette croisade de l'Occident chrétien contre les Slaves orthodoxes, croisade du Bien contre le Mal. Pour justifier l'agression de la Serbie, William Cohen, secrétaire d'État américain à la défense déclara : « *C'est un combat entre le bien et le mal, et l'OTAN ne laissera pas le mal prévaloir* », et Anthony Blair, Premier ministre britannique, utilisa les mêmes mots : « *La guerre contre les Serbes n'est plus seulement un conflit militaire. C'est une bataille entre le bien et le mal, entre la civilisation et la barbarie* ». Mgr Jacques Delaporte, archevêque de Cambrai et président de la Commission Justice et Paix de l'épiscopat français, publia le dimanche de Pâques dans le quotidien *Le Monde* un article intitulé « Imposer la paix par les armes », dans lequel l'archevêque stratège légitimait l'usage des armes et justifiait l'agression de l'OTAN, tout en prônant l'instauration d'un protectorat au Kosovo. Dans son message pascal, le pape Jean-Paul II, condamnait un conflit fratricide mais pas l'agression d'un petit pays de 12 millions d'habitants par une coalition de 500 millions de puissants occidentaux. De la même façon, les représentants français des grandes religions rendaient publique, le mercredi 12 mai 1999, une déclaration commune. Cet appel à la paix et à la justice dénonçait fermement la purification ethnique et condamnait le régime de Belgrade mais ne prenait pas position sur les bombardements de l'OTAN qui ne furent même pas mentionnés. Un an plus tard, presque jour pour jour, la société Marso, organisatrice du salon « Erotissimo » destiné à « populariser l'érotisme » et qui se tenait à Bordeaux du 21 avril au 24 avril, a été assignée en référé, le lundi 17 avril, par un collectif de catholiques. Le cardinal-archevêque de Bordeaux, Pierre Eyt, a dénoncé l'organisation « pendant la Semaine sainte » de cette manifestation où « l'homme perd son âme ». En pleine Semaine sainte de l'an 1999, les prélats de l'Église catholique ne se sont guère émus des bombardements de l'OTAN et du mépris brutal de la trêve pascale.

Dans l'*Histoire de la guerre du Péloponnèse*, Thucydide rapporte les paroles des généraux athéniens s'adressant aux magistrats de la cité de Mélos qu'ils s'apprêtent à détruire impitoyablement : « *Vous le savez comme nous; tel qu'est constitué l'esprit humain, ce qui est juste est examiné seulement s'il y a nécessité égale de part et d'autre. Mais s'il y a un fort et un faible, ce qui est possible est imposé par le premier et accepté par le second. Nous avons à l'égard des dieux la croyance, à l'égard des hommes la certitude, que toujours, par une nécessité de nature, chacun commande partout où il en a le pouvoir. Nous n'avons pas établi cette loi, nous ne sommes pas les premiers à l'appliquer; nous l'avons trouvée établie, nous la conservons comme devant durer toujours; et c'est pourquoi nous l'appliquerons. Nous savons bien que vous aussi, comme tous les autres, une fois parvenus au même degré de puis-*

sance, vous agiriez de même ». Ces déclarations font écho à celle que Sophocle met dans la bouche du tyran Créon : « *La vertu, c'est très bien, mais, quand il s'agit de régner, l'intérêt seul l'emporte et doit tout gouverner* ». On peut certes reconnaître dans ces paroles une manifestation de la brutalité et du cynisme du plus fort. On peut aussi entendre la volonté athénienne de ne pas pervertir la notion de justice et de préserver le sens des mots. Lorsqu'en 1989, les États-Unis envahirent Panama, ils baptisèrent leur opération « Juste cause » alors qu'il n'y avait dans la cause en question pas plus de justesse que de justice.

Une guerre menée au terme de négociations bâclées ne saurait être une guerre juste. Une guerre menée contre un peuple ne saurait être une guerre juste. Une guerre où l'on prétend sauver son âme sans risquer de perdre son corps ne saurait être une guerre juste. Une guerre où des pilotes bombardent des civils par crainte d'approcher leurs cibles à moins de cinq mille mètres ne saurait être une guerre juste. Une guerre qui prive les hôpitaux et les maternités d'électricité, qui prive les malades de soins et les pauvres de nourriture ne saurait être une guerre juste. Une guerre qui n'ose pas dire son nom et qui se cache derrière les mots de « crise » et de « logique de coercition » ne saurait être une guerre juste. Une guerre où le massacre de civils est appelé « bavure » ou « dégât collatéral » ne saurait être une guerre juste. Il faudra nous arracher la langue pour nous empêcher de dénoncer cette guerre de termites. Le commandement divin « Tu ne tueras point » ne comporte pas, à notre connaissance, de mesures additionnelles et il existe au-delà du TPI, bien au-delà, un Tribunal dont on ne s'échappe pas grâce aux faveurs obscènes et aux amnisties tarifées de Carla Del Ponte !

Les démocraties occidentales ont corrompu sans vergogne le mot de démocratie. « *Mais le dernier degré de corruption pour un mot*, dit Bernanos, *c'est précisément de pouvoir servir à tout le monde, et celui de démocrate en sera bientôt là, je le crains* ». Nous en voulons pour preuve que Hashim Thaqi, ex-leader de l'UCK, dirige aujourd'hui le Parti du progrès démocratique du Kosovo ! Ainsi, les terroristes de l'UCK, la mafia albanaise et les post-maoïstes de Tirana font progresser la démocratie au Kosovo, sous l'égide de Bernard Kouchner. Et cela, grâce aux socialistes, aux socio-démocrates et aux écologistes au pouvoir en Europe. Monsieur Javier Solana, militant du Parti socialiste espagnol, ancien opposant à la guerre du Vietnam et adversaire acharné de l'intégration de l'Espagne dans l'OTAN, devenu en 1995 secrétaire général de cette organisation, a engagé l'Alliance dans sa première opération offensive depuis 1945. « *Ce valet de chambre de l'empire (américain)... ce civil qui paraissait incapable de tuer une mouche et qui a donné sans sourciller l'ordre le plus honteux du siècle* », selon Gabriel Garcia Marquez, a été nommé ensuite haut représentant de l'Union européenne pour la Politique étrangère et de sécurité commune (PESC) afin de subordonner la défense européenne au Pentagone. Monsieur Romano Prodi s'est vu octroyer la Présidence de la Communauté européenne pour avoir engagé l'Italie dans cette expédition. Monsieur Anthony Blair, ancien militant du CND (Campaign for nuclear disarmement), puissant mouvement pacifiste britannique des années soixante-dix, s'est engagé corps et âme dans cette guerre balkanique présentée comme une croisade du Bien contre le Mal absolu. Monsieur Joshka Fischer, ministre allemand des Affaires étrangères, transfuge de la gauche révolutionnaire, ancien militant contre la guerre du Vietnam et le déploiement des euromissiles, chef de file des écologistes allemands, n'a pas hésité à lancer la Bundeswehr et la Luftwaffe à l'assaut de la République fédérale de Yougoslavie. Monsieur Daniel Cohn-Bendit, complice de Joshka Fischer, qui était prêt à revêtir le treillis pour en découdre avec les barbares serbes, a déclaré le dimanche 6 juin 1999 que « *la guerre contre la Serbie est l'acte fondateur de l'Europe* ». Madame Dominique Voynet, qui s'efforce de désarmer les chasseurs, était prête à organiser la battue contre le gibier yougoslave. Pas un mot des Verts de la majorité plurielle sur la catastrophe écologique engendrée par cette expédition : destruction du complexe pétrochimique de Pančevo avec pollution dramatique du Danube, largage de cargaisons de bombes dans la mer Adriatique, emploi de munitions radioactives, bombardements de parcs nationaux. Il ressort seulement des déclarations des écologistes que l'Europe va se construire sur les ruines de la Serbie ! Et le quotidien *Le Monde* d'en rajouter sous la plume de Olivier Duhamel : « *Mars-avril 1999 restera comme une étape historique dans la construction de la démocratie européenne* ». Monsieur Bernard Kouchner, qui a fourni l'alibi humanitaire du droit d'ingérence anglo-saxon et transformé les associations caritatives en officines d'agents de renseignement et en force d'appui de l'OTAN, a été promu au rang d'administrateur civil de l'ONU au Kosovo. L'homme qui a excité les passions guerrières contre la population serbe est chargé de réconcilier les différentes communautés du Kosovo, ou du moins ce qu'il en reste après l'expulsion des Serbes et des Tsiganes. Monsieur Lionel Jospin, qui ne s'est guère ému des frappes contre la radio-télévision et les hôpitaux serbes, a justifié le bombardement de la Yougoslavie « *au service du droit (...) au nom de la liberté et de la justice* », tandis que Jack Lang, tout excité d'ardeur guerrière, appelait le 21 avril 1999 sur France Inter à « *continuer, amplifier, intensifier* » l'action militaire contre les Serbes.

Le mardi 27 juin 2000, les États-Unis ont organisé à Varsovie, sous la houlette de Madeleine Albright, une conférence réunissant 107 pays venus célébrer les progrès de la démocratie. Les pays « non démocratiques » furent bien entendu exclus de la fête. Une déclaration intitulée « vers une démocratie commune » fit mention d'une « *coopération au sein des organisations internationales* », et de la constitution de « *coalitions et d'ententes destinées à soutenir les résolutions et d'autres actions internationales pour la promotion d'un mode démocratique de gouvernement* ». Les sanctions applicables aux pays récalcitrants ont été également évoquées. Il s'agissait clairement de définir un « Directoire » de démocraties occidentales et de poser les bases légales des futures « mesures additionnelles » de coercition. Dans un mouvement d'indignation qui aurait eu beaucoup plus de valeur quelques mois auparavant, le ministre français des Affaires étrangères, monsieur Hubert Védrine, a refusé de signer la « déclaration de Varsovie », stigmatisant la volonté de « *convertir d'un coup à la religion démocratique des suppôts de la tyrannie* » et regrettant que les Occidentaux donnent « *l'impression qu'ils utilisent l'aspiration universelle à la démocratie ou au respect des droits de l'homme (...) à des fins d'influence ou de domination politique, économique ou culturelle* ». Madeleine Albright a répondu aussitôt que la démocratie n'était « pas une religion » mais « une foi », et un haut responsable américain a déclaré : « *107 pays étaient venus soutenir la démocratie, mais 106 l'ont réellement fait* ».

Si les tyrannies ont toujours suscité des révoltes, le totalitarisme à masque démocratique a réussi le tour de force d'abolir toute indignation, tout sentiment de révolte et toute forme d'insurrection. Au nom de grands principes et de droits universels, les démocraties sont en train de détruire l'homme. Un architecte qui travaille sur les prisons qui verront le jour à Toulouse, Avignon et Lille en 2002 vient de déclarer : « *La prison du XXIe siècle devra amener le détenu à accepter sa condition sans révolte. Je veux arriver à ce que le prisonnier accepte involontairement l'enfermement* ». La démocratie aujourd'hui n'est rien d'autre que cette acceptation involontaire de la servitude.

Juin 1999 – mai 2000 – août 2000.

L'ALLIANCE POUR LA PROPAGATION DE LA FORCE

Les médias occidentaux se sont vertueusement indignés du contrôle imposé aux journalistes étrangers par les autorités de Belgrade et des expulsions ordonnées à l'encontre de nombre d'entre eux. Ils ont dénoncé avec force l'interdiction d'émettre signifiée à la radio indépendante B 92, la fermeture de cinq médias yougoslaves indépendants dont les quotidiens *Danas*, *Naša Borba* et *Dnevni Telegraf*, le musellement de la presse albanaise du Kosovo, l'assassinat du journaliste de l'opposition Slavko Ćuruvija et l'emprisonnement du journaliste Nebojša Ristić. La radiotélévision d'État serbe (RTS) a été accusée par tous de répandre la haine et le mensonge et l'association Reporters sans frontières a déclaré que la République fédérale de Yougoslavie était devenue un « État de censure » organisant une « guerre à huis clos ». Force est de constater que ces chiens de garde de l'OTAN ont beaucoup parlé de la propagande serbe, pratiquement pas de la propagande de l'Alliance et pas du tout de la propagande albanaise. Il n'est donc pas superflu de dire quelques mots de ces deux dernières.

LA VOIX ÉTRANGLÉE DE LA SERBIE

L'OTAN a réduit au silence de façon brutale le système d'information yougoslave de façon à pouvoir lancer une campagne de désinformation à l'encontre du peuple serbe et de son armée. Dans la nuit du 22 au 23 avril 1999, l'OTAN a bombardé les studios de la radiotélévision serbe (RTS) situés en plein cœur de Belgrade, tuant seize journalistes à leur poste de travail. En guise d'oraison funèbre, la télévision française TF1 décrivit le 23 avril la télévision serbe comme un « *un formidable outil de propagande : les journaux télévisés sont une arme à la solde de Milošević* ». Catherine Trautmann, ministre française de la Culture et de l'Information, a également approuvé ce bombardement : « *La télévision est une arme qui sert, entre les mains de Milošević, à défendre une identité et son emprise sur l'ensemble de la population* ». L'association Reporters sans frontières, qui dénonçait l'État de censure, a tout simplement omis de compter les journalistes serbes, ensevelis dans les décombres de leur studio, au nombre des journalistes tués dans l'exercice de leur métier en 1999. Avant de tuer délibérément ces journalistes au cours d'une émission télévisée, l'OTAN avait entrepris la destruction systématique des relais-émetteurs de la radiotélévision yougoslave « répandant la haine et les mensonges ». Alors que l'Alliance dévastait les studios et les relais de la radiotélévision serbe, le porte-parole du département d'État américain, James Rubin, déclarait sans vergogne : « *Il est clair que le régime de Belgrade viole les normes internationales en matière de liberté de la presse* » et le chef d'état-major français des armées, le général Jean-Pierre Kelche ajoutait : « *la télévision locale fausse la vision des populations et diffuse de la propagande. Il fallait casser ce réseau de diffusion de fausses nouvelles* ». Un an après la fin de la guerre, le général Wesley Clark déclara dans une allocution à l'Institut Brookings le 8 juin 2000 : « *J'ai remarqué dans les informations d'aujourd'hui des critiques sur l'attaque des médias serbes. Évidemment, c'était une cible controversée. Mais la machine médiatique serbe nourrissait la guerre. C'était un instrument crucial du contrôle de Milošević sur la population serbe. (...) C'était donc une cible de guerre légitime, validée par des juristes de plusieurs pays et par le Tribunal pénal international. Mais cela a, bien sûr, allégé nos consciences de savoir que nos dirigeants politiques élus prenaient la responsabilité de cette frappe* ». Si la destruction de la Radio-Télévison à Belgrade avait pour but de saper le moral de la population serbe, une autre raison de l'attaque fut révélée le 12 mars 2000 par le premier ministre britannique dans un entretien accordé à la BBC2 : les dirigeants de l'Alliance redoutaient la rediffusion par les chaînes occidentales de séquences filmées par la RTS. Monsieur Anthony Blair déclara : « *Nous étions avertis que ces images reviendraient et qu'il y aurait une sympathie instinctive pour les victimes de la campagne* ». En effet, les reportages de la RTS étant repris sur les antennes des médias occidentaux, des images apportant la preuve d'erreurs dramatiques de l'OTAN telles que le bombardement du convoi civil de Djakovica, risquaient de saper l'enthousiasme guerrier des opinions publiques de l'Alliance.

Le mercredi 26 mai 1999 à 18 heures GMT, le consortium européen des satellites EUTELSAT a coupé les retransmissions de la RTS, privant une partie de la Serbie et le reste du monde des programmes de la télévision d'État serbe, au motif qu'elle représentait une puissante « arme médiatique ». C'est à l'initiative du gouvernement allemand de monsieur Schröder que les ministres de plusieurs États européens avaient fermement recommandé aux opérateurs du consortium d'interrompre les retransmissions de la télévision yougoslave. Les principaux opérateurs ayant des liens privilégiés avec l'État (France Télécom, Deutsche Telekom, Télécom Italia, British Télécom), la recommandation équivalait à un ordre. Cet acte de piraterie étatique constitue une atteinte grave à la libre circulation de l'information et viole les principes établis de « non discrimination » et de « liberté d'émettre ». Aux termes de la jurisprudence de la Cour européenne des droits de l'Homme, la liberté d'expression « *vaut (...) aussi pour celles qui heurtent, choquent ou inquiètent l'État ou toute partie de la population* ». L'OTAN envisagea d'étendre la guerre électronique en coupant les connexions Internet entre la Yougoslavie et le reste du monde afin de neutraliser les quelques sites web serbes qui entravaient les opérations de désinformation. Mais l'Alliance jugea plus utile d'utiliser l'Internet pour diffuser sa propre propagande. Un porte-parole du département d'État américain déclara qu'« *un accès libre et ouvert à Internet ne peut qu'aider le peuple de Serbie à connaître la hideuse vérité sur les atrocités (...) commises au Kosovo par le régime de Milošević (...). Nous encourageons les Serbes à utiliser Internet et les autres médias pour défier les fausses informations diffusées par la presse de Milošević* ».

DES UNITÉS À CARACTÈRE SECTAIRE

Les unités militaires chargées des opérations psychologiques (« psyops groups ») ont reçu l'ordre de contrôler le système d'information yougoslave afin de soulever la population contre le président Milošević et d'inciter les militaires serbes à la désertion. Ces unités avaient la possibilité de perturber les émissions radiotélévisées de la RFY en diffusant des programmes de désinformation en langue serbe élaborés par des psychologues. A cet effet, de véritables studios étaient embarqués dans des avions de l'armée de l'air américaine. Un avion C-130 Hercules baptisé « commando solo », était équipé d'une station diffusant des programmes de radio et de télévision en langue serbe. Ce studio volant transmettait jour et nuit à destination de la Serbie des images compatibles avec le système de télévision yougoslave et capables de se substituer aux programmes officiels pour influencer le peuple serbe. Parallèlement, les avions de l'OTAN larguaient au-dessus de la Serbie des millions de tracts, imprimés en caractères cyrilliques, appelant la population à se désolidariser de Slobodan Milošević et annonçant l'intensification des frappes si le président yougoslave ne se pliait pas aux exigences de l'Alliance. Un article de Michel Guénaire publié dans *Le Monde* du samedi 8 mai 1999 proposait même d'utiliser ces techniques de manipulation psychologique pour inciter les Serbes au meurtre de Slobodan Milošević : « *Il faut bien sûr penser la théorie d'un tyrannicide éclairé, qui doublerait l'élimination du dictateur par une information de son peuple. Le peuple serbe ignore la réalité des événements qui se déroulent à l'extérieur de ses frontières depuis dix ans. Un jour, les avions de l'OTAN ne bombarderaient pas mais lanceraient tracts et journaux sur le territoire serbe, ouvrant la conscience de tous ses habitants. L'homme qui prendra l'arme du tyrannicide ne devra-t-il pas être compris dans son pays ?* ». Mais les confins de l'abjection avaient déjà été dépassés par Alexandre Adler qui lança, dans son bloc-notes de *Courrier International* (N° 441 du 8 au 15 avril 1999), un appel au meurtre de la famille de Slobodan Milošević par des opposants serbes soutenus par les opinions publiques : « *La Serbie devra négocier lorsque ses dernières réserves de carburant et de munitions auront été bombardées. Les opposants serbes finiront par se découvrir, quand le Kosovo aura été perdu pour l'essentiel, la Macédoine consolidée également pour l'essentiel et le Monténégro conforté dans ses ambitions sécessionnistes. Alors viendra l'heure des comptes, et l'on espère de tout cœur pour Milošević, sa compagne, son fils et sa fille (où qu'ils se soient réfugiés, en Crète ou à Chypre) le sort des Ceaucescu. A ce stade, la résolution de l'OTAN et le soutien des opinions publiques permettent de mieux augurer de l'issue finale* ». Des tracts furent également dispersés au-dessus du Kosovo, incitant les militaires serbes à la désertion. Sur l'un de ces tracts, un dessin représentait un hélicoptère Apache prêt à détruire un char serbe, avec l'inscription : « *restez au Kosovo et vous ferez face à une mort certaine* ». Ces moyens de communication sont régulièrement mis en œuvre par les démocraties occidentales pour mobiliser des opinions publiques contre leurs dirigeants, pour diviser les peuples proscrits et orienter leurs choix ou entretenir en leur sein de dangereux foyers d'agitation. Ce fut le cas en Irak lorsque Washington encouragea et organisa la rébellion kurde, rébellion lâchement abandonnée en mars 1991. De même en Republika Srpska, les États-Unis avaient contribué de façon décisive à la fracture politique entre Banja Luka et Pale par leur soutien affiché à madame Biljana Plavšić contre l'ancien président Radovan Karadžić, divisant ainsi la petite République serbe en une composante occidentale et une composante orientale. A cette occasion l'armée américaine, par le contrôle qu'elle exerçait sur les moyens de communication dans la région, s'était livrée à des « opérations d'information » destinées à influencer insidieusement le comportement et les choix politiques des populations serbes épuisées par les sanctions économiques. Côté français, le Bureau des actions de l'environnement (BAE), placé sous l'autorité du Commandement des opérations spéciales (COS), a pris part à ces manipulations psychologiques dans les Balkans (radio FM Accord émettant en serbe, distribution de tracts, brouillage des émissions serbes). Ces « opérations d'information » menées par des journalistes en uniforme ont efficacement complété celles de leurs collègues civils.

L'Assemblée nationale française a adopté à l'unanimité, le jeudi 22 juin 2000, une proposition de loi créant un délit de « manipulation mentale » afin de renforcer l'arsenal juridique contre les « groupements à caractère sectaire ». La manipulation mentale consiste à « *exercer sur une personne des pressions graves et réitérées afin de créer ou d'exploiter un tel état de dépendance et de la conduire, contre son gré ou non, à un acte ou à une abstention qui lui est gravement préjudiciable* ». Par cette intrusion dans la sphère individuelle, l'État entend juger si une opinion ou une croyance a été formée librement ou sous l'emprise d'une « manipulation mentale ». Les représentants des Églises se sont aussitôt inquiétés de cette « loi d'exception », sans équivalent dans le monde, qui risque de porter atteinte à la liberté d'association ainsi qu'à la liberté de conscience, et qui ouvre la voie à une police de la pensée. Compte tenu de la marge d'interprétation du texte, une carmélite, eu égard à son mode de vie, pourrait ressembler trait pour trait à la victime d'une entreprise de « manipulation mentale ». Aucune grande religion, aucune association de défense des droits de l'homme n'a pourtant protesté contre les opérations psychologiques et les manipulations mentales des troupes de l'OTAN, véritable armée de la pensée.

LES CHIENS DE GARDE DE L'ALLIANCE

L'Alliance a contrôlé l'information à destination de ses populations de façon encore plus sournoise et hypocrite. Les gouvernements occidentaux ont exigé une complicité inconditionnelle de leurs médias pour s'assurer le soutien de l'opinion publique. Dès le 24 mars 1999, une cellule de communication fut mise en place par l'Alliance pour justifier les frappes et maintenir les opinions publiques occidentales dans le droit chemin, c'est-à-dire sur le sentier de la guerre. Le porte-parole de l'OTAN, Jamie Shea, était tout désigné pour cette mission puisqu'il soutint en 1979 sa thèse de doctorat sur « le rôle des intellectuels dans la mobilisation de l'opinion publique pendant la première guerre mondiale ». Le premier ministre britannique décida de constituer début mai une « cellule renforcée » de communication pour épauler Jamie Shea.

Cette cellule était essentiellement composée d'experts anglo-saxons de la communication politique, parmi lesquels on comptait Alastair Campbell, proche conseiller de Tony Blair, et Jonathan Prince, fidèle rédacteur des discours de Bill Clinton. Ces experts médiatiques furent chargés de promouvoir une « communication ciblée », en d'autres termes de mobiliser de façon plus spécifique l'opinion publique de tel ou tel pays, l'électeur français n'étant pas sensible aux mêmes arguments que l'électeur britannique, allemand ou italien. C'est ainsi que la coalition de Gerhard Schröder fut sauvée de la contestation pacifiste des Verts allemands aux cris de « plus jamais Auschwitz! » et que la gauche plurielle de Lionel Jospin neutralisa l'insubordination non-violente de Jean-Pierre Chevènement et de Robert Hue au nom de « la France des droits de l'Homme ». Pour optimiser sa propagande, l'Alliance devait disposer de solides relais de communication au sein des médias et des Organisations non gouvernementales (ONG) de chaque pays membre. Le quotidien espagnol *El Mundo* et l'hebdomadaire français *Marianne* ont publié des extraits du rapport de l'OTAN détaillant le mode d'emploi des journalistes et des ONG au service de la propagande de l'Alliance. Les rapports incestueux entre la presse et le pouvoir politique, par l'entremise du lobby militaro-industriel, n'ont jamais été aussi féconds. En France, Jean-Luc Lagardère n'est pas seulement PDG du groupe Matra-Aérospatiale, numéro deux mondial des missiles et numéro cinq mondial de l'aéronautique. Il est également PDG du groupe Hachette (Grasset, Fayard, Stock, Lattès, Calmann-Lévy, Hatier, Le Livre de poche). Il est le plus gros employeur de la Région Provence-Alpes-Côte d'azur, avec Eurocopter à Marignane, Dassault Aviation à Istres et Aérospatiale à Cannes et il possède la quasi-totalité des quotidiens de cette Région (*La Provence, Nice-Matin, Var-Matin, Corse-Matin*...). Monsieur Bernard-Henry Lévy est philosophe, conseiller littéraire de Grasset qui est une filiale de Hachette et ses films sont coproduits par monsieur Lagardère. Comme le souligne l'hebdomadaire *Charlie-Hebdo*, un ouvrage récent de BHL (publié chez Lagardère) a reçu l'accueil enthousiaste de monsieur Elkabbach (conseiller du groupe Lagardère pour les médias) sur les ondes d'Europe 1 (propriété de Lagardère) et a fait l'objet de trois articles élogieux dans le *Journal du dimanche* (détenu par Lagardère). Il n'est donc pas faux de dire que les missiles de Matra-Aérospatiale véhiculent la pensée de ce philosophe très médiatique et très partisan dans la guerre contre la Serbie. Un groupe de presse qui est la propriété exclusive d'un complexe militaro-industriel peut-il diffuser une information indépendante et honnête sur la guerre? Or il n'y a pas de démocratie sans information indépendante. Lorsque les médias n'étaient pas la propriété directe de grands groupes dévoués aux gouvernements, l'Alliance avait plus subtilement recours à la pression des annonceurs sur le contenu éditorial. La manne publicitaire américaine et allemande s'est ainsi répandue dans les quotidiens. Le général Pierre-Marie Gallois nous faisait remarquer récemment que durant l'agression de l'OTAN contre la Serbie, certains quotidiens français reçurent des subsides inhabituels sous forme d'encarts publicitaires au nom de grandes firmes américaines et allemandes. Une collaboration fut également favorisée entre l'armée et les industriels des médias. Des militaires américains affectés aux « psyops groups » ont travaillé comme conseillers aux côtés des équipes de CNN. En France, des spécialistes du renseignement militaire français, appartenant au 13e Régiment de dragons parachutistes et agissant sous la direction du BAE, ont noué des « relations d'amitié » avec certains journalistes français. La plupart des journalistes occidentaux ont ainsi pu servir de relais et de répétiteurs aux ministres bellicistes de l'Alliance, se soumettant d'eux-mêmes à l'obligation de réserve imposée d'ordinaire aux seuls fonctionnaires. Ils ont accepté de substituer l'émotion à l'information, en rapportant de façon démesurée les témoignages d'une seule communauté impliquée dans cette guerre civile, le nombre des récits ayant pour eux force de vérité. Jour après jour, ils ont servi la propagande de l'OTAN en acceptant de qualifier de « bavure » ou de « dommage collatéral » le massacre de populations civiles par l'Alliance.

DES JOURNALISTES OSTRACISÉS

Le corollaire de cet enrôlement et de ces amitiés contre-nature fut le discrédit jeté sur les réfractaires. Il est frappant de constater la façon dont ces gouvernements socialistes ou socio-démocrates ont discrédité les journalistes qui refusaient de relayer la propagande de guerre de l'OTAN. Ainsi, pour avoir montré un peu de compassion envers les civils serbes bombardés et pour avoir noté dans ses comptes rendus que les bombardements avaient accru le soutien à Milošević, John Simpson, correspondant de la BBC à Belgrade fut accusé par les proches de Tony Blair de « manquer d'objectivité » et par Robin Cook de donner aux britanniques une « vision proserbe » des événements. Tony Blair a utilisé la presse Murdoch pour lancer contre lui une violente campagne de dénigrement et le fameux Alastair Campbell (de la cellule de communication de l'OTAN) suscita un article dans le *Times* mettant en doute sa compétence professionnelle. Le gouvernement britannique demanda officieusement son rapatriement. Ennio Remondino, correspondant italien de la RAI à Belgrade pour les trois chaînes du service public, fut accusé d'être « philoserbe » pour avoir critiqué le bombardement de la télévision serbe. Côté français, les reportages de Jacques Merlino furent suspectés de partialité par le quotidien *Libération*, non tant pour leur contenu que pour leur auteur. Jacques Merlino, selon les termes de *Libération*, « a commis en 1993 » un livre intitulé *Les vérités yougoslaves ne sont pas toutes bonnes à dire* (Albin Michel) et il fut pour cela accusé de parti pris proserbe. Les intellectuels dociles ont contribué à l'effort de guerre en discréditant les dissidents comme régis Debray. Alain Joxe, directeur d'études à l'École des hautes études en sciences sociales (EHESS) écrivit dans *Le Monde* du 14 mai 1999 dans un article intitulé « Contre le crétinisme international » : « *Régis Debray se retrouve dans la situation grotesque d'un mauvais reporter manipulé par le système du mensonge serbe. (...) Notre malheureux auteur a voulu se faire voir et cru se faire bien voir en répétant des phrases concoctées dans les officines serbes de propagande* ». Bernard-Henri Lévy surenchérit dans le même numéro de ce quotidien : « *Ce qui est grave, et ne passe pas, c'est l'hallucinante naïveté de ce maître médiologue, expert en soupçon et en pensée critique, que l'on voit gober sous nos yeux les plus énormes bobards de la propagande serbe – avec, toutes proportions gardées, l'appétit de ceux de nos aînés qui faisaient, dans les années 30, le voyage de Berlin ou Moscou* ».

UNE TERMINOLOGIE DU TROISIÈME REICH

Les médias ont diffusé sans la moindre retenue des informations mensongères, en particulier sur le nombre des victimes. L'affirmation officielle de « génocide » servit de motif déclaré à l'intervention du 24 mars 1999. Le ministre allemand de la défense Rudolph Scharping évoquait un « génocide » au Kosovo et répandait des rumeurs alarmistes sur le sort d'Ibrahim Rugova « blessé et dont la maison avait été incendiée » comme exemple de la répression féroce des Serbes. Le général David Wilby annonçait conjointement, de source « très bien informée, très sûre », que Fehmi Agani, principal conseiller d'Ibrahim Rugova, avait été exécuté le dimanche 28 mars, ainsi que quatre autres personnes, dont Baton Haxhiu, rédacteur en chef du quotidien *Koha Ditore*. Toutes ces informations ont été démenties par la suite. Mi-avril le département d'État américain et l'OTAN annonçaient l'exécution probable de 500 000 kosovars albanais, chiffre largement diffusé par les médias. Un haut responsable américain accompagnant le président Bill Clinton affirmait le mercredi 5 mai à Ramstein (Allemagne) que 660 000 à 700 000 Kosovars étaient utilisés comme boucliers humains au Kosovo, en se référant aux estimations de l'OTAN. Le secrétaire d'État à la défense, William Cohen, au cours de l'émission « Face the Nation », sur CBS, le 16 mai, faisait état de la disparition de cent mille hommes en âge de porter les armes. En France, monsieur Antoine Garapon, magistrat, secrétaire général de l'Institut des hautes études sur la justice et membre de la rédaction de la revue *Esprit*, évoquait fin juin dans *Télérama* « *les centaines de milliers de Kosovars massacrés* ». Le 2 août, Bernard Kouchner, représentant spécial du secrétaire général des Nations Unies, faisait mensongèrement état de l'exhumation de 11 000 Kosovars, chiffre qui fut démenti peu après. La vérité est qu'à la fin de l'année 1999, en tout et pour tout, 2018 cadavres (Serbes et autres communautés inclus) étaient effectivement retrouvés par les 500 criminologistes du TPIY au terme de six mois d'enquête. Le médecin légiste Emilio Pérez Pujol, responsable de l'équipe de recherche espagnole, trouva 187 corps dans un secteur où les Nations unies lui en avaient annoncé au moins 2 000. Il déclara à son retour : « *Je calcule que le nombre final de morts au Kosovo sera de 2 500 au maximum. Cela inclut le nombre de morts pour des raisons imprécises, qui ne peuvent être imputés à aucun camp en particulier* » (*El Païs*, 23 septembre 1999, « Crimes de guerre, oui, génocide, non »). Des sources officielles affirmaient qu'au moins 700 cadavres d'Albanais avaient été entassés dans les puits de la mine de Trepča. Pas un corps ne fut trouvé. Sandy Berger, conseiller américain pour les questions de sécurité nationale, avait alerté la presse sur 350 corps gisant près du village de Ljubenić dans « *le plus grand charnier découvert à ce jour* ». Sept corps ont été découverts depuis à l'endroit désigné. Un reporter allemand du nom de Erich Ratfelder publia dans le quotidien autrichien *Die Presse* un article attestant qu'il avait vu aux abords de la ville d'Orahovac (Kosovo-Metohia) des fosses communes contenant plusieurs centaines de cadavres albanais dont un grand nombre d'enfants. Cette information, reprise par la presse internationale, fut démentie quelques jours plus tard par des observateurs dépêchés sur place. Le journaliste fut contraint de reconnaître qu'il n'avait pas été le témoin direct de telles observations et qu'il s'était contenté de faire imprimer en gros titre une information rapportée par un quidam et inventée de toute pièce. L'hebdomadaire *Marianne* relata cette nouvelle falsification journalistique sous le titre « Timisoara bis ». Dans son éditorial du mardi 30 mars 1999, *Le Monde* justifiait la diffusion d'informations non vérifiées : « *Il faut s'efforcer d'informer honnêtement, le plus rigoureusement possible, sans épouser la propagande des camps en présence (...). Mais, en dépit de la nécessaire prudence, il y a lieu de prendre au sérieux, peut-être au pied de la lettre, les horreurs ainsi rapportées* ».

La plupart des journalistes ont accepté de maquiller l'évidence, à savoir que ce sont bien les frappes de l'OTAN qui ont déchaîné les violences criminelles au Kosovo. Il est faux de prétendre que l'épuration ethnique au Kosovo a commencé avant le 24 mars, comme il est faux de prétendre que toute forme d'opposition au régime de Belgrade était réduite au silence avant cette date. Le rapport de l'OSCE, paru en novembre, reconnaît que les meurtres et les expulsions massives se sont essentiellement déroulés après le 24 mars 1999. C'est ce qui ressort du rapport (partie III, chapitre V) de la mission de l'OSCE qui se trouvait au Kosovo avant le 24 mars 1999. Ce rapport distingue la répression d'avant la fin mars de « l'escalade dramatique de meurtres et d'actes arbitraires » après cette date. Dans un entretien avec le quotidien *L'Humanité* du vendredi 9 juin 2000, le général allemand Heinz Loquai, ancien responsable de l'OSCE déclara à propos de la situation au Kosovo à la veille des frappes de l'OTAN : « *Il y régnait une cruelle situation de guerre civile. Des deux côtés, on violait les règles humanitaires, et on aspirait à imposer une solution par des moyens militaires. Cependant tous les rapports de l'OSCE et des experts militaires de cette époque montrent aussi qu'aucune action visant à des expulsions massives et systématiques des populations civiles albanaises n'avait été déclenchée. La population civile, serbe et albanaise, souffrait des retombées des combats et d'actes de violence isolés. D'après tous les rapports dont j'ai eu connaissance, les expulsions et les cruautés de grande envergure contre la population albanaise n'ont commencé qu'après les frappes de l'OTAN* ». Le 3 avril 1999, MM. Schröder, Scharping et Fischer donnèrent une conférence de presse commune exceptionnelle à Bonn, à la veille des traditionnelles marches pacifistes de Pâques, au cours de laquelle Joschka Fischer déclara : « *Nous n'avons pas affaire à des réfugiés, nous avons affaire à la déportation de tout un peuple* », soulignant que « *cette politique a commencé avant que ne tombe la première bombe de l'OTAN* ». Pour appuyer cette thèse, Joschka Fischer évoquait quatre jours plus tard, pour la première fois, le plan « Fer à cheval ». Ce plan fut présenté en détail par M. Scharping le 8 avril 1999. Mais il s'est avéré que le plan « Fer à cheval », attribué à Slobodan Milošević et qui prévoyait dès l'automne 1998 la déportation massive des Albanais du Kosovo (*Le Monde* des 8 avril et 10 avril 1999), n'était qu'une invention des autorités allemandes destinée à justifier la poursuite des bombardements auprès d'une opinion réticente à la guerre contre la Yougoslavie. L'existence d'un plan préalable de déportation massive a permis à Joschka Fischer et Rudolph Scharping de balayer l'argument selon lequel l'exode des kosovars avait été déclenché par les frappes de l'OTAN. Cette supercherie fut dénoncée par Heinz Loquai, général de brigade allemand détaché auprès de l'OSCE, dans un ouvrage intitulé *Chemins vers une guerre évitable*. A propos du plan « Fer à cheval » brandi par Rudolph Scharping, le général Heinz Loquai confia au quotidien *L'Humanité* du 9 juin 2000 : « *Les soi-disant preuves du ministre sont si faibles et si contradictoires que l'on ne peut qu'avoir des doutes qu'il ait eu un tel plan entre les mains. Tous les éléments qu'il a livrés par la suite au compte-gouttes, contraint par la forte pression de l'opinion publique, ne font que renforcer ces doutes* ». Le prétendu génocide et la planification d'une déportation n'étaient, bien entendu, que prétextes pour bombarder la Serbie. Ils rejoindront dans l'histoire, entre le cuirassé Maine et le destroyer Maddox, les autres prétextes avancés par les Américains pour déclencher des guerres décidées à l'avance. La dramatisation volontaire de certaines situations est une technique bien éprouvée pour justifier l'accroissement et l'utilisation du potentiel militaire. Plus près de nous, l'armement de l'Irak a été grossièrement surestimé par les soi-disant experts américains pour justifier l'opération « Tempête du désert » et l'imposition de l'embargo. Le prétendu génocide du Kosovo relève de la même manipulation. L'argument selon lequel les bombardements ont empêché le génocide des Albanais du Kosovo est un leurre. Ce sont bien les bombardements de l'OTAN qui ont attisé la violence des milices serbes au Kosovo et qui ont conduit au musellement de toute voix dissidente en Serbie.

UN RÉVISIONNISME EN TEMPS RÉEL

Dans un discours prononcé le mardi 23 mars, le président américain Bill Clinton accusait Slobodan Milošević de « nettoyage ethnique » et de « génocide », tout en invoquant Churchill contre Hitler pour justifier l'intervention contre la Serbie. Un commentateur de la chaîne de télévision France 3 assimilait les terroristes de l'UCK aux maquisards du Vercors en lutte contre la Wehrmacht. Ailleurs, une jeune Albanaise divulguant ses réflexions sur Internet fut aussitôt comparée à Anne Frank rédigeant son journal clandestin. M. Anthony Blair déclarait : « *Je vous le promets maintenant, Milošević, et son génocide racial hideux, sera défait* ». Durant la semaine précédant Pâques (du lundi 29 mars au dimanche 4 avril 1999), Rudolf Scharping, ministre allemand de la défense, et Joshka Fischer, ministre allemand des Affaires étrangères, ont entamé une surenchère verbale inouïe, se référant aux crimes du IIIe Reich et évoquant au Kosovo la planification d'un génocide et celle de camps de concentration, de triage et de déportation. Le jeudi 1er avril, le quotidien allemand *Bild* titrait : « *Ils les déportent en camps de concentration* ». La surenchère verbale de R. Scharping et de J. Fischer fut aussitôt relayée en France par Daniel Cohn-Bendit, ami fidèle de Joshka Fischer, ainsi que par les intellectuels et les médias. L'ordre de mobilisation du mot « déportation » était signé. Madame Françoise Giroud écrivit dans *Le Nouvel Observateur* du 1er avril : « *M. Milošević purifie. Chacun sa méthode, on doit manquer de chambres à gaz, en Serbie...* ». Philippe Val, rédacteur en chef de *Charlie Hebdo*, qui soutint vigoureusement la candidature de Daniel Cohn-Bendit aux élections européennes, écrivit dans son hebdomadaire libertaire et pacifiste du 31 mars : « *Lisons un journal, en remplaçant « kosovar » par « juif ». Les troupes de Milošević organisent des pogroms, détruisent les villages, assassinent les hommes, et contraignent à l'exode femmes et enfants juifs. Qu'est-ce qu'on fait, on intervient, ou pas ? Ah, je sens un flottement, même parmi les pacifistes. A part les équivalents de Céline, de Drieu La Rochelle et des communistes solidaires du pacte germano-soviétique, on décide fermement qu'on ne peut pas laisser faire ça* ». A compter du 6 avril, le quotidien moralisateur *Le Monde* utilisa tous les jours et souvent en gros titre le mot dévoyé de déportation, offrant au lecteur une grille de lecture simpliste qui oppose le mal absolu au bien et au juste. L'évocation de la terreur nazie à propos de cette guerre civile a permis d'accuser de révisionnisme quiconque mettait en doute le bien-fondé de l'action de l'OTAN. Dès le lendemain de la publication de sa « lettre d'un voyageur au Président de la république », Régis Debray fut comparé à Drieu la Rochelle et traité de « négationniste au présent » ou de « révisionniste en temps réel ». Rendre les bombardements de l'OTAN en partie responsables des horreurs qui ont ensanglanté le Kosovo après mars 1999 relevait selon *Le Monde* d'une « réécriture révisionniste ». Michael Ignatieff, chroniqueur à BBC Radio 3, écrivait dans les colonnes du *Monde* le jeudi 16 décembre : « *L'allégation révisionniste selon laquelle on nous a menti n'est tout simplement pas prouvée* », n'utilisant pas moins de treize fois le terme « révisionniste » dans son article. Le mercredi 3 mai 2000, dans un article du *Monde* intitulé « Un voile révisionniste jeté sur le Kosovo », trois universitaires enseignant à l'université Paris-VIII s'attaquèrent à une collaboratrice de l'hebdomadaire *Marianne*, qui avait porté un regard critique sur les opérations de l'OTAN, en utilisant huit fois le terme « révisionniste ».

L'HUMANITAIRE TROUPIER ET LA PENSÉE UNIFORME

La participation des Organisations non gouvernementales (ONG) à la mise en scène de « la plus grande catastrophe humanitaire depuis la seconde guerre mondiale » fut indécente. Ainsi les ONG, Médecins du

Monde en particulier, furent chargées de recueillir les témoignages des Kosovars pour les transmettre aussitôt au Tribunal pénal international (TPI). Lorsque les Serbes ouvraient leurs postes frontières, ils étaient accusés de « planifier la déportation », lorsqu'ils fermaient ces mêmes postes frontières, ils étaient accusés de « transformer les Kosovars en boucliers humains ». Le docteur Anne-Marie Guilleux de Médecins du Monde rapportait quotidiennement, sous les projecteurs des caméras de télévision, des témoignages invérifiables tendant à diaboliser la communauté serbe. Poursuivait-elle un but purement médical et humanitaire? Était-ce bien le rôle d'un médecin que de servir de porte-parole militaire de l'OTAN ou de greffier du TPI? En outre, l'association « humanitaire » Médecins du Monde pouvait-elle prétendre à la neutralité que l'on est en droit d'exiger d'une telle association quant on sait qu'elle a dépensé en 1992 onze millions de francs dans une campagne publicitaire visant à calomnier le président de la République fédérale de Yougoslavie et qu'elle n'a pas hésité à utiliser des photographies truquées dans un but de propagande?

L'OPINION, ÇA SE TRAVAILLE....

Les mensonges les plus éhontés ont été diffusés pour justifier le déroulement des opérations de l'OTAN et faire admettre les « dégâts collatéraux ». Un général de l'Alliance a décrit la technique utilisée par l'OTAN pour manipuler l'opinion publique : « *Pour les bavures, nous avions une tactique assez efficace. Le plus souvent, nous connaissions les causes et les conséquences exactes de ces erreurs. Mais pour anesthésier les opinions, nous disions que nous menions une enquête, que les hypothèses étaient multiples. Nous ne révélions la vérité que quinze jours plus tard, quand elle n'intéressait plus personne. L'opinion, ça se travaille comme le reste* » (*Le Nouvel Observateur*, 1er juillet 1999). Pour expliquer certaines bavures, l'Alliance n'a pas hésité à truquer des images. Le 12 avril 1999, les avions de l'OTAN détruisirent un pont au moment où un convoi de chemin de fer s'y engageait, près de Grdelička Klisura (Serbie) assassinant 14 civils. Pour expliquer ce « dommage collatéral », le commandant des forces américaines en Europe, le général Wesley Clark expliqua qu'il avait été impossible de dévier les missiles. Après enquête, le quotidien allemand *Frankfurter Rundschau* a pu vérifier que les images vidéo alors exhibées avaient été sciemment accélérées par l'OTAN afin de prétexter l'erreur de tir. Cette technique rappelle bien évidemment l'image truquée par l'équipe de Penny Marshall, de la chaîne d'information britannique ITN, en 1994 en Bosnie.

Pendant les 78 jours de la campagne de 1999 au Kosovo, le général Wesley Clark, commandant suprême des forces alliées en Europe, a multiplié les communiqués de victoires et additionné les pertes subies par l'armée serbe, dont il apparut, presque un an après, qu'elles avaient été plus que largement surévaluées. Selon un rapport confidentiel que l'hebdomadaire *Newsweek* a pu se procurer et a publié dans sa livraison du 15 mai 2000, le nombre d'objectifs militaires réellement détruits pendant la campagne de bombardement ne représente qu'un infime pourcentage de ceux qui avaient été officiellement annoncés à l'issue de l'opération « Force Alliée » en juin 1999. Le général Henry Shelton annonçait que l'aviation de l'OTAN avait détruit 120 chars, 220 transports de troupes blindés et jusqu'à 450 pièces d'artillerie. En réalité, 14 chars ont été détruits et non 120, 18 transports de troupes blindés (VTT) et non 220, 20 pièces d'artillerie et non 450. *Newsweek* a rappelé à cette occasion les déclarations officielles de William Cohen, secrétaire d'État à la défense, au mois de juin 1999 : « *Nous avons mis hors de combat les forces militaires serbes au Kosovo, en détruisant plus de la moitié de leur artillerie et un tiers de leurs véhicules blindés* ». Corroborant ces déclarations, l'historien militaire John Keegan écrivait : « *C'est un tournant décisif dans l'histoire de la guerre, la preuve qu'une guerre peut être gagnée grâce à l'aviation seule* ». Interrogé par Newsweek, le général Clark a refusé d'expliquer l'abîme entre les chiffres donnés par les alliés et la réalité, telle qu'elle a été vérifiée par une commission de l'armée de l'air américaine qui a sillonné pendant plusieurs semaines le Kosovo. Wesley Clark avait pour mission de prouver à l'opinion publique que « *pour la première fois une guerre pouvait être gagnée par la seule aviation* » en respectant le concept de « zero death war » grâce à des bombardements lancés d'une hauteur de 15 000 pieds. En fait, la guerre a été gagnée moins à cause de ses pertes militaires au Kosovo que des destructions civiles subies en Serbie. Le général Michaël Short, qui commandait les raids aériens au-dessus du Kosovo, estimait que l'OTAN devait attaquer le régime yougoslave au cœur même de son dispositif, c'est-à-dire les responsables serbes autour de Slobodan Milošević et la population de Belgrade, de façon à les faire souffrir et à amener les dirigeants serbes à accéder aux demandes de l'Alliance.

UNE RÉÉCRITURE SIMPLISTE DE L'HISTOIRE DU KOSOVO

Vis à vis de la population yougoslave, les médias n'ont pas hésité à engager la responsabilité collective du peuple serbe tout en passant sous silence ou en minimisant ses souffrances. Le schéma était manichéen au possible : il y avait d'une part le génocide planifié sous la responsabilité collective des Serbes, d'autre part la juste vengeance d'extrémistes albanais incontrôlés. La diabolisation du peuple serbe, initiée dès 1991, s'est donc poursuivie dans les colonnes de nos journaux. Secrétaire général de l'Institut des hautes études sur la justice et membre de la rédaction de la revue *Esprit*, le magistrat Antoine Garapon déclarait dès le 23 juin à propos des civils serbes tués par les bombardements de l'OTAN : « *On ne peut pas mettre sur le même pied le probable millier de victimes serbes et les centaines de milliers de Kosovars massacrés* » (*Télérama*). Nous savons aujourd'hui la vérité sur ces « centaines de milliers de Kosovars massacrés ». L'éditorial du *Monde* du vendredi 2 juillet affichait : « *Et, déjà, on entend, venues du cœur de ceux qui étaient opposés à l'intervention alliée, des voix stigmatiser une manière d'« épuration ethnique » à rebours. Rien n'est plus faux. Les Serbes fuient aussi parce qu'une bonne partie d'entre eux ont participé aux exactions, ont approuvé ou accompagné les pillages et les meurtres commis, à l'instigation de l'armée et des paramilitaires, pour chasser la population kosovare de la région. (...) Mais il ne faut pas se tromper sur les vraies causes de l'exil des Serbes de la province : l'effroyable réalité des crimes commis en leur nom* ». Ce même quotidien, dans son édition du 25 et 26 juillet 1999, rapportait le massacre de quatorze paysans serbes au sud de Priština en le qualifiant d'« incident »! Dans l'éditorial du mercredi 4 Août 1999, il soulignait encore : « *Il ne saurait être question de mettre sur le même plan les massacres délibérés, organisés, planifiés, dont les Serbes se sont rendus coupables au nom d'une idéologie d'exclusion et les actes de représailles imputables aux Albanais du Kosovo (...) Les violences antiserbes sont une « réponse » des attaques et des persécutions infligées par les Serbes* ». Le jeudi 23 septembre 1999, Nathalie Duclos, maître de conférences en sciences politiques à l'université Rennes-II, écrivait dans les colonnes du *Monde* : « *Poser comme équivalents le départ des Albanais et celui des Serbes n'échappe pas à l'écueil de l'amalgame et échoue à rendre compte de la dimension spécifiquement politique de l'épuration ethnique perpétrée par les Serbes, seule à pouvoir être qualifiée de la sorte, et qui était bien le but de la guerre et non sa conséquence. A l'inverse, les actes de violence des Albanais contre les Serbes ne sauraient ressortir d'une logique de planification centralisée. (...) Les actes de violence ne trouvent cependant pas de soutien parmi les leaders albanais. (...) Parler d'épuration ethnique dans le cas des actions engagées contre les Serbes comme pour celles orientées contre les Albanais, c'est donc non seulement confondre violence sociale avec violence politique, mais aussi passer à côté du sens de ces actions, les premières venant en réponse au projet d'expulsion des Albanais* ». Un nouvel éditorial du *Monde* enfonçait le clou le jeudi 18 novembre 1999 : « *Pour autant, et sauf à galvauder le sens des mots, il serait injuste de juger le Kosovo d'aujourd'hui à l'aune du respect d'une multiethnicité qui n'existait pas hier. Dans le régime d'apartheid imposé par les Serbes, les Albanais étaient des citoyens de seconde zone, asservis. Depuis 1995, ils étaient l'objet d'une vague d'épuration ethnique qui relevait d'une politique concertée au plus haut niveau de l'État – pas de groupes incontrôlés comme ceux qui, aujourd'hui, s'en prennent aux Serbes restés dans la province* ». Quelques mois après l'analyse de *Télérama*, monsieur A. Garapon et Olivier Mongin, directeur de la publication, écrivaient dans le numéro de novembre du mensuel *Esprit* que la violence contre les Serbes « *est le fruit d'initiatives de parties incontrôlées, d'extrémistes albanais, et non d'une politique concertée. C'est la raison pour laquelle il n'est pas acceptable, comme sont tentés de le faire tous ceux qui ont dénoncé l'intervention militaire (de l'OTAN), de mettre sur le même plan la purification ethnique pratiquée par Milošević et la situation des Serbes aujourd'hui* ». Quant à monsieur Jacques Rupnik, directeur de recherche à la fondation nationale des sciences politiques, il trouvait « *moins « injuste » de voir l'intolérance de 90% de la population envers les 10% restants plutôt que l'inverse* ».

Les « universitaires spécialistes des Balkans » ont ainsi permis, grâce en particulier aux colonnes ouvertes des quotidiens *Le Monde* et *Libération*, une réécriture simpliste de l'histoire du Kosovo, qu'il s'agisse de Marie-Françoise Allain (maître de conférence à l'université Paris-VIII), de Paul Garde (professeur émérite à l'université de Provence), de Pierre Hassner (Centre d'études et de recherches internationales), d'Alain Joxe (directeur d'études à l'École des hautes études en sciences sociales), de Véronique Nahoum-Grappe (chercheuse en sciences sociales), ou de Jacques Rupnik (directeur de recherche à la Fondation nationale des sciences politiques, Centre d'études des relations internationales). En historien scrupuleux, Plutarque nous met en garde dans *La vie de Périclès* (XXIII) contre la dénaturation, involontaire ou préméditée, des événements historiques : « *Les historiens qui écrivent plusieurs siècles après les événements ont devant eux le voile du temps qui leur en dérobe la connaissance; et l'histoire contemporaine, ou aveuglée par la haine et l'envie, ou corrompue par la flatterie et par la faveur, altère et déguise les faits* ». La définition du mot « historien » selon Pierre Larousse recouvre aussi bien le spécialiste des études historiques que la personne qui écrit l'histoire, ce qui suggère que l'on peut écrire l'histoire sans l'avoir scientifiquement et scrupuleusement étudiée. Et de fait, qu'avons-nous vu durant la guerre en ex-Yougoslavie? Des historiens de circonstance, des imposteurs, un Paul Garde ou une Marie-Françoise Allain, qui diffusèrent leur petite histoire des Balkans à grand renfort de titres universitaires exposés à des fins partisanes. Ces prétendus historiens ne sont en réalité que des pétitionnaires et des ourdisseurs de propagande. Comment peut-on écrire une *Histoire de la Yougoslavie* sous couvert d'un titre de professeur émérite et signer dans le même temps des pétitions en faveur de tel ou tel belligérant du conflit relaté ? Comment peut-on se targuer d'une qualification de « maître de conférences » pour publier des articles d'un prosélytisme outrancier ? L'honnêteté intellectuelle et la rigueur scientifique, que l'on est en droit d'attendre de la part d'enseignants à la faculté, exigent qu'ils ne placent pas leurs interventions politiciennes sous la bannière de l'université mais bien sous le drapeau nationaliste qu'ils ont choisi de servir. Contrairement à Edmond Burke qui déclarait : « *Je ne sais point dresser un acte d'accusation contre un peuple entier* », la majorité des écrivains et philosophes tels que Pascal Bruckner, André Glucksmann, Bernard-Henri Lévy ou Olivier Mongin ont diabolisé le peuple serbe de façon à ce qu'aucune forme de compassion ne puisse s'exprimer à son égard. Françoise Giroud a exprimé dans *Le Nouvel Observateur* de façon particulièrement sordide cette bassesse d'âme : « *Quand on voit les réfugiés qui meurent et les Serbes qui chantent, on se sent devenir méchant, très méchant* ». Pascal Bruckner déclarait de son côté : « *Toute critique des frappes de l'OTAN révèle un antiaméricanisme primaire qui est idéologiquement criminel* ». Quant aux journalistes ayant participé à cette désinformation, il serait trop fastidieux de les énumérer ici. En substituant une situation historique bien étudiée, où il est aisé de discerner le bourreau de la victime, à une situation complexe de guerre civile dans les Balkans, les intellectuels ont réalisé un tour de passe-passe historique interdisant toute réflexion. Ce subterfuge a permis d'éviter tout débat d'idées.

QUANT À LA PROPAGANDE ALBANAISE

Le dimanche 3 janvier 1999, L'Armée de libération du Kosovo (UCK) annonçait la création d'une radio et d'une agence de presse, contrôlées par les séparatistes, pour donner « *une voix authentique au peuple albanais et à l'UCK pour la liberté et l'indépendance du Kosovo* ». Selon le communiqué, la création de l'agence Kosovapress et de la radio Kosova Free avait été décidée par « *l'UCK, consciente que l'information, dans les violents combats avec l'ennemi qui sont devant nous, aura une importance extrême* ». Cemal Aliu, journaliste combattant de l'UCK, déclarait avoir renseigné la CIA et d'autres services de renseignements grâce aux téléphones satellites fournis à Kosova Free. La propagande albanaise fut bien servie par les médias et les intellectuels occidentaux. A propos de l'UCK, monsieur Bernard-Henri Lévy déclarait sur Canal Plus le 11 avril 1999 : « *Il me semble qu'on a dit beaucoup de sottises sur l'UCK et qu'on l'a un peu injustement diffamée. J'ajoute que lorsqu'une résistance, fût-elle maoïste à ses origines, est rejointe par un peuple tout entier, ce qui est le cas aujourd'hui, elle se démocratise (...). Elle est en train de devenir un large front démocratique qu'à mon avis nous aurions intérêt à soutenir* ». Dans *Le Monde* du vendredi 7 mai 1999, BHL cosigna un article avec Marie-Françoise Allain, Pascal Bruckner, Paul Garde, André Glucksmann, Pierre Hassner, Olivier Mongin et Véronique Nahoum-Grappe appelant à « *aider l'UCK, moralement, politiquement, financièrement : à chacun de se déterminer* ». Durant les opérations de l'OTAN, les journalistes qui ont réalisé leurs reportages sous le contrôle de soldats armés de l'UCK n'ont jamais fait apparaître la mention « sous contrôle de l'UCK » alors que toute image en provenance de la Serbie était suspecte parce que « sous contrôle de Belgrade ». En l'absence de témoignages directs, les récits des réfugiés albanais furent diffusés alors qu'ils étaient invérifiables et que les civils serbes du Kosovo ne pouvaient pas s'exprimer. S'ils contenaient des vérités effrayantes, ces témoignages comportaient également des mensonges grossiers. Ainsi, après le bombardement par les avions de l'OTAN d'une colonne de Kosovars albanais, les survivants affirmaient sans doute possible que c'étaient des avions serbes qui les avaient pris pour cible. De la même façon, les exactions des milices serbes ont été décrites avec complaisance alors que la mafia albanaise ne s'est pas montrée plus tendre envers les réfugiés kosovars, n'hésitant pas à enlever et à torturer les jeunes filles pour les livrer à la prostitution. Dans *Le Monde* du 4 mai 1999, Ismaïl Kadaré décrivit, depuis ses salons parisiens, les « *membres humains amputés, enfants massacrés à coups de hache, femmes enceintes éventrées, mineures violées, vieillards carbonisés. (...) Yeux crevés, corps ébouillantés, victimes humiliées, festins macabres, autant d'extrémités que les Serbes ont atteintes. Et, de la part de ces hordes, ce n'est pas seulement une soif de sang; ces actes odieux constituent une sorte de bannière, l'annonce solennelle que l'on ne reculera devant rien* ». Ismaïl Kadaré exaltait sans vergogne l'hospitalité du pays des aigles alors que les réfugiés kosovars, rançonnés par leurs compatriotes, refusaient de rester plus longtemps dans ce qu'ils décrivaient comme le « pays de la mafia et des suceurs de sang ». Mercredi 5 mai, Sadako Ogata, haut-commissaire aux réfugiés, trouvait « préoccupant » que la mafia en Albanie contraigne à se prostituer de jeunes Kosovares « *notamment quand elles sont hébergées dans des familles* ». Madame Ogata soulignait également qu'il existait un véritable risque de recrutement forcé de réfugiés par l'UCK.

Dès l'instauration du protectorat sur le Kosovo, des officiers de l'armée de terre britannique, membres des « Intelligence Units », dirigèrent à Priština la radio albanophone Galaxio diffusant ses programmes sur la province. Au mois de juin 1999, six radios contrôlées par l'UCK fonctionnaient sans l'aval de l'ONU à Djakovica, Prizren, Ferižaj, Gnjilane, Mitrovica et Peć. La station pirate de Radio Djakovica fut installée par l'UCK deux heures seulement après l'arrivée des troupes italiennes de la KFOR le 13 juin. Les programmes de ces radios, seules à émettre au Kosovo, soutenaient le combat politique de l'UCK et du gouvernement provisoire de Hashim Thaqi.

Au mois de juillet 1999, l'UCK bloqua les projets de l'ONU concernant les médias publics. L'ONU, qui voulait que les rédactions emploient autant d'Albanais que de Serbes, ne réussissait pas à recruter des journalistes locaux pour le redémarrage de la Radio-Télévision de Priština. Et pour cause : l'UCK menaçait de mort les journalistes acceptant de collaborer à tout projet mixte. Le porte-parole de l'UCK, Visar Reka, déclarait : « *Les Nations unies ont une ligne idéologique irréaliste. On ne peut pas avoir la moitié des médias en albanais et l'autre en serbo-croate, alors que les Serbes représentent moins de 10% de la population* ». La notion de parité disparut alors pour laisser place au principe de proportionnalité. La Radio Télévision Kosovo (RTK), émettant par satellite, utilisait les locaux de l'ancienne Radio Télévision Priština (RTP), seule télévision de service public au Kosovo. La RTK censée « *garantir la diffusion d'une information indépendante* » était en fait l'outil de communication des Nations unies, qui avaient cédé aux pressions du gouvernement autoproclamé de Hashim Thaqi et de l'UCK en n'exigeant plus que la nouvelle équipe soit composée à parité de Kosovars d'origine serbe et albanaise : « *Nous parlons aujourd'hui de proportionnalité* », expliquait-t-on à RTK. Radio 21, la première radio officielle mise en place sous le protectorat des Nations unies est née le 19 juillet. Diffusée en langue albanaise, elle était financée par les Américains, les Britanniques et la fondation Soros. La station fut dirigée par Aferdita Kelmendi qui officiait aux États-Unis pour le compte de Voice of America et servit de porte-voix aux Nations unies. L'antenne de Radio 21 fut installée sur le toit d'un immeuble du centre ville par un hélicoptère militaire d'une unité anglo-saxonne. Sa rédaction fut équipée grâce à la « générosité » de l'ambassade des États-Unis, des diplomates américains ayant fait acheminer depuis Skopje une série d'ordinateurs. Le Britannique Richard Lucas, chef des programmes régionaux à la BBC, fut détaché auprès de madame Kelmendi pour lui venir en aide.

Dans un éditorial publié sur Internet le 2 octobre 1999 l'agence de presse de l'UCK (Kosovapress) diffusa des menaces de mort contre des journalistes albanophones modérés, Veton Surroï et Baton Haxhiu, directeur et rédacteur en chef du quotidien *Koha Ditore*, qui s'étaient souciés du sort des communautés serbe et rom de la province. Kosovapress, qui fonctionnait sur Internet grâce à un serveur hébergé en Suisse, était connue pour exprimer les positions du « gouvernement provisoire » de Hashim Thaqi. Elle n'hésita pas à accuser M. Surroï de « puer le slave » et d'avoir « vendu son âme aux Serbes ». Selon l'éditorial, Veton Surroï et Baton Haxhiu méritaient d'être « *déférés devant le tribunal de La Haye aux côtés de Slobodan Milošević. (...) Nous ne serions pas surpris qu'ils soient victimes d'actes de vengeance tout à fait compréhensibles et prévisibles. Ces deux mafieux ordinaires ne doivent pas rester impunis pour leurs actions criminelles. Ils n'ont pas leur place dans un Kosovo libre* ». William Houwen, porte-parole de l'OSCE, réagit à cet éditorial en déclarant : « *Goebbels n'aurait pas fait mieux* ». Rappelons que quelques jours plus tôt, dans le journal *Le Monde* du jeudi 23 septembre, Nathalie Duclos, maître de conférences en sciences politiques, affirmait que « *les actes de violence ne trouvent pas de soutien parmi les leaders albanais* » et que « *les violences ont été fermement réprouvées par le commandant de l'UCK* ».

Un an après la guerre, la presse kosovare comptait sept quotidiens, des dizaines de stations de radio, des mensuels, des hebdomadaires et des magazines spécialisés. Un grand nombre d'entre eux ont diffusé des informations non vérifiées et des incitations à la haine raciale, à la vengeance et au meurtre. Le 27 avril 2000, le quotidien albanais *Kosovar Dita* lança un véritable appel au meurtre en présentant un jeune Serbe de 25 ans, employé comme interprète par la Minuk (la mission de l'ONU au Kosovo), comme un ancien paramilitaire ayant sévi durant la guerre du Kosovo. *Kosovar Dita* publia la photographie de Petar Topoljski, ainsi que son nom, son adresse, le nom de son employeur et l'itinéraire qu'il empruntait pour se rendre au travail. Cette accusation reposait sur des témoignages anonymes, sans la moindre vérification policière. Quelques jours plus tard, Petar Topoljski fut enlevé et on retrouva son corps, étranglé par un fil de fer et criblé de coups de couteau. Le directeur du journal, Behlul Becaj, ancien conseiller politique de Hashim Thaqi, déclara que c'était un devoir « *moral, professionnel et national* » de continuer à publier de tels articles. Plusieurs journaux publient ainsi régulièrement des listes de « *criminels de guerre serbes* ». Selon la police de l'ONU, plus de 500 meurtres ont été commis au Kosovo depuis août 1999, en majorité à l'encontre des non-Albanais de la province. Il faut dire que l'exemple avait été donné par le quotidien *Le Monde* dans son numéro du vendredi 19 décembre 1997 : il annonçait en premier titre la publication des noms et des adresses des personnes inculpées par le Tribunal pénal international de La Haye (est-il nécessaire de rappeler que le fait d'être inculpé par le TPI ne prouve en rien la culpabilité des personnes désignées?). En page 2, Monsieur Rémy Ourdan livrait aux lecteurs des informations n'ayant aucune raison d'être divulguées et susceptibles de mettre en danger la vie de certaines personnes : adresses précises de domiciles, lieux fréquentés en dehors des activités professionnelles, couleur de véhicule à usage privé, type de tatouages sur le corps et jusqu'à la localité où vivaient les parents d'un inculpé. Dans un contexte de guerre civile, ce genre d'article peut être considéré comme un appel au meurtre et aux règlements de comptes. Et, de fait, la liste des Serbes abattus en Bosnie sans autre forme de procès ne cesse de s'allonger.

Dans un article du *Monde* paru le mardi 4 mai 1999, Ismaïl Kadaré dénonçait la responsabilité collective du peuple serbe : « *En fait, fort peu de voix parmi les Serbes eux-mêmes se sont élevées contre les actes de barbarie commis. Souligner la responsabilité collective de ce pays est la seule attitude correcte à observer envers lui* ». Cette condamnation fut également reprise dans un ouvrage intitulé *Il a fallu ce deuil pour se retrouver* (éditions Fayard) : « *Étant donné (...) l'espèce de jouissance perverse que ce drame a suscité dans toute une partie du pays, on peut parler sans crainte de se tromper d'une responsabilité collective de la Serbie* ». Sabri Hamiti publiait dans le quotidien *Libération* du 13 mai 1999 un article intitulé « *Les Serbes sont tous responsables* ». Ismaïl Kadaré alla même jusqu'à étendre la responsabilité collective au monde slave : « *Aveugle et totalement insensible aux horreurs qui se produisent au Kosovo, une partie du monde slave a exprimé indirectement son approbation des massacres et de la déportation en tant que procédés justifiables lorsque des intérêts slaves étaient en jeu* ». Au nom de ce principe, les résidents albanais du Kosovo en Belgique réclamèrent au mois de juin 2000 auprès du tribunal de première instance de Bruxelles que l'équipe yougoslave de football ne soit pas accueillie dans leur pays d'adoption pour l'Euro 2000. La requête des avocats des Kosovars visait à interdire à l'État belge, sous peine d'astreintes, d'accorder des visas aux membres de la délégation yougoslave. Dans ce cas, c'est le quotidien *Libération* du 11 juin 1999 qui avait donné l'exemple en suggérant d'exclure de la coupe du monde de football l'équipe de la RFY.

Il n'est pas question de nier la détresse des réfugiés albanais, il est question de dénoncer la manipulation médiatique de cette misère humaine au service d'objectifs guerriers. Chaque larme de Kosovar recueillie dans le creuset médiatique fut aussitôt transmutée en plomb pour tuer les Serbes. « *Les réfugiés du Kosovo touchent les Français au cœur* » titra le quotidien *Libération*. Grâce aux journalistes, ils ont touché également au cœur les civils serbes, au centre de la cible qu'ils portaient sur leur poitrine. Pour conclure, notons enfin que les journalistes ont la mémoire bien courte. Dès les premiers jours de l'exode, alors que quelques dizaines de milliers d'Albanais fuyaient le Kosovo bombardé, fut annoncée à son de trompe « *la plus grande catastrophe humanitaire depuis la Seconde guerre mondiale* ». Mesdames et messieurs les journalistes, où étiez-vous au mois d'août 1995 lorsque plus de 300 000 Serbes furent expulsés de Krajina en 48 heures par l'armée croate soutenue par l'Allemagne et les États-Unis ? Quelle phrase un tant soit peu humaine avez-vous prononcée pour les femmes et les enfants serbes mitraillés dans leur fuite par les MIG 21 croates « à ciel clos » ? Chassés des villes croates en 1992, puis chassés de Krajina et de Slavonie occidentale en 1995, chassés ensuite de Slavonie orientale en 1998, chassés aujourd'hui du Kosovo où nombre d'entre eux avaient trouvé refuge, les Serbes de Croatie fuient toujours en quête d'une patrie qui s'évanouit sans cesse sous leurs pas. Leur terrible exode n'a suscité aucune forme de compassion journalistique.

Lorsqu'il sera établi que la manipulation des mots et des images peut être aussi meurtrière que des missiles de croisière, vous aurez à répondre de votre indignation sélective et de votre scotomisation qui déshonorent votre profession.

Juillet 1999 – mai 2000 – août 2000.

UNE GUERRE DE TERMITES

« *Seigneurs... souvenez-vous que vous n'avez affaire qu'à ceux qui ont les armes au poing. Les gens d'église, le pauvre peuple, les femmes, les enfants ne sont point vos ennemis* », telles furent les dernières paroles de Bertrand Du Guesclin, connétable de France, à ses chevaliers le 14 juillet 1380. Mais l'esprit chevaleresque, né sur notre vieux continent, a déserté à jamais les champs de bataille. L'art de la guerre moderne, élaboré par les nouveaux maîtres du monde, ne fait plus la distinction entre combattants et pauvre peuple. L'action conjuguée de l'arme économique et de l'arme psychologique se révèle aussi délétère que l'arme électronique. Nous avons vu et nous voyons aujourd'hui encore leurs effets dévastateurs sur les populations irakiennes et serbes.

L'embargo économique prend un peuple entier en otage et organise son agonie en le privant des produits de première nécessité comme les denrées alimentaires et les médicaments. Il affame des millions d'êtres humains et tue lentement les plus vulnérables d'entre eux, les femmes en couche, les enfants dans les berceaux et les malades dans les hôpitaux. Il entraîne malnutrition, réduction de l'espérance de vie, surmortalité infantile, inflation démesurée et manque de soins élémentaires. Les sanctions économiques permettent d'imposer la *Pax Americana* sans combattre ou du moins sans engager des troupes au sol. La menace économique est également utilisée pour dissuader certains États réfractaires de venir en aide aux peuples proscrits par les États-Unis. Ainsi Moscou n'a pas soutenu Belgrade contre la pression américaine au moment où le président Boris Eltsine s'efforçait d'obtenir un prêt d'urgence de 22,6 milliards de dollars auprès du Fonds monétaire international et de la Banque mondiale pour éviter la dévaluation du rouble. Un éditorial du quotidien *Le Monde* appelait à l'annulation de cette aide économique si la Russie s'obstinait à soutenir ses alliés serbes. Alexandre Adler, le plus ignoble des procureurs journalistiques, écrivit dans son bloc-notes de *Courrier International* (N° 441 du 8 au 15 avril 1999) : « *Il ne faudra pas trop que Moscou compte sur de nouveaux crédits du FMI, et peut-être aussi la Russie devra-t-elle aussi rembourser l'argent qu'elle nous doit séance tenante : nous n'avons pas de cadeaux à faire à un gouvernement russe qui entend favoriser des crimes de guerre de l'ampleur de ceux commis par les Serbes avec les fonds de nos contribuables* ». N'oublions pas enfin que les livres sont eux aussi des produits de première nécessité et que le blocus économique a des effets pernicieux sur la vie culturelle d'un peuple lorsque ses intellectuels doivent, pour survivre, vendre des cigarettes sur les boulevards, comme ce fut le cas à Belgrade.

Durant la guerre contre la Serbie, l'Alliance a recherché « L'effet Dresde », c'est-à-dire l'épuisement moral d'un peuple qui voit bombarder ses immeubles, ses ponts, ses hôpitaux, ses centrales électriques, ses usines, ses raffineries de pétrole, ses centraux téléphoniques, ses relais de télévision. « L'effet Dresde », c'est le bas-fond de l'ignominie atteint par le général d'aviation américain Michael Short lorsqu'il déclara dans le *Washington Post* du 24 mai 1999 à propos de la population civile serbe : « *Si vous vous réveillez le matin et qu'il n'y a plus d'électricité chez vous, plus de gaz, que le pont que vous empruntez pour aller travailler est détruit et risque de demeurer dans le Danube pendant vingt ans, vous commencez à vous demander : "Hé, Slobo, qu'est-ce que ça veut dire ? Combien de temps je vais devoir supporter tout ça ?"* ».
Les frappes aériennes massives constituaient le préalable de toute attaque militaire américaine, la règle étant d'éviter toute prise directe avec l'adversaire pour le détruire sans s'exposer. Les règles d'engagement de l'OTAN imposaient la pratique du bombardement de haute altitude, les avions étant tenus de voler au-delà de 5 000 mètres pour protéger les pilotes contre les défenses aériennes. Or, un équipage volant à 5 000 mètres était incapable de percevoir visuellement la présence de civils dans le voisinage de la cible. C'est donc au prix des « dégâts collatéraux » que les forces de l'Alliance atlantique n'ont subi aucune perte au cours de la campagne aérienne.

Dans l'antiquité grecque, les lois de Lycurgue interdisaient aux spartiates le combat utilisant l'arc et les flèches, combat tenu pour lâche et honteux, un spartiate devant se battre au corps à corps « dans l'ardente mêlée ». Si l'apparition du face à face dans l'étreinte amoureuse est saluée comme l'émergence de l'humanité, le refus du face à face dans le combat ne signe-t-il pas l'avènement de la véritable barbarie des temps modernes ? Qui sont les barbares ? Les Indiens qui se battaient au corps à corps avec leur tomahawk ou les Américains qui ont osé baptiser du nom de cette hache de guerre des missiles de croisière qui portent une mort aveugle à plusieurs centaines de kilomètres? Les hussards qui sabraient l'ennemi en pleine charge ou ces pilotes qui carbonisent des familles réfugiées dans un abri?

Une armée est à l'image de ses chefs dont elle suit l'exemple. Les chefs militaires grecs des guerres médiques et de la guerre du Péloponnèse marchaient au premier rang des phalanges. Thucydide évoque dans ses œuvres ces protophalanges héroïques. Si la mort du roi Léonidas dans le combat désespéré du défilé des Thermopyles apparaît comme un sacrifice librement consenti avec ses trois cents hoplites, le général Epaminondas quant à lui fut mortellement blessé par un javelot au cours de la bataille de Mantinée alors que ses phalanges étaient victorieuses, c'est dire à quel point les chefs suprêmes étaient exposés aux coups. Dans l'armée romaine, *antesignanus* désignait le soldat qui combattait au premier rang, à l'avant des enseignes et des étendards. Ce terme désignait aussi le chef parce que sa place était en première ligne. Nos preux chevaliers jugeaient déloyaux et infâmes les hommes qui refusaient le corps à corps dans les combats et qui voulaient tuer sans pour autant risquer leur vie. Le seigneur de Bayard, chevalier sans peur et sans reproche, affichait le plus grand mépris à l'encontre des nouvelles armes mécaniques de son époque, en particulier l'arbalète qui permettait à un homme d'en tuer un autre sans s'exposer lui même. Il faisait exécuter les arbalétriers capturés car ils n'étaient à ses yeux rien moins que de misérables poltrons. En ces temps, l'ennemi avait un visage. Le vaincu terrassé soulevait la visière de son heaume pour demander grâce et le vainqueur croisait son regard avant de lui ôter la vie ou de l'épargner. « *L'épée est l'arme des braves* » dit Napoléon au général Gourgaud, en 1816 à Sainte-Hélène.

Ernest Renan a écrit : « *L'épopée disparaît avec l'âge de l'héroïsme individuel; il n'y a pas d'épopée avec l'artillerie* ». Le panache a cependant résisté un temps aux armes mécaniques et à la poudre qui condamnent à mort des hommes dont on ne voit pas le visage. Louis des Aix de Veygout, dit Desaix, avait vingt-cinq ans et trois chevaux tués sous lui lorsqu'il fut nommé général. Il avait trente-deux ans le soir du 14 juin 1800 à Marengo dans son uniforme bleu élimé ne portant aucun insigne honorifique et déchiré par une balle près du cœur. Le comte de Lasalle, qui avait déclaré – au grade de colonel – « *Tout hussard qui n'est pas mort à trente ans est un jean-foutre* », fut emporté, général de trente-quatre ans, par une balle en plein front alors qu'il chargeait l'ennemi à la bataille de Wagram le 6 juillet 1809. La victoire n'a pas su protéger ces généraux de trente ans parce qu'ils chevauchaient toujours à l'avant de la victoire, ils la précédaient dans les rangs ennemis et ne s'en prenaient qu'à ceux qui avaient l'arme au poing.

Dans le *Journal d'un curé de campagne*, Georges Bernanos vitupère les techniciens hypocrites des carnages du XXe siècle qui réclament les honneurs dus aux vrais guerriers : « *Les meilleurs tueurs, demain, tueront sans risque. A trente mille pieds au-dessus du sol, n'importe quelle saleté d'ingénieur, bien au chaud dans ses pantoufles, entouré d'ouvriers spécialistes, n'aura qu'à tourner un bouton pour assassiner une ville et reviendra dare dare, avec la seule crainte de rater son dîner. Évidemment personne ne donnera à cet employé le nom de soldat. Mérite-t-il même celui de militaire ? Et vous autres, qui refusiez la terre sainte aux pauvres cabotins du XVIIe siècle, comment l'enterrerez-vous ? Notre profession est-elle donc tellement avilie que nous ne puissions absolument plus répondre d'un seul de nos actes, que nous partagions l'affreuse innocence de nos mécaniques d'acier ? Allons donc ! Le pauvre diable qui bouscule sa bonne amie sur la mousse, un soir de printemps, est tenu par vous en état de péché mortel, et le tueur de villes, alors que les gosses qu'il vient d'empoisonner achèveront de vomir leurs poumons dans le giron de leurs mères, n'aura qu'à changer de culotte et ira donner le pain bénit ? Farceurs que vous êtes ! Inutile de faire semblant de traiter avec les Césars ! La cité antique est morte, elle est morte comme ses dieux. Et les dieux protecteurs de la cité moderne, on les connaît, ils dînent en ville, et s'appellent des banquiers* ».

Non, ce ne sont plus des soldats, ce ne sont plus des militaires, ce ne sont plus des hommes de guerre mais des fonctionnaires procéduriers d'une administration guerrière. A trente mille pieds au-dessus du sol ou à des centaines de kilomètres de leurs cibles, comment pourraient-ils faire la différence entre ceux qui ont les armes au poing et le pauvre peuple ? Dans leur jargon, le massacre du pauvre peuple s'appelle un dégât collatéral : deux cents morts dans un marché irakien frappé par un missile, plus de quatre cents morts dans un refuge abritant des femmes et des enfants irakiens, l'hôpital serbe de Blažuj détruit par les bombes de l'OTAN.

Depuis les bombardements de Dresde, d'Hiroshima, de Nagasaki et du Vietnam, l'initiative et la responsabilité de leurs actes n'appartient plus à ces employés. L'honneur est enseveli sous la pleutrerie bureaucratique des ronds-de-cuir et l'épouvantable termitière, pressentie par Antoine de Saint-Exupéry dans sa dernière lettre, est aujourd'hui constituée. La guerre est devenue l'affaire des banquiers et des ingénieurs. Ce n'est plus « le bras armé et le cul sur la selle » que l'on parvient au commandement suprême mais confortablement assis dans les salons des grands hôtels sous l'œil complice et racoleur des caméras de CNN. De tels généraux ne seront pas emportés par un boulet de canon, comme le vicomte de Turenne à la bataille de Sasbach, mais par le cholestérol, l'acide urique et l'arthrose.

TABLE DES MATIÈRES

Achevé d'imprimer en novembre 2000
sur les presses de la Nouvelle Imprimerie Laballery
58500 Clamecy
Dépôt légal : novembre 2000
Numéro d'impression : 011035

Imprimé en France